小田光宏・庭井史絵 編著
ODA MITSUHIRO, NIWAI FUMIE

図書館サービス概論

JLA図書館情報学
テキストシリーズⅢ
4

日本図書館協会

TEXTBOOK SERIES Ⅲ

Introduction to Library Services
(*JLA Textbook Series of Library and Information Studies III; 4*)

図書館サービス概論 / 小田光宏 , 庭井史絵編著
東京 : 日本図書館協会 , 2023
254p ; 26cm
(JLA 図書館情報学テキストシリーズⅢ ; 4)
ISBN 978-4-8204-2308-9

機器種別 : 機器不用
キャリア種別 : 冊子
表現種別 : テキスト
表現形の言語 : 日本語
著作の優先タイトル : 図書館サービス概論 || トショカン サービス ガイロン
創作者 : 小田 , 光宏 || オダ , ミツヒロ
創作者 : 庭井 , 史絵 || ニワイ , フミエ
BSH4: 図書館奉仕
NDC10: 015

テキストシリーズⅢ刊行にあたって

　情報と資料の専門機関として，地域社会の経済，教育，文化にかかわる多様な課題に応える図書館活動を創造するためには，それに携わる人材の育成が欠かせない。しかも，先人の叡智を尊重し，現代のニーズに対応し，将来の発展を見据える能力が求められる。また，世界規模での連携や協同をも視野に収めて行動する力量が期待される。こうした人材の要となる司書を養成する教育の基礎課程が，図書館法に謳われ，図書館法施行規則に明示された「図書館に関する科目」である。

　日本図書館協会は，1997年の図書館法施行規則の改訂に基づき，司書養成教育の充実に向け，本格的なテキストブックの刊行を開始した。当時の課程は，大学で開設される「図書館に関する科目」ではなく，司書講習のためのものであった。しかし，総合編集者は，この改訂を「図書館に関する科目」へと展開していく段階の一つであると認識して企画を進めた。テキストブックは順次刊行され11巻を揃えるに至り，扱う題材に応じた改訂や補訂を加えてきた。2007年からは，図書館を巡る情勢の変化を反映させ，内容を刷新した「シリーズⅡ」に移行した。これにより，両シリーズを通じて予定した13巻を刊行し，多くの読者の好評を得てきた。

　「シリーズⅢ」は，2008年の図書館法改正に沿って「図書館に関する科目」が2012年度より適用されることを機に，これまでの構想と基調を踏まえながら，全面的な見直しを図ったものである。すなわち，現代および未来の司書養成教育として，日本図書館協会が少なくともこれだけはと考えている内容を取り上げ，教育実践の効果が高まるようUNIT方式を導入している。2単位科目を50UNIT，1単位科目を25UNITとし，スタンダードな内容を解説している。また，発展的に扱うことが望まれる内容をoptionに収めている。これにより，教員の取り組みとの協調が促されることを期待している。その上で，「シリーズⅢ」の新たな試みとして，各巻にUNIT0を設け，教育課程全体における当該科目の意義を記し，他の科目との関係を示すようにした。教育課程の体系を読者が意識できることが，学習成果を高めることにつながると確信するからである。さらに，養成教育と研修を一貫した過程ととらえ，構成および記述に配慮した。木シリーズが大学の授業教材となるとともに，図書館員のキャリア形成の素材として多面的に活用されることを願っている。

　お気づきの点，ご提言やご批判，ご叱正をいただければ，専門職の技能形成という日本図書館協会の基幹事業にも貢献する。各位のお力添えを賜れば幸甚である。

シリーズ編集者

塩見昇　柴田正美　小田光宏　大谷康晴

は　じ　め　に

　図書館理解は，サービスから始まる。これは，本書，「JLA図書館情報学テキストシリーズⅢ」『図書館サービス概論』を組み立てる際の基本認識である。現代の図書館を理解しようとする場合，図書館の三つの資源である，施設，資料（コレクション），図書館職員のいずれかに目を向けることから始めてもよい。しかし，図書館法第3条にも謳われているように，図書館はサービス機関である。それゆえ，サービスのしくみに着目することが，初学者の学習における優先課題であると位置付け，上述の認識に基づいて編集を進めた。

　本書は，2005年に刊行した「図書館サービス論」，ならびに，それを改訂して2010年に刊行した同タイトルの後継となる。図書館法施行規則の改正により，科目名称が「図書館サービス概論」となったが，司書養成の教育課程における科目の位置付けは同じであるため，再改訂（三訂）にあたるとも言えよう。実際，全体のUNIT構成は大きく見直しているものの，基本的な知識や技術を扱うUNITに関しては，旧版の記載を活かし，必要に応じた加筆・修正にとどめている。スタンダードな内容だからである。それでも，全体の8割強は，2010年以降の十数年間に生じた図書館の進展と，それを取り巻く社会の変容をふまえて，内容を一新している。

　旧版の序にも記したが，図書館サービスを扱うテキストブックの編集においては，いくつかの悩みと迷いが交錯する。一つは，「図書館サービス」を「論」じることの難しさである。現実の図書館で行われているサービスをただ説明する文章を綴るだけならば，それほど困ることはない。図書館サービスの事例を探し，関連文献を渉猟して整理すれば，あらかた済んでしまう。しかし，本書に求められているのは，図書館で行われているサービスを論理的に説明するための「視点」を提示することである。また，サービスに通底する「原理」を明らかにすることである。さらに，サービスに関する知識や技術を効果的に身に付けられるよう，体系化して「伝達」することである。サービスの解説に終わらないテキストブックを作ることを目指して編集するという方針は，再改訂においても揺らいでいない。

　もう一つは，図書館サービスの多様な実態である。地域が異なれば，図書館で提供されるサービスの種類や範囲も異なる。性質の点では共通するサービスだと思われても，図書館の規模によってその様態は変わる。サービスの原理は同じでも，経営方針によって，達成目標や到達水準は違うものとなる。10の図書館があれば，10の図書館サービスが行われていることを忘れてはならない。こうした状況を前提にしているために，図書館サービスを一般化（理論化，モデル化）して論じることには，常に難しさがつきまとう。図書館サービスを扱うテキストブックの宿命で

もあろう。しかも，こうした多様なサービスは，変化の激しい現代社会の影響を受け，さらにめまぐるしく変容する。そして，毎年毎年，新たな事象が登場している。

　本書においては，多様かつ変貌する図書館サービスを対象にした議論ができるように，各UNITで扱う内容に細心の注意を払い，かつ，それを構造的に示すことを心がけた。テキストブックを読み進める読者におかれては，本書が，図書館サービスをただ知るためのものではなく，図書館サービスを論じる力を身に付けることを目的にしている点に関して，常に意識して学習していただけると幸いである。

　また，「実践」と「理論」の融合の必要性を，図書館界を担う次の世代に伝えることは，図書館というフィールドを持つ図書館情報学教育の命題と言ってもよい。教育の担当者には，図書館サービスを一般化して説明するとともに，図書館サービスに関する理論（モデル）に基づいて個別の事例を検証することの重要性を伝えられる授業実践を期待する。「帰納」と「演繹」の両面から「図書館サービス」を取り扱う際に，本書が役立つようであれば，編者としてこの上ない悦びである。

　経験の蓄積は，作業効率を高めることにつながる。一方，ときには保守的な姿勢に陥りがちになることが否めない。テキストブックの作成も同様と考えられることから，再改訂にあたっては，新たな陣容で臨むこととした。

　まず，新鮮な目で全体をとらえられるよう，共編者として，庭井史絵さんにご協力をお願いした。庭井さんが，学校図書館研究に軸足を置きながらも，公共図書館の活動や経営に独自の視点からの分析を行なっていることから，本書の編集に適していると判断したことによる。実際，全体のUNIT構成の見直しに関しては，大いに力を発揮していただいた。また，私事とはなるが，編集の最終段階において，「闘病記文庫」の意義を実感する生活を余儀なくされたため，共編者の存在が大きかったことを，特記しておきたい。

　つぎに，執筆陣は，編者2名に加えて3名の方にお願いした。伊東達也さん，井上靖代さん，松林麻実子さんである。簡単に紹介すると，伊東さんは，現在は学究の道を歩まれているが，福岡県内の公共図書館における豊富な実務経験に基づく論考を著している。井上靖代さんは，国際図書館連盟の経営に責任を持つGoverning Boardのメンバーの経験を有し，国際的な視野から，図書館の対象別サービスに関する知見を発信している。松林麻実子さんは，図書館サービスの対象である利用者の情報行動や地域情報メディアに関する考究を進めている。

　最後に，日本図書館協会の出版部の内池有里さんには，適切な時期に適切なご助言と励ましをいただいた。ここにお名前を記して，謝意を表する次第である。

2023年11月23日

編者代表　小田　光宏

目次

CONTENTS

TEXTBOOK
SERIES Ⅲ

図書館サービス概論

「図書館サービス概論」を学ぶにあたり

●‥‥‥‥‥**司書養成科目としての位置付け**

　本書では，図書館サービスに関する原理（しくみ）を扱っている。すなわち，図書館で提供されているさまざまなサービスが，どのような考え方のもとで，どのように組み立てられているかを学ぶことになる。

　現行の「図書館法施行規則」に示されている司書養成のための図書館に関する科目は，概説的な科目を基盤に，サービスに関する科目と情報資源に関する科目から構成されている。「図書館サービス概論」は，概説的な科目である「生涯学習概論」と「図書館概論」に基づいて，図書館サービスの基礎を学ぶ科目である。そして，情報資源の概要を学ぶ「図書館情報資源概論」とともに，図書館に関する問題を考究する際の基礎的な科目と位置付けられている。一方，この科目に沿って，個別のサービスに関して展開した「情報サービス論」と「児童サービス論」が存在する。

　また，図書館サービスは，図書館経営の根幹となる要素の一つであることから，「図書館制度・経営論」で扱う内容と深い関係がある。また，現代の図書館サービスの多くがICTに支えられていることを考えると，「図書館情報技術論」で扱う知識や技術を見逃すわけにはいかない。

　「図書館サービス概論」を学ぶ際は，こうした科目間のつながりに留意するとよい。大学の司書養成の課程や司書講習においては，それぞれの科目を修得することの意味が，各科目の単位を集めることと置き換えられがちである。しかし，一つの科目の単位が取れたらその科目に関する理解は終わり，ではないのである。「図書館サービス概論」で学んだ内容が，ほかの科目をさらに深く理解することに結び付いていることを強く意識してこそ，学習が有意義なものになると期待される。

●‥‥‥‥‥**サービスは現場で行われる**

　映画としてはすでに四半世紀前のものであるが，『踊る大捜査線 THE MOVIE 湾岸署史上最悪の3日間！』のセリフ「事件は会議室で起きてるんじゃない！現場で起きてるんだ！」は強烈であった。この名セリフの図書館版を作るならば，「サービスは教室で行われてるんじゃない！図書館の現場で行われてるんだ！」となろうか。映画の主人公・青島俊作刑事のような憤りによるものではないが，図書館サー

ビスの真髄を感得するには，教室での授業で学ぶ「理論」（または，理屈）だけでは難しいという問題意識が背景にある。

　本書においても，理論の解説に加えて，実務に関係する知識や技術が多く登場する。しかし，扱われている内容を読んで知るだけでは十分とは言えない。体を使って確認することを加える必要がある。すなわち，実践の場に足を運び，五感を活用して図書館サービスの実際を体感することが大切なのである。物怖じしていては，億劫がっていては，実践的で実用的な知識や技術は身に付かないと心得てほしい。

　また，実践の場を数多く訪れることが重要なのは，図書館サービスには，多様な形態が存在するからでもある。地域が異なれば，図書館で提供されるサービスの種類や範囲は異なる。性質の点で共通すると思われても，図書館の規模によってサービスの様態は変わる。サービスの原理は同じでも，経営方針によって目的や水準は違うものとなる。10の図書館があれば，10の図書館サービスが行われているのである。しかも，こうした多様なサービスは，現代社会の急速な発展の影響を受け，めまぐるしく変容し，新たな事象が登場している。そうした側面を意識できるようするには，やはり，教室＋現場における学習を行うことが効果的である。

●………「そもそも」と「たまたま」

　「図書館サービス概論」を学ぶ方の大半は，図書館を頻繁に利用していると推測され，図書館サービスについて説明できるのではないだろうか。仮に利用の頻度が高くなくても，図書館サービスは目に見える事象であることから，「図書館サービスとはこのようなことだ」と語れそうである。しかし，ここには落とし穴がある。説明できる内容は，それぞれの経験知であるという点である。すなわち，あなたの知っている図書館サービスは，いずれの図書館でも「そもそも」提供されるものととらえられているのだろうか。もしかすると，あなたの知っている図書館サービスは，「たまたま」目にしたに過ぎないものかもしれない。現場を知ることは，経験知の幅を広げ，図書館サービスに対する偏った認識，偏った見方に陥らないための方策にもなるはずである。

　この科目を学ぶにあたっては，自分が利用してきた図書館と，そこで行われている図書館サービスのことを，一度頭の中から取り除いて読み進めることが肝要である。もちろん，利用者としての経験は，図書館サービスを分析する際に，貴重な視座をもたらすであろう。しかし，学び始める際には，謙虚な姿勢で取り組んでいただきたい。学ぶ内容は，提供されている図書館サービスが，どのような考え方のもとで，どのように組み立てられているか，つまり，図書館サービスの原理（しくみ）である。

図書館の機能とサービス

●⋯⋯⋯**基本機能の理解**

　図書館の種類（館種）を問わず，図書館と呼ばれる機関の「はたらき」，すなわち，「機能」とは，どのようなものであろうか。図書館の機能に関しては，さまざまな説明のしかたが可能であるが，下記の図に示した要素を提示して説明されることが多くなされてきた。この図は，「機能図」と呼ぶべきものであるが，資料の流れに沿って説明した，図書館の機能モデルに相当する。

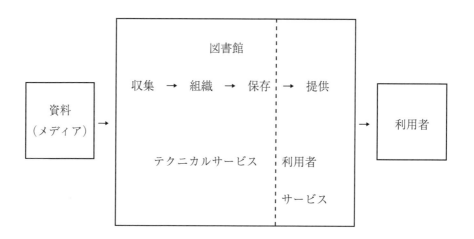

　　この図では，いくつかの前提が存在する。第一は，図書館という名の「施設」をイメージしていることである。すなわち，図書館という空間的，物理的な場の存在を基本としている。第二は，資料（メディア）の位置付けである。まず，図書館外で生産された資料を図書館に持ち込み，処理する流れとなっている。また，持ち込むことができる物としての資料を，図書館は対象にしていることになる。第三は，利用者との関係である。利用者は，図書館を訪れることが基本となっていると考えてよい。

　　その上で，図書館においては，収集，組織，保存，提供という四つの機能があり，館種による性格や利用者の様態の別に応じて，多様な形態のサービスが展開するのである。図書館サービスの種類に関しては，UNIT 2 以降で説明するが，いずれの

[欄外註]
施設

資料（メディア）

利用者

収集
組織
保存
提供

機能においても見逃すことができないのは，図書館としての「付加価値」が追求されていることである。

　すなわち，図書館は，資料を左から右に，ただ受け渡している機関なのではない。収集においては，資料を一定の判断のもとに取捨選択し，コレクションとして形成するという「付加価値」が目指されている。また，資料のデータを組織化して目録を形成し，検索手段を用意している。しかも，資料をタイトルや著者からではなく，主題（テーマ）から検索できるように，分類記号や件名標目を付与し，「付加価値」のあるデータを整えることも行われる。

　さらに，資料を無秩序に置いているのではなく，利用しやすいように排架の方法を工夫したり，ディスプレイ上の配慮をしたりしているということも，「付加価値」に相当する。そして，資料そのものの入手，および，資料に記録されている情報へのアクセスを効果的にするための，「付加価値」のある多様な便宜が提供されている。

● ………… **機能の拡張**

　一方，現代の図書館では，上述した前提を立ててしまうと説明できないさまざまな現象が生じている。言い方を換えれば，そうした前提には限界があり，現実の図書館では，上記の機能モデルを改編した新たなモデルの構築が求められているとも言えるのである。

　現在，限界と考えられていることとして，下記の点が挙げられる。

　（1）　図書館における所蔵の制約
　（2）　図書館内での処理の変容
　（3）　図書館外からの遠隔利用

　まず，（1）について，従来，図書館では，図書館外で生産された資料を収集してきた。すなわち，資料を「所蔵」することによって，それに対して一定の処理を施し，付加価値を与えてきたのである。しかし，現代では，インターネットの普及により，デジタル形態の情報がウェブページ上に数多く発信されており，図書館においても，そうした情報を利用者に提供することが増えてきている。しかし，ウェブページ上の情報は，図書館から「アクセス」して閲覧することはできるが，「所蔵」することが基本的にはできない性格のものである。したがって，「付加価値」を与える処理といった場合にも，従来の資料に対して行なってきたものとは，おのずと異なることになる。

　（2）は，図書館の経営形態の変化が与える影響である。とりわけ，資料の組織化に関する変容が著しい。かつては，収集した資料に対する分類記号や件名標目の付

コレクション

目録

タイトル
著者
主題
分類記号
件名標目

排架

所蔵

アクセス

与，目録データの作成は，個々の図書館が行なっていた。しかし，MARCの普及や書誌ユーティリティの充実に伴い，こうした作業は，個別の図書館では不要になることが多くなったのである。すなわち，オリジナルカタロギングからコピーカタロギングへの移行がなされ，形成された利用者用の目録（OPAC）そのものは，個別の図書館で維持するものの，そのデータを作成することはおおむねなくなったのである。言わば，資料の組織化の「空洞化」が生じているのである。

（3）は，以前からも，「館外サービス」，「伸展サービス」，あるいは「アウトリーチサービス」の名のもとに，図書館に来館できない利用者に対するサービスが提供されてきた。しかし，現在言われている「遠隔利用」は，来館に障害のある利用者に対する便宜ではなく，情報ネットワークを介しての幅広い利用を意味している。すなわち，図書館のウェブページ上でのOPAC検索，電子メールによる質問回答サービス，電子資料のウェブ上での閲覧など，利用者の空間的な移動を伴わない形態での図書館利用が，確実に増加しているのである。

●⋯⋯⋯図書館サービスの理解

「サービス」という用語は多義的であり，また現在では，使用される文脈によって，さまざまな意味合いを持つ。例えば，『広辞苑』（第7版，岩波書店，2018年）によると，下記の五つの語義が示されている。

(1)　奉仕。他人のために尽力すること。
(2)　給仕。接待。
(3)　商売で値引きしたり，客の便宜を図ったりすること。
(4)　物質的生産過程以外で機能する労働，用役。
(5)　（競技用語）サーブに同じ。

一方，英語のserviceについて，規模の大きい英和辞書や英英辞書を参照すると，上記の語義とは別に，「（陸海空軍の）軍務，兵役」や「神に仕えること，礼拝」といった意味もあることがわかる。

日本では，一般に，上記の(1)の意味合いで，図書館サービスを理解していると言ってよい。また，(3)の後半に相当する意味合いで，「便宜」と置き換えていることも少なくない。しかし，サービスと言った場合，「人的」なはたらきかけをすることと理解され，このことが図書館サービスを考える際に，しばしば混乱を招く一因となっている。

「奉仕」や「便宜」と言うと，やや硬い言い回しであるが，(1)に示されている「他人のために尽力すること」がわかりやすい。そして，これこそがサービスの基本の

左欄外：
MARC
書誌ユーティリティ
オリジナルカタロギング
コピーカタロギング

伸展サービス
アウトリーチサービス
遠隔利用

質問回答サービス

意味となる。したがって，他の人の面前で，直接何かをすることだけが，サービスなのではない。間接的な活動，あるいは，準備的な行為も，他の人のためのものであるならば，サービスととらえられる。また，誰かの利益になるような「しくみ」を用意したり，整えたりすることもサービスなのである。

　例えば，多くの図書館では，「貸出」と呼ばれるサービスを提供している。この活動が貸出サービスと呼ばれるのは，貸出デスクにおいて，図書館職員が処理をするという「人的」な活動をしているからでは必ずしもない。図書館という機構において，貸出と呼ばれる便宜を提供しているからこそ，貸出サービスなのである。言い方を換えれば，貸出の手続を自動化して，利用者が自動貸出機を利用して貸出の処理をするようにしても，図書館としては，貸出サービスを提供しているのである。 自動貸出機

　また，図書館では，資料がきちんと書架に並べられている。これは，図書館職員が，「排架」と呼ばれる作業を行なっているからである。しかし，利用者が目にするのは，「排架」という作業の結果としての書架であり，サービスとしては間接的，準備的なものなのである。

　なお，図書館サービスといった場合，図書館が提供する個別の便宜を指すだけではなく，図書館そのものが設置されていること自体を意味する場合もある。すなわち，公立図書館で言えば，地方自治体が「行政サービス」の一環として図書館を設置することそのものを指して，「図書館サービス」の提供と呼ぶことも可能である。 行政サービス

どこに座りたい？（徳之島町立図書館）

図書館サービスの役割と制度

●‥‥‥‥**図書館サービスが果たす役割**

　図書館サービスを検討する上では，図書館のはたらきによって，どのような効果が利用者にもたらされるかという視点を欠くことはできない。すなわち，図書館サービスが，どのような役割を果たしているのかということに対する整理である。これは，図書館の種類，すなわち，館種によって異なることになるため，図書館全般を対象にした一般論は成り立たない。そこで，公立図書館に限定して，その役割を整理すると，下記のものが含まれると考えられる。

　　(1)　教育的な役割

　　(2)　文化的な役割

　　(3)　情報コントロールの役割

　　(4)　余暇的な役割

　　(5)　場としての役割

　　(1)は，図書館サービスを受けることが，利用者の自己発達に結び付くことを意味している。図書館法における位置付けからもわかるように，日本において，公立

社会教育

図書館は社会教育の施設であり，家庭において，地域において，あるいは，広く社会生活において，さまざまな形態の学習活動を支えるものである。また，社会教育

成人教育

の源流は，成人教育（adult education）に求められるが，そもそも成人教育は，自

自己学習

己学習（self-learning）を特徴とするものであり，図書館は，その自己学習の資料を提供し，また，学習活動の場として機能することが期待されているのである。

　　これ以外にも，図書館では，各種の行事や集会活動を行い，「集団学習」の機会

情報活用能力

を提供している。また，図書館を利用した情報活用能力の育成を行うことが目指さ

情報リテラシー
メディアリテラ
シー

れ，「情報リテラシー」や「メディアリテラシー」，あるいは，両者を包括した「メディア情報リテラシー」の獲得に関係した取り組みが進められている。さらに，学校での学習を支援する種々のサービスへの取り組みが進み，学校教育や学校図書館との連携も活発になっている。

生涯学習

　　なお，図書館におけるボランティア活動も，生涯学習の文脈の中で，教育的な役

割として位置付けられる。ただし，図書館サービスを享受することで学習活動を展開させるのではなく，図書館サービスに参画することそのものが学習活動になるため，観点が異なることに注意を払う必要がある。

(2)は，地域の文化形成や文化継承にかかわるサービスを意味する。すなわち，公立図書館の存在意義は地域に根ざした活動を行うことであり，地域の文化の発展や保持に貢献することは重要な役割となる。まず，図書館の基本的な機能の一つである「保存」との関係で，地域で生産された資料やそれに記録された情報を後世に伝えたり，同時代に広めたりすることが求められる。「郷土資料」あるいは「地域資料」と呼ばれる資料類は，それぞれの地域において配慮しなければ，散逸する可能性がきわめて高く，それゆえに，公立図書館では，地域文化の発展ならびに継承のために，そうした資料類の保存に力を注いでいるのである。郷土資料
地域資料

また，近年では，地域で生産された資料や地域にかかわる情報をデジタル化し，ウェブページに掲載して発信することも行われている。さらに，地域における種々の文化的な活動，すなわち，研究，著作，出版といった一連の活動を，資料と情報の面から支えることも，文化的な役割の一環と位置付けることができる。

(3)は，(2)ともつながるが，地域情報の処理にかかわる役割である。具体的には，地域に関係する各種の資料や情報を収集し，それをデータベース化するなど，組織化することを意味する。また，組織化したものを，利用者に提供したり，ウェブページに掲載したり，発信したりすることも含まれる。とりわけ，地域情報のウェブページを図書館が作成して充実させるならば，これは，地域情報に対する「ポータル」としての役割を図書館が果たすことになり，デジタル化されていない資料の提供と併せて，他の機関にはない特徴を有したサービスを展開することが可能となる。ポータル

(4)は，図書館の利用が，レクリエーションの役割を果たすことに結び付くことを意味している。一般的には，娯楽に供する「読み物」の提供と理解されるが，それに加えて，行事による余暇機会の提供や余暇情報の提供も，ここに含まれる。

(5)は，公共施設の一つとして，公立図書館が住民の集いの「場」になることを指している。すなわち，地方自治体が図書館という施設を設置することによって，地域住民が交流する機会がそこで得られると考えることができるのである。また，行事や集会活動は，教育的な役割とともに，住民交流の機会提供という役割を果たすことにもなる。場

●⋯⋯⋯日本の図書館制度

日本の図書館制度を理解する際に注意しなくてはならないことの一つは，すべての館種を対象にした制度が存在しないことである。「図書館法」と聞くと，あたかもあらゆる館種のための法制度のようであるが，そうではない。公共図書館のため図書館法

の法律なのである。したがって，「図書館」という表現を用いる際には，一般用語として，さまざまな種類の図書館を指しているものなのか，公共図書館に限定した法律上の用語なのか，識別する必要がある。

館種 「館種」には，公共図書館に加えて，学校図書館，大学図書館，専門図書館がある。

学校図書館法 国立図書館を，これらに加えることもある。制度面では，学校図書館は「学校図書館法」に基づいて，小中高等学校（義務教育学校，中等教育学校，特別支援学校の各部を含む）に必ず置かなくてはならない設備である。大学図書館には，独立した

大学設置基準 法律はないが，「大学設置基準」において大学の校地に必須の施設とされている。専門図書館に関しては，地方議会の図書室のように，一部法制度に基づくものも含まれるが，全般的には固有の法律はない。国立図書館に関しては，日本の場合は国

国立国会図書館法 立国会図書館が該当し，「国立国会図書館法」において，活動内容が規定されている。

● ⋯⋯⋯**図書館法における図書館サービス**

　図書館法では，「サービス」という表現ではなく，「図書館奉仕」について規定した条文がある。下記の第3条がそれであるが，図書館が提供すべきサービスについて，九つに整理して具体的に示している。

第3条　図書館は，図書館奉仕のため，土地の事情及び一般公衆の希望に沿い，更に学校教育を援助し，及び家庭教育の向上に資することとなるように留意し，おおむね次に掲げる事項の実施に努めなければならない。

　一　郷土資料，地方行政資料，美術品，レコード及びフィルムの収集にも十分留意して，図書，記録，視聴覚教育の資料その他必要な資料（電磁的記録（電子的方式，磁気的方式その他人の知覚によつては認識することができない方式で作られた記録をいう。）を含む。以下「図書館資料」という。）を収集し，一般公衆の利用に供すること。

　二　図書館資料の分類排列を適切にし，及びその目録を整備すること。

　三　図書館の職員が図書館資料について十分な知識を持ち，その利用のための相談に応ずるようにすること。

　四　他の図書館，国立国会図書館，地方公共団体の議会に附置する図書室及び学校に附属する図書館又は図書室と緊密に連絡し，協力し，図書館資料の相互貸借を行うこと。

　五　分館，閲覧所，配本所等を設置し，及び自動車文庫，貸出文庫の巡回を行うこと。

　六　読書会，研究会，鑑賞会，映写会，資料展示会等を主催し，及びこれらの開催を奨励すること。

七　時事に関する情報及び参考資料を紹介し，及び提供すること。

八　社会教育における学習の機会を利用して行つた学習の成果を活用して行う教育活動その他の活動の機会を提供し，及びその提供を奨励すること。

九　学校，博物館，公民館，研究所等と緊密に連絡し，協力すること。

　条文では，まず，図書館の果たす役割に注目することが必要である。「土地の事情及び一般公衆の希望に沿い」とあるように，「地域」に根ざしたサービスを展開することが求められていると解釈される。また，「学校教育を援助」することが，重要な役割の一つとして期待されていることがわかる。学校教育を支援するのは学校図書館であって，公共図書館ではないと主張されることがあるが，制度上は，公共図書館が学校教育の支援に意を注がなくてはならない規定となっている。

　つぎに，九つの各号の内容を認識し，現代社会の文脈のもとで，これらを位置付けていかなくてはならない。第3条については，2008年に改正が一部行われた。ただし，1950年に施行された当時のままの号もあり，現在では，文言としてやや古いと感じられるものがあったりもする。しかし，表現にだけとらわれずに，法文としての趣旨を踏まえることが肝要である。

　第1号と第2号は，図書館の機能について触れたものである。すなわち，第1号で，図書館資料となるものを例示し，収集と提供という機能に基づくサービスを展開することを定めている。保存という用語は登場しないが，当然ながら，資料の提供のために保存が予定されていると言えよう。また，第2号では，資料の組織化について示している。

　第3号および第7号は，レファレンスサービスにかかわる活動についてである。現代的な表現を用いれば，情報サービスについて規定したものと言えよう。また，第3号は「利用者教育」に力点が置かれており，第7号は「情報提供」に主眼が置かれていると解釈することもできる。

　第4号は，図書館間相互貸借について規定したものであるが，第9号と併せて，図書館協力ならびに各種機関との連携という観点のもとで，共通する基盤を持つものと位置付けることができる。また，図書館協力の背景となる基盤は，各地方自治体における図書館であることは言うまでもないが，それについても，第5号において，単館での図書館サービスではなく，分館その他の施設をひとまとめにした「図書館システム」に基づくサービスの提供を求めている。

　第6号は，集会活動や行事の実施といった文化的な役割に貢献する諸サービスについて，例示しながら規定している。

　第8号は，図書館におけるボランティア活動に対する支援を行うことを，図書館サービスの取り組みの一部として位置付けたものと理解される。

レファレンスサービス

利用者教育
情報提供

図書館間相互貸借

図書館システム

図書館サービスの種類

●……**類別の視点**

UNIT 1に示した機能図では，図書館の中に，収集，組織，保存，提供の四つの機能を位置付けている。その上で，図中では，保存と提供の間を点線によって区分

利用者サービス
テクニカルサービス

しており，右側を「利用者サービス」，左側を「テクニカルサービス」としていることに着目してほしい。すなわち，収集，組織，保存の各機能に基づく諸活動を「テクニカルサービス」（technical service）と呼び，提供機能に基づく活動を「利用者サービス」（public service）と呼んで，整理しているのである。

直接サービス

利用者サービスは，利用者に直接提供される便宜を指し，直接サービス（直接業務）とも呼ばれる。一方，テクニカルサービスは，利用のための環境を整備したり，種々の準備にかかわったりする便宜を指し，利用者には直接提供されるものではない

間接サービス

という意味で，間接サービス（間接業務）とも呼ばれる。このように，利用者との関係で，図書館サービスを類別することが行われる。

なおここで，利用者サービスの英語表現public serviceにおいて，publicは「利用者」のことであり，「公共」という訳語を当てるのは適切ではない。例えば，大学図書館においてpublicとは，学生や教員を指すことになる。もし，大学図書館の説明をする中で，これを「公共サービス」と訳してしまったら，大学図書館の地域開放であるかのような誤解を招くことになるため，注意を要する。

また，利用者サービスとテクニカルサービスの区分とほぼ重なることにもなるが，図書館職員のかかわり方による類別も可能である。すなわち，図書館職員が利用者

人的サービス

と対面して提供するサービスは，「人的サービス」と位置付けることができる。一方，利用者は図書館職員と対面しての支援は受けず，自らの力で（自発的に）図書館を利用することがあるが，この場合は，主に施設と資料という「物」を用意すること

物的サービス

にかかわる便宜が中心となるので，「物的サービス」と呼んで，「人的サービス」と対比することになる。

さらに，サービス計画あるいはマネージメントの視点を導入すれば，日常，継続的に提供することが求められる便宜もあれば，特定時期に集中して活動を行う便宜

補修
製本
蔵書点検
曝書

もある。利用者サービスは，おおむね前者となるが，テクニカルサービスの中には，後者に相当するものも少なくない。例えば，資料の補修や製本，蔵書点検や曝書（虫

干し）といった活動を挙げることができる。

●⋯⋯⋯収集機能に基づく活動

収集機能に基づく活動の中心は，コレクション形成（collection development）
である。これには，以下の諸活動が含まれる。こうした活動の詳細は，司書養成の
科目としては，「図書館情報資源概論」で主に学ぶ内容となる。

(1) 資料の選択
(2) 発注
(3) 検収
(4) 受入登録
(5) 寄贈・交換

●⋯⋯⋯組織機能に基づく活動

組織機能に基づく活動は，大きく分けて二つになる。一つは，資料の主題が何で
あるかを分析する活動である。分析の結果を，所定の分類体系のもとに位置付けた
場合には，分類記号の付与が行われる。また，分析の結果，体系的に整理された主
題を表す名辞（概念を表した言葉）を，件名標目として付与することもある。

もう一つは，目録データを作成し，所蔵資料の目録を編成する活動である。古く
は，カード目録や冊子体目録が中心であったが，現在では，オンライン形式の利用
者用目録，すなわち，OPAC（Online Public Access Catalog）が標準となっている。
また，OPACをウェブページ上に公開し，Web OPACとして利用に供することも
一般的になっている。

なお，組織機能に基づく活動については，司書養成の科目においては，「情報資
源組織論」および「情報資源組織演習」で学ぶ内容となる。

●⋯⋯⋯保存機能に基づく活動

保存機能に基づく活動と言うと，資料を後世に残したり，大切に書庫に納めたり
することに関係する活動と受けとめられる傾向がある。たしかに，そうしたことに
かかわる活動も含まれるが，機能図を見れば明らかなように，利用に供するための
前段階として行われる，資料の物的側面に関する処理全般を指す。また，効果的な
利用を目指して，資料の配置について配慮することも指す。とりわけ，公共図書館
では，不特定多数の利用者が資料を利用することになるため，資料が長持ちしやす
いようにする処理や，汚れたり傷まないようにしたりする措置が求められるのであ
る。したがって，保存機能に基づく活動には，以下のような活動が含まれることに

コレクション形成

カード目録
冊子体目録
OPAC

Web OPAC

なる。

    (1) 装備（押印，請求記号ラベルの貼付，カバーフィルムの貼付，BDS用タトルテープやICタグの装着）

    (2) 排架（排架システムの決定）

    (3) 書架整理，書架整頓

    (4) 補修，製本，メディア変換

    (5) 除籍手続

なお，これらは，司書養成の科目においては，「図書館情報資源概論」で学ぶ内容でもある。

●·········提供機能に基づく活動

上述した三つの機能に基づく活動に関しては，すでに記したように，「図書館サービス概論」だけで学ぶのではなく，他の科目でも学ぶことが予定されている。それゆえ，「図書館サービス概論」という司書養成の科目は，主として，利用者サービスを論じる科目として位置付けられていると考えることができる。

一方，利用者サービスの中でも，司書の専門的業務の根幹とみなされる情報サービスと児童サービスについては，それぞれ「情報サービス論」と「児童サービス論」という科目が用意されていることから，利用者サービスの基本的な議論をすることが，「図書館サービス概論」に期待されていると解釈することができる。

さて，提供機能に基づく活動は，以下の視点から類別することができる。

    (1) 提供する内容

    (2) 利用者の種別

    (3) 利用目的

(1)の視点に基づいた場合，資料提供と情報提供が基本となる。前者は，図書館の資料そのものを提供するととらえた場合であり，後者は，容れ物としての資料ではなく，それに記録された情報（内容）を提供するととらえた場合である。前者に関しては，閲覧サービスや貸出サービスが含まれ，そこから展開するサービス活動として，リクエストサービスその他の諸活動が位置付けられる。一方，後者に関しては，情報サービス，すなわち，レファレンスサービスやレフェラルサービスが位置付けられる。また，これらのサービスとは別に，副次的な活動として，複写サービスもある。

閲覧サービス
貸出サービス
リクエストサービス
レファレンスサービス
レフェラルサービス
複写サービス

なお，UNIT 2に記したように，図書館施設，すなわち，図書館という「場」も，提供する内容の一つに含めることも可能である。

　(2)は，利用者の属性や図書館としての特定サービス提供集団（ターゲットグループ）などに応じて，図書館サービスを整理したものであり，「対象別サービス」と一般的には呼ばれる分け方に相当する。

対象別サービス

　利用者の属性は，性別，年齢別，職業別などさまざまである。児童サービスやヤングアダルトサービス，高齢者サービスなどは，ある程度，年齢に対応してサービスを類別したと言ってよい。これとは別に，病院患者，老人ホーム入居者といった特定のサービス提供集団も存在する。また，視覚障害者に対するサービス，聴覚・言語障害者に対するサービスといった具合に，障害別にサービスを類別することも行われている。さらに，在日外国人や留学生など，異なる文化的背景を持つ利用者の特性に着目してサービスを組み立てた場合，これを「多文化サービス」と呼んで，独自の内容を盛り込むこともある。

児童サービス
ヤングアダルト
サービス
高齢者サービス

多文化サービス

　なお，利用者といった場合，個人利用者ばかりがイメージされるが，実際には，学校，地域団体，地域産業，地域内の諸施設に対するサービスも展開しており，個人利用者への便宜と区別する必要も生じる。

　(3)は，利用者の属性ではなく，図書館利用の意図に応じた類別であり，ひとことで言えば，「利用目的対応型サービス」という区分を設定することになろう。例えば，近年取り組みが進んでいる「ビジネス支援」は，職業がビジネスマンの利用者に対するサービスと，とらえるのではない。利用者の属性はさまざまであり，「誰」に対するサービスという整理が難しいのである。しかしながら，「ビジネスに役立つような資料や情報の入手」という，利用目的は共通しているのである。

利用目的対応型
サービス
ビジネス支援

　利用目的に沿って，従来のサービスを再整理すると，利用者の利用目的を図書館が支援するという構造になる。すなわち，調査研究支援サービス，ビジネス利用支援サービス，行政・社会活動支援サービス，日常的問題解決支援サービス，特定資料利用支援サービス，情報活用能力育成支援サービス，施設利用支援サービスといった区分を設けることが可能となる。

　例えば，レファレンスサービスは，調査研究支援サービスの根幹に位置付けられることになる。また，絵本の提供を，児童を対象にしたサービス（児童サービス）と認識するのではなく，特定資料（絵本）の利用を支援するサービスと位置付けるのである。

　現在のところ，こうした類別はすべての図書館に普及しているとは言えない。しかし，ビジネス支援や行政支援といったサービスは，すでに20年近くにわたる実践が続けられている。それゆえ，従来にはない類別の視点を設定することに，一定の妥当性があるものと考えられる。

◉図書館サービスの意義

図書館サービスとネットワーク

●……… 図書館をとらえる単位

　日本には，図書館がいくつあるのか，すなわち，図書館サービスを提供する「場」はどのくらいの数になるのか，という問いに答えることは，なかなか難しい。なぜならば，図書館をどのように数えるかによって，答えとなる数値が変わるからである。一般的には，施設（建造物，空間）として独立しているものを単位に数えることになるが，それだけでは，図書館サービスの実状と異なるイメージをもたらすおそれもある。

地方自治体　　公立図書館は，地方自治体が設置しており，複数の図書館を自治体内に設置することも少なくない。あるいは，2003 年以降，「平成の大合併」と呼ばれる地方自治体の合併が進んだことから，かつては一つの地方自治体に一つの図書館が設置されていたものが，結果的に複数の図書館が，新しく誕生した一つの地方自治体内に存在する場合も現れている。

　このように，設置母体が同じであること，すなわち，図書館の経営主体が一つであるという点に目を向ければ，地方自治体単位で一つと数えてもよい。一つの地方自治体内に複数の図書館があるといっても，それぞれが，まったく異なる方針を定めて図書館サービスを提供していることはまれである。なんらかの機能や役割に応じた分担がなされていたり，サービス対象地域ごとに分担していたりしても，全体で一つの組織と位置付けられていることが多いのである。こうした場合，地方自治図書館システム　　体単位で，一つの「図書館システム」が形成されているとみなすことになる。

　なお，「図書館システム」という用語は，図書館の機械的なしくみ，あるいは，図書館のコンピュータシステムのことを指す場合もある。ここでは，複数の組織体が連関・統合され，一つの組織体を作り上げていることから「システム」という語を使用している。

●……… 図書館システムの構成

　図書館システムを構成するのは複数の図書館であるが，それぞれの図書館間の関係は，地方自治体によって異なり，いくつかの形態が存在する。

中央館　　まず，基本として，比較的規模の大きな「中央館」を位置付けた上で，中央館か

ら距離的にも離れた地区に,「地域館（地区館）」を設置する形態がある。また，中心となる施設を「本館」と位置付け，その機能の一部を実施したり，サービスの範囲を縮小したりして提供する館を「分館」と呼んで区分することもある。地方自治体によっては，いずれの館も同等の立場にしている場合もある。

中央館と地域館，本館と分館は，施設上は，建造物あるいは建物の一部となっていることから，これを「固定館」と呼ぶ。これに対し，自動車や船などに資料を積んで，各地を移動して回り，図書館サービスを提供する施設を，「移動図書館」(mobile library) と呼ぶ。日本では，自動車を用いた移動図書館を「ブックモービル」(BM) と呼ぶこともある。

地域館や分館とは別に，地域内の図書館以外の施設に，図書館の所蔵資料を運び，それぞれの施設で資料提供を行う場合もある。そうした施設を，図書館の側から見て「配本施設」と呼ぶ。この「配本施設」も図書館システムを構成する一部となる。ただし，「配本施設」で提供される資料とは，図書館で所蔵して管理されている資料であるという点に，注意を払う必要がある。実際には，学校や公民館，生涯学習センターなどを，配本施設とする例が多い。

「図書館システム」の考え方は，地方自治体のすべての地域に対してサービスを提供すること，すなわち，「全域サービス」の考え方にもつながる。言い方を換えれば，複数の図書館を設置している地方自治体の多くは，サービス対象地域の分担を基本に据えていると考えることができる。一方，2003 年以降の東京都立図書館や大阪府立図書館のように，地域分担ではなく，複数の図書館において所定の機能を分担し，異なるサービスを展開している例もある。

●··········類似システムの登場

「図書館システム」に類似した形態もある。例えば，「読書施設」といった名称を使用して，図書館に加えて，図書館以外の公共機関において，それぞれが所蔵し管理している資料を提供しているところがある。比較的多いのは，図書館と公民館図書室を組み合わせたものである。公民館は，社会教育法に基づいて設置される機関であり，本来は図書館と異なる施設である。公民館活動に資するように，関連資料を収集する公民館図書室が内部に設けられるが，当然のことながら，制度上は図書館とは別である。しかし，図書館も公民館図書室も，設置の目的や利用形態は異なるとは言うものの，どちらも資料を所蔵しており，しかも，地方自治体の財産としては同じであるというとらえ方のもとに，両者を一つのものとして運用する形態が見られる。

このような「読書施設」といった位置付けをしている場合には，各機関で所蔵している資料についてのデータを統合し，一つの「総合目録」を形成していることが

地域館（地区館）
本館
分館

固定館
移動図書館

配本施設

全域サービス

公民館図書室
公民館
社会教育法

総合目録

少なくない。したがって，利用者からすれば，地方自治体の施設が所蔵している資料の存在，ならびに，それぞれの資料の所在を容易に検索できることになる。一方，こうしたしくみは，本来の図書館システムとは言えない面があるため，「類似システム」ととらえることが妥当である。ただし，図書館とそれ以外の機関の設置の意義や役割の違いに対する意識が曖昧になり，図書館サービスとは何かが不鮮明になるおそれもあることに留意する必要がある。

●⋯⋯⋯⋯図書館ネットワーク

複数の図書館が有機的に，体系的につながりを持ち，一つの目標に向けて協同の活動をする場合，これを「図書館協力」と，古くから呼んできた。しかし，現在では，コンピュータネットワークの進歩とあいまって，「図書館協力」は全国規模での状況にまで至っている。それゆえ，用語としては，「図書館協力」だけではなく，「図書館ネットワーク」の使用も定着している。

図書館ネットワークをとらえる場合，協力の内容と対象に注目することが基本となる。協力の内容としては，実は，図書館のあらゆる活動を挙げることができ，実際に，種々の事例が存在する。利用者サービスに限定しても，図書館間相互貸借，文献複写・送付，広域利用（共通貸出），協力レファレンスサービス，レフェラルサービスなど，きわめて多様である。したがって，図書館サービスは，単館，あるいは，地方自治体単位の図書館システムで提供されているのではなく，全国規模の図書館ネットワークを背景にして行われていると，理解すべきである。

協力の対象とは，どの図書館とネットワークを形成するかということでもある。まずは，同種の図書館間として，近隣地方自治体が設置した図書館との協力を挙げることができる。図書館間相互貸借に加えて，他の地方自治体の図書館資料を利用できる「広域利用」など，協力の形態も広がっている。

また，市区町村立図書館と都道府県立図書館との協力は，日本の図書館制度の特徴でもあり，1960 年代半ばより，機能（役割）分担が図られて，相互に協力することが目指されてきた。すなわち，地域住民の最も身近にある図書館という意味で，市区町村立図書館を「第一線図書館」と位置付け，その「第一線図書館」を背後から支える大規模な図書館として都道府県立図書館を「第二線図書館」と認識してきたのである。この両者の関係は，地方自治法の改正などの影響により，変化を続けているものの，図書館間協力の代表例と言えよう。

つぎに，図書館とそれと異なる館種との協力も，多様になっている。とりわけ，地方自治体内の学校図書館，ならびに，大学図書館との協力は，地方自治体ごとに形態の違いは見受けられるものの，数々の実践例を見出すことができる。

なお，図書館以外の機関との協力・連携は，UNIT 36 で扱う。

図書館協力

図書館ネットワーク

広域利用

第一線図書館
第二線図書館
地方自治法

IFLA-UNESCO 公共図書館宣言2022（抄）
（IFLA-UNESCO Public Library Manifesto 2022）

公共図書館

　公共図書館は，その利用者があらゆる種類の知識や情報をたやすく入手できるようにする，地域の情報センターである。それは知識社会の不可欠な構成要素であって，ユニバーサル・アクセスを実現し，すべての人に情報の意味のある利用を可能にするという責任を果たすため，情報伝達の新しい手法を継続的に取り入れる。また，知識の生産と情報や文化の共有・交換に必要な，そして市民の関与を推進するための，公共スペースを提供する。

　図書館は地域社会を育むもので，積極的に新しい利用者にも手を差し伸べ，実効ある聞き取りによって，地域の要求を満たし生活の質の向上に貢献するサービス企画を支援する。人々の図書館への信頼に応え，地域社会への積極的な情報の提供と啓発が公共図書館の目指すところである。

　公共図書館のサービスは，年齢，民族性，ジェンダー，宗教，国籍，言語，あるいは社会的身分やその他のいかなる特性を問わず，すべての人が平等に利用できるという原則に基づいて提供される。理由は何であれ，通常のサービスや資料の利用ができない人々，たとえば言語上の少数グループ（マイノリティ），障害者，デジタル技能やコンピュータ技能が不足している人，識字能力の低い人，あるいは入院患者や受刑者に対しては，特別なサービスと資料が提供されなければならない。

　いかなる年齢層の人々もその要求に応じた資料を見つけ出せなければならない。コレクション（蔵書）とサービスには，伝統的な資料とともに，あらゆる種類の適切なメディアと現代技術が含まれていなければならない。質の高い，地域の要求や状況に対応した，そして地域社会における言語的・文化的多様性を反映したものであることが基本的要件である。資料には，人間の努力と想像の記憶とともに，現今の傾向や社会の進展が反映されていなければならない。

　コレクション（蔵書）およびサービスは，いかなる種類の思想的，政治的，あるいは宗教的な検閲にも，また商業的な圧力にも屈してはならない。

公共図書館の使命

　情報，識字，教育，包摂性，市民参加，および文化に関連した以下の基本的使命を公共図書館サービスの核にしなければならない。これらの基本的使命を通じて，公共図書館は持続可能な開発目標（SDGs）と，より公平で人道的な持続できる社会の建設に貢献する。

・検閲のない，幅広い情報や意見へのアクセスを提供し，あらゆる段階の正規と非正規の教育を支援するとともに，継続的，自発的，自律的な知識の探求を可能にする生涯学習を人生の全段階で支援する。
・個人の創造的な発展のための機会を提供する。そして想像力，創造性，好奇心と共感性を覚醒させる。
・生まれてから大人になるまで，子供たちの読書習慣を育成し，それを強化する。
・情報に基づいた民主的な社会を整備していくという観点で，読み書き能力を向上させる識字の活動やプログラムに着手し，援助し，関与して，あらゆる年齢層のすべての人々のメディア・情報リテラシーとデジタルリテラシーの技能の発達を促す。
・デジタル技術を通じて，情報，コレクション，およびプログラムの利用を対面でも遠隔でも可能にして，いつでも可能な限り地域社会にサービスを提供する。
・社会的しくみの根幹に関わる図書館の役割を認識し，すべての人々にあらゆる種類の地域情報の入手と地域をまとめる機会を確保する。
・利用者の生活に影響を与える可能性のある研究成果や健康情報など，科学的知識の利用を地域社会に提供し，科学的進歩に関与できるようにする。
・地域の企業，協会，利益団体に対して適切な情報サービスを提供する。
・地域と先住民に関するデータ，知識，遺産（口頭伝承を含む）を保存し，利用できるようにする。人々の要望に沿って，確保し，保存し，共用する資料を特定する際に地域社会が積極的な役割を果せる環境を整備する。
・異文化間の交流を助長し，多様な文化が存立できるようにする。
・伝統的なメディアであっても，デジタル化資料あるいはボーンデジタル資料であっても，文化的表現・遺産の保存および有意義な利用，芸術性の評価，科学的知識や研究と新機軸へのオープン・アクセスを促進する。

財政，法令，ネットワーク

　公共図書館の建物への入場およびサービスは原則として無料とし，地方および国の行政機関が責任を持つものとする。それは国際的な協約や合意に基づいた，特定の，最新の法令によって維持され，国および地方自治体により経費が調達されなければならない。公共図書館は，文化，情報提供，識字および教育のためのいかなる長期政策においても，主要な構成要素でなければならない。

　デジタル時代において，著作権と知的財産権に関する法令は，物理的資源の場合と同様に，公共図書館に合理的な条件でデジタルコンテンツを調達しアクセスできるようにする法的能力を有していることを保証しなければならない。

　図書館の全国的な調整および協力を確実にするため，合意された基準に基づく全国的な図書館ネットワークが，法令および政策によって規定され，かつ推進されなければならない。

公共図書館ネットワークは，学校図書館や大学図書館だけでなく，国立図書館，広域の図書館，研究図書館および専門図書館とも関連して計画されなければならない。

運営と管理

地域社会の要求に対応して，目標，優先順位およびサービス内容を定めた明確な方針が策定されなければならない。地域についての知識と住民参加の重要性は，このプロセスにとって有用であり，意思決定には，地域社会の関与がなければならない。

公共図書館は効果的に組織され，専門的な基準によって運営されなければならない。

地域社会のすべての人々が，サービスを実際にもまたデジタル方式でも利用できなければならない。それには適切な場所につくられ，設備の整った図書館の建物，読書および勉学のための良好な施設とともに，相応な技術の駆使と利用者に都合のよい十分な開館時間の設定が必要である。同様に図書館に来られない利用者に対するアウトリーチ・サービスも必要である。

図書館サービスは，農村や都会地といった異なる地域社会の要求に対応させなければならない。また，当該地域の，社会的に排除された集団，特別な支援を必要とする利用者，多言語の利用者，および先住民の要求にも対応する必要がある。

図書館員は，デジタルと伝統的なもの双方で，利用者と資源との積極的な仲介者である。十分な人的資源と情報資源は，図書館員の専門教育と継続教育と同様，現在と将来の課題に対応し，適切なサービスを確実に行うためには欠くことができない。資源が量的・質的に十分かどうかについて，指導層が図書館専門職と協議しなくてはならない。

利用者がすべての資源から利益を得ることができるように，アウトリーチおよび利用者教育のプログラムが実施されなければならない。

長倉美恵子・永田治樹・日本図書館協会国際交流事業委員会　訳
https://www.jla.or.jp/library/gudeline/tabid/1018/Default.aspx

◉図書館のサービス計画

サービス計画の立案

●………図書館サービスのマネージメント

　図書館がサービス機関であることは，これまでのUNIT 1からUNIT 4で指摘したが，どのような種類のサービスであっても，図書館職員が個人として行うのでは決してない。たしかに，ひとりひとりの図書館職員は，それぞれの業務分担（職務分掌）に応じて仕事に携わり，さまざまな場面で個別の判断を行なってサービスを遂行している。しかし，それらは図書館職員が勝手に対応しているのではなく，図書館という組織を構成する一員としての行動である。

　また，行われている活動も，不特定多数の多様な利用者との関係でさまざまなものとなるが，何をしてもよいということではなく，それぞれの図書館の方針や地域において果たす役割に沿ったものとなる。しかも，図書館で行われている活動は多岐にわたることから，どのようなサービスを，どのような利用者に，どのような時期に，どのような方法で実施するか，あらかじめ見通しを立てておかなくてはならない。質の高い図書館サービスを提供するためには，こうした組織的な対応が必要であり，入念な検討に基づく計画作りが不可欠なのである。

　組織的な対応や計画策定は，図書館におけるマネージメント，すなわち，図書館経営の最重要課題である。それゆえ，サービス計画にかかわる知識や方法の詳細は，司書養成の科目に対応させるならば，「図書館制度・経営論」で学ぶ内容となる。とりわけ，具体的な図書館経営の手法やノウハウについては，そちらでの学習に譲るのが本来である。しかしながら，個別のサービスにかかわる検討を有効なものとするためには，マネージメントに対する意識が必要であることもまちがいない。そこで，図書館サービスに直接関係する事項に焦点を合わせ，図書館のサービス計画の要点をUNIT 5からUNIT 7で，また，図書館の担い手に関する課題をUNIT 8からUNIT 10で解説する。

●………マネージメントサイクルと目標設定

　図書館サービスに関する計画を策定する際には，以下の事項に関して理解した上で進めることが基本となる。

(1) マネージメントサイクル

(2) 経営理念と目標

(3) 経営資源

(4) 市場（マーケット）

(5) タイムテーブル（スケジュール）

　(1)は，多くの組織体の経営で取り入れられている手法である。これは，経営における判断の流れを，P（Plan）→D（Do）→S（See）という三つの段階でとらえたり，P（Plan）→D（Do）→C（Check）→A（Act）という四つの段階でとらえたりするものである。前者において，Pは「計画の立案」，Dは「計画の実行」，Sは「結果の評価」を意味している。そして，Sに基づいて新たなPが始められる。このように，手順が循環することから，サイクルと呼ばれている。もちろん，最初にPを行うためには，状況を把握して評価するというSの段階が不可欠であり，三つは常に連続している。一方，後者においては，PとDは前者と同じであるが，Cは「実行状況の点検」であり，前者のSと重なり合う。ただし，点検の結果を受けて，Aの「改善に向けて行動する」が示されている点が特徴となる。

　図書館においてサービス計画を策定する際にも，こうしたサイクルを意識する必要がある。しかし，図書館はそれぞれ異なる地域に存在し，その沿革も役割も少しずつ違っている。それゆえ，なんのために図書館が存在し，各図書館はどのような理念のもとで設置されているのか，その役割と存在意義を確認することからまず始めなくてはならない。また，こうした図書館設置の理念に基づいて，経営上の方針を確定し，さらに目標を設定しなくてはならない。これが，(2)の観点である。

　ただし，目標には，一般的に四つの内容（レベル）があると指摘される。すなわち，図書館の基本的な使命（mission），長期的に目指すところ（goals），比較的短期的な達成課題（objectives），実際に行うべき活動（activities）である。これらの目標は，数値的に測ることができる定量的課題（量的課題）として示されることもあれば，計測困難な定性的課題（質的課題）として示されることもある。例えば，登録率を特定の割合まで向上させるという目標は前者に相当し，情報提供サービスの質を高度化させるという目標は後者となる。

●………**経営資源と市場**

　(3)は，サービスを提供するために活用できる図書館内の現有資源（resources）である。究極的には経費の問題とはなるが，資源の性質に応じて区分すれば，人的資源，所蔵資料，施設・設備の三つが基本となる。ただし，数量的な面とともに，質的な面にも注目すべきである。例えば，人的資源といった場合には，職員数ばか

りではなく，職員の有している知識や技術，経験年数や判断能力も，視野に入れなくてはならない。また，施設・設備の場合には，床面積や構造といった建造物の状態ばかりではなく，地方自治体内のどこに位置しているか，アクセスの方法はどのようになっているかなど，自然環境あるいは社会環境にかかわる要因まで，資源として認識しなくてはならない。

(4)は，図書館サービスを提供する対象，すなわち，利用者の構成ならびにニーズである。地域住民の総人口とともに，年齢別あるいは職業別といった区分ごとの利用人口の確認も必要となる。また，利用者の図書館に対する要求や期待をさまざまな手法で把握し，市場のニーズとして位置付けておく必要がある。

●……………タイムテーブルと優先順位

会計年度

(5)は，どのくらいの期間で，また，どのような手順で，特定のサービスに関する目標を達成させるかという点である。図書館の予算は，会計年度ごとに定められるものであることから，単年度の計画策定が基本となる。短期間の計画の場合には，半期あるいは四半期ごとの達成課題を設定することも必要になる。一方，さまざまな事情から単年度では成し遂げられない課題の場合には，複数年度にわたる「年次計画」の策定が求められる。

また，タイムテーブル（スケジュール）は，実行するサービスの優先順位とも関係する。すなわち，どんなに重要と考えられるサービスであっても，経費的な裏付けのない状態では実行できない。そのため，複数のサービスに順位を付け，先行して達成することを目指すものと，数年先までに達成することを目指すものとに分けるのが一般的である。図書館の理念あるいは利用者との関係で，さらには，現有資源との関係で，サービスの優先順位を決定することもある。

さらに，タイムテーブルに関係することとして，サービス計画の修正可能性の問題がある。これは，計画よりも短期間で目標が達成された場合や，逆に予定した期間で十分に成果が得られなかった場合の処理が柔軟にできるかどうかを意味する。また，突発的な事故や状況の変化といった危機を回避することが，あらかじめ計画内に想定されているかどうか，すなわち，リスクマネージメント（危機管理）が施されているかどうかも関係する。

リスクマネージメント

図書館の設置及び運営上の望ましい基準（抄）

平成24年12月19日　文部科学省告示第172号
一部改正：令和元年6月7日文部科学省告示第9号

第一　総則
一　趣旨

① この基準は，図書館法（昭和25年法律第118号。以下「法」という。）第7条の2の規定に基づく図書館の設置及び運営上の望ましい基準であり，図書館の健全な発展に資することを目的とする。

② 図書館は，この基準を踏まえ，法第3条に掲げる事項等の図書館サービスの実施に努めなければならない。

二　設置の基本

① 市（特別区を含む。以下同じ。）町村は，住民に対して適切な図書館サービスを行うことができるよう，住民の生活圏，図書館の利用圏等を十分に考慮し，市町村立図書館及び分館等の設置に努めるとともに，必要に応じ移動図書館の活用を行うものとする。併せて，市町村立図書館と公民館図書室等との連携を推進することにより，当該市町村の全域サービス網の整備に努めるものとする。

② 都道府県は，都道府県立図書館の拡充に努め，住民に対して適切な図書館サービスを行うとともに，図書館未設置の町村が多く存在することも踏まえ，当該都道府県内の図書館サービスの全体的な進展を図る観点に立って，市町村に対して市町村立図書館の設置及び運営に関する必要な指導・助言等を行うものとする。

③ 公立図書館（法第2条第2項に規定する公立図書館をいう。以下同じ。）の設置に当たっては，サービス対象地域の人口分布と人口構成，面積，地形，交通網等を勘案して，適切な位置及び必要な図書館施設の床面積，蔵書収蔵能力，職員数等を確保するよう努めるものとする。

三　運営の基本

① 図書館の設置者は，当該図書館の設置の目的を適切に達成するため，司書及び司書補の確保並びに資質・能力の向上に十分留意しつつ，必要な管理運営体制の構築に努めるものとする。

② 市町村立図書館は，知識基盤社会における知識・情報の重要性を踏まえ，資料（電磁的記録を含む。以下同じ。）や情報の提供等の利用者及び住民に対する直接的なサービスの実施や，読書活動の振興を担う機関として，また，地域の情報拠点として，利用者及び住民の要望や社会の要請に応え，地域の実情に

即した運営に努めるものとする。

③　都道府県立図書館は，前項に規定する事項に努めるほか，住民の需要を広域的かつ総合的に把握して，資料及び情報を体系的に収集，整理，保存及び提供すること等を通じて，市町村立図書館に対する円滑な図書館運営の確保のための援助に努めるとともに，当該都道府県内の図書館間の連絡調整等の推進に努めるものとする。

④　私立図書館（法第2条第2項に規定する私立図書館をいう。以下同じ。）は，当該図書館を設置する法人の目的及び当該図書館の設置の目的に基づき，広く公益に資するよう運営を行うことが望ましい。

⑤　図書館の設置者は，当該図書館の管理を他の者に行わせる場合には，当該図書館の事業の継続的かつ安定的な実施の確保，事業の水準の維持及び向上，司書及び司書補の確保並びに資質・能力の向上等が図られるよう，当該管理者との緊密な連携の下に，この基準に定められた事項が確実に実施されるよう努めるものとする。

四　連携・協力

①　図書館は，高度化・多様化する利用者及び住民の要望に対応するとともに，利用者及び住民の学習活動を支援する機能の充実を図るため，資料や情報の相互利用などの他の施設・団体等との協力を積極的に推進するよう努めるものとする。

②　図書館は，前項の活動の実施に当たっては，図書館相互の連携のみならず，国立国会図書館，地方公共団体の議会に附置する図書室，学校図書館及び大学図書館等の図書施設，学校，博物館及び公民館等の社会教育施設，関係行政機関並びに民間の調査研究施設及び民間団体等との連携にも努めるものとする。

五　著作権等の権利の保護　（略）

六　危機管理　（略）

第二　公立図書館

一　市町村立図書館

1　管理運営

（一）基本的運営方針及び事業計画

①　市町村立図書館は，その設置の目的を踏まえ，社会の変化や地域の実情に応じ，当該図書館の事業の実施等に関する基本的な運営の方針（以下「基本的運営方針」という。）を策定し，公表するよう努めるものとする。

②　市町村立図書館は，基本的運営方針を踏まえ，図書館サービスその他図書館の運営に関する適切な指標を選定し，これらに係る目標を設定するとともに，事業年度ごとに，当該事業年度の事業計画を策定し，公表するよう努めるものとする。

③　市町村立図書館は，基本的運営方針並びに前項の指標，目標及び事業計画の策定に当たっては，利用者及び住民の要望並びに社会の要請に十分留意するものとする。

(二) 運営の状況に関する点検及び評価等

①　市町村立図書館は，基本的運営方針に基づいた運営がなされることを確保し，その事業の水準の向上を図るため，各年度の図書館サービスその他図書館の運営の状況について，（一）の②の目標及び事業計画の達成状況等に関し自ら点検及び評価を行うよう努めなければならない。

②　市町村立図書館は，前項の点検及び評価のほか，当該図書館の運営体制の整備の状況に応じ，図書館協議会（法第14条第1項に規定する図書館協議会をいう。以下同じ。）の活用その他の方法により，学校教育又は社会教育の関係者，家庭教育の向上に資する活動を行う者，図書館の事業に関して学識経験のある者，図書館の利用者，住民その他の関係者・第三者による評価を行うよう努めるものとする。

③　市町村立図書館は，前二項の点検及び評価の結果に基づき，当該図書館の運営の改善を図るため必要な措置を講ずるよう努めなければならない。

④　市町村立図書館は，第1項及び第2項の点検及び評価の結果並びに前項の措置の内容について，インターネットその他の高度情報通信ネットワーク（以下「インターネット等」という。）をはじめとした多様な媒体を活用すること等により，積極的に公表するよう努めなければならない。

(三) 広報活動及び情報公開

市町村立図書館は，当該図書館に対する住民の理解と関心を高め，利用者の拡大を図るため，広報紙等の定期的な刊行やインターネット等を活用した情報発信等，積極的かつ計画的な広報活動及び情報公開に努めるものとする。

(四) 開館日時等

市町村立図書館は，利用者及び住民の利用を促進するため，開館日・開館時間の設定に当たっては，地域の実情や利用者及び住民の多様な生活時間等に配慮するものとする。また，移動図書館を運行する場合は，適切な周期による運行等に努めるものとする。

(五) 図書館協議会

①　市町村教育委員会（法第8条に規定する特定地方公共団体である市町村の長がその設置，管理及び廃止に関する事務を管理し，及び執行することとされた図書館にあっては，当該市町村の長。以下同じ。）は，図書館協議会を設置し，地域の実情を踏まえ，利用者及び住民の要望を十分に反映した図書館の運営がなされるよう努めるものとする。

②　図書館協議会の委員には，法第16条の規定により条例で定める委員の任命の基準に従いつつ，地域の実情に応じ，多様な人材の参画を得るよう努めるも

のとする。

（六）施設・設備

① 市町村立図書館は，この基準に示す図書館サービスの水準を達成するため，図書館資料の開架・閲覧，保存，視聴覚資料の視聴，情報の検索・レファレンスサービス，集会・展示，事務管理等に必要な施設・設備を確保するよう努めるものとする。

② 市町村立図書館は，高齢者，障害者，乳幼児とその保護者及び外国人その他特に配慮を必要とする者が図書館施設を円滑に利用できるよう，傾斜路や対面朗読室等の施設の整備，拡大読書器等資料の利用に必要な機器の整備，点字及び外国語による表示の充実等に努めるとともに，児童・青少年の利用を促進するため，専用スペースの確保等に努めるものとする。

2 図書館資料

（一）図書館資料の収集等

① 市町村立図書館は，利用者及び住民の要望，社会の要請並びに地域の実情に十分留意しつつ，図書館資料の収集に関する方針を定め，公表するよう努めるものとする。

② 市町村立図書館は，前項の方針を踏まえ，充実した図書館サービスを実施する上で必要となる十分な量の図書館資料を計画的に整備するよう努めるものとする。その際，郷土資料及び地方行政資料，新聞の全国紙及び主要な地方紙並びに視聴覚資料等多様な資料の整備にも努めるものとする。また，郷土資料及び地方行政資料の電子化に努めるものとする。

（二）図書館資料の組織化

市町村立図書館は，利用者の利便性の向上を図るため，図書館資料の分類，配架，目録・索引の整備等による組織化に十分配慮するとともに，書誌データの整備に努めるものとする。

3 図書館サービス

（一）貸出サービス等

市町村立図書館は，貸出サービスの充実を図るとともに，予約制度や複写サービス等の運用により利用者の多様な資料要求に的確に応えるよう努めるものとする。

（二）情報サービス

① 市町村立図書館は，インターネット等や商用データベース等の活用にも留意しつつ，利用者の求めに応じ，資料の提供・紹介及び情報の提示等を行うレファレンスサービスの充実・高度化に努めるものとする。

② 市町村立図書館は，図書館の利用案内，テーマ別の資料案内，資料検索システムの供用等のサービスの充実に努めるものとする。

③ 市町村立図書館は，利用者がインターネット等の利用により外部の情報にア

クセスできる環境の提供，利用者の求めに応じ，求める資料・情報にアクセスできる地域内外の機関等を紹介するレフェラルサービスの実施に努めるものとする。

(三) 地域の課題に対応したサービス

　市町村立図書館は，利用者及び住民の生活や仕事に関する課題や地域の課題の解決に向けた活動を支援するため，利用者及び住民の要望並びに地域の実情を踏まえ，次に掲げる事項その他のサービスの実施に努めるものとする。

　　ア　就職・転職，起業，職業能力開発，日常の仕事等に関する資料及び情報の整備・提供

　　イ　子育て，教育，若者の自立支援，健康・医療，福祉，法律・司法手続等に関する資料及び情報の整備・提供

　　ウ　地方公共団体の政策決定，行政事務の執行・改善及びこれらに関する理解に必要な資料及び情報の整備・提供

(四) 利用者に対応したサービス

　市町村立図書館は，多様な利用者及び住民の利用を促進するため，関係機関・団体と連携を図りながら，次に掲げる事項その他のサービスの充実に努めるものとする。

　　ア　(児童・青少年に対するサービス)　児童・青少年用図書の整備・提供，児童・青少年の読書活動を促進するための読み聞かせ等の実施，その保護者等を対象とした講座・展示会の実施，学校等の教育施設等との連携

　　イ　(高齢者に対するサービス)　大活字本，録音資料等の整備・提供，図書館利用の際の介助，図書館資料等の代読サービスの実施

　　ウ　(障害者に対するサービス)　点字資料，大活字本，録音資料，手話や字幕入りの映像資料等の整備・提供，手話・筆談等によるコミュニケーションの確保，図書館利用の際の介助，図書館資料等の代読サービスの実施

　　エ　(乳幼児とその保護者に対するサービス)　乳幼児向けの図書及び関連する資料・情報の整備・提供，読み聞かせの支援，講座・展示会の実施，託児サービスの実施

　　オ　(外国人等に対するサービス)　外国語による利用案内の作成・頒布，外国語資料や各国事情に関する資料の整備・提供

　　カ　(図書館への来館が困難な者に対するサービス)　宅配サービスの実施

(五) 多様な学習機会の提供

　①　市町村立図書館は，利用者及び住民の自主的・自発的な学習活動を支援するため，講座，相談会，資料展示会等を主催し，又は関係行政機関，学校，他の社会教育施設，民間の関係団体等と共催して多様な学習機会の提供に努めるとともに，学習活動のための施設・設備の供用，資料の提供等を通じ，その活動環境の整備に努めるものとする。

②　市町村立図書館は，利用者及び住民の情報活用能力の向上を支援するため，必要な学習機会の提供に努めるものとする。

（六）ボランティア活動等の促進

①　市町村立図書館は，図書館におけるボランティア活動が，住民等が学習の成果を活用する場であるとともに，図書館サービスの充実にも資するものであることにかんがみ，読み聞かせ，代読サービス等の多様なボランティア活動等の機会や場所を提供するよう努めるものとする。

②　市町村立図書館は，前項の活動への参加を希望する者に対し，当該活動の機会や場所に関する情報の提供や当該活動を円滑に行うための研修等を実施するよう努めるものとする。

4　職員

（一）職員の配置等

①　市町村教育委員会は，市町村立図書館の館長として，その職責にかんがみ，図書館サービスその他の図書館の運営及び行政に必要な知識・経験とともに，司書となる資格を有する者を任命することが望ましい。

②　市町村教育委員会は，市町村立図書館が専門的なサービスを実施するために必要な数の司書及び司書補を確保するよう，その積極的な採用及び処遇改善に努めるとともに，これら職員の職務の重要性にかんがみ，その資質・能力の向上を図る観点から，第一の四の②に規定する関係機関等との計画的な人事交流（複数の市町村又は都道府県の機関等との広域的な人事交流を含む。）に努めるものとする。

③　市町村立図書館には，前項の司書及び司書補のほか，必要な数の職員を置くものとする。

④　市町村立図書館は，専門的分野に係る図書館サービスの充実を図るため，必要に応じ，外部の専門的知識・技術を有する者の協力を得るよう努めるものとする。

（二）職員の研修（略）

二　都道府県立図書館

1　域内の図書館への支援

①　都道府県立図書館は，次に掲げる事項について，当該都道府県内の図書館の求めに応じて，それらの図書館への支援に努めるものとする。

ア　資料の紹介，提供に関すること

イ　情報サービスに関すること

ウ　図書館資料の保存に関すること

エ　郷土資料及び地方行政資料の電子化に関すること

オ　図書館の職員の研修に関すること

カ　その他図書館運営に関すること
②　都道府県立図書館は，当該都道府県内の図書館の状況に応じ，それらの図書館との間における情報通信技術を活用した情報の円滑な流通や，それらの図書館への資料の貸出のための円滑な搬送の確保に努めるものとする。
③　都道府県立図書館は，当該都道府県内の図書館の相互協力の促進等に資するため，当該都道府県内の図書館で構成する団体等を活用して，図書館間の連絡調整の推進に努めるものとする。

2　施設・設備

都道府県立図書館は，第二の二の6により準用する第二の一の1の（六）に定める施設・設備のほか，次に掲げる機能に必要な施設・設備の確保に努めるものとする。

ア　研修
イ　調査研究
ウ　市町村立図書館の求めに応じた資料保存等

3　調査研究

都道府県立図書館は，図書館サービスを効果的・効率的に行うための調査研究に努めるものとする。その際，特に，図書館に対する利用者及び住民の要望，図書館運営にかかわる地域の諸条件，利用者及び住民の利用促進に向けた新たなサービス等に関する調査研究に努めるものとする。

4　図書館資料

都道府県立図書館は，第二の二の6により準用する第二の一の2に定める事項のほか，次に掲げる事項の実施に努めるものとする。

ア　市町村立図書館等の要求に十分に応えるための資料の整備
イ　高度化・多様化する図書館サービスへの要請に対応するための，郷土資料その他の特定分野に関する資料の目録・索引等の整備及び配布

5　職員

①　都道府県教育委員会（法第8条に規定する特定地方公共団体である都道府県の長がその設置，管理及び廃止に関する事務を管理し，及び執行することとされた図書館にあっては，当該都道府県の長。）は，都道府県立図書館において第二の二の6により準用する第二の一の4の（一）に定める職員のほか，第二の二の1，3及び4に掲げる機能を果たすために必要な職員を確保するよう努めるものとする。
②　都道府県教育委員会は，当該都道府県内の図書館の職員の資質・能力の向上を図るため，それらの職員を対象に，必要な研修を行うよう努めるものとする。

（以下略）

◉図書館のサービス計画

基準とクオリティ

●‥‥‥‥**図書館サービスの基準の考え方**

どのような種類あるいは形態の図書館サービスを，どの程度まで行うかは，それぞれの図書館の方針や設置理念に基づくものであり，一様では決してない。しかし，全国的に考えた場合，いずれの図書館においても提供されることが望まれるサービスの種類や形態を明確にすることは，図書館を発展させるためには有効である。また，それぞれのサービスの目標や到達水準を明示することは，サービスの質を高める上で，効果がある。そのために設けられているのが，図書館サービスの「基準」（standard）である。

基準

基準には，到達水準との関係で，二つの種類がある。一つは，およそ図書館であるならば，満たさなくてはならない状態を示した「最低基準」である。もう一つは，到達すべき理想の状態が示される「目標基準」である。

最低基準
目標基準

また，達成すべき状態をどのように示すかで，二つに大別される。一つは，達成すべき状態を数量化して明示した「定量的基準（数量基準，数値基準）」である。もう一つは，達成すべき状態を，文章で説明して明確にした「定性的基準」である。後者は，「規準」（criteria）と表されることもある。

定量的基準
定性的基準

図書館サービスに関する基準をとらえる際に注意すべきは，図書館の設置母体ならびに規模の違いに応じた適用である。すなわち，UNIT 4で説明したように，日本においては，市区町村立図書館と都道府県立図書館とは異なる役割を果たすことが期待されているため，提供するサービスの基準もまた必然的に異なる。また，同じ「市」と言っても，多くの人口を対象とする政令指定都市とそれ以外の市の図書館とでは，おのずと違いが生じる。さらに，市立図書館と町村立図書館とでは，予算規模，コレクション構成，サービス体制も異なることから，図書館サービスのあり方も変わる。

尺度

なお，基準は，図書館サービスを評価する上での「尺度」の基盤となる。ただし，量的な尺度だけではなく，質的な尺度にも目を向ける必要がある。すなわち，どの程度の量の図書館サービスが達成されたかではなく，図書館サービスの質（クオリティ）がどのくらいまで高められたかという点に対して，基準との関係で検討がなされなくてはならない。言い方を換えれば，図書館サービスの中で，量的に評価す

ることが容易なサービスばかりではなく，量では評価しにくいサービス活動に対しても，適切に評価することが重要であると，認識しなくてはならない。

さらに，アウトカム評価の考え方も強調する必要がある。これは，提供された図書館サービスによってもたらされた効果や効用に目を向けた評価である。図書館サービスの質を評価する場合には，この考え方は注目すべきものになる。

アウトカム評価

●⋯⋯⋯⋯「望ましい基準」

日本の図書館サービスに関する全国的な基準としては，図書館法に基づく「望ましい基準」がある。すなわち，同法第7条の2では，「文部科学大臣は，図書館の健全な発達を図るために，図書館の設置及び運営上望ましい基準を定め，これを公表するものとする」と規定している。これに基づいて，文部科学大臣より，「図書館の設置及び運営上の望ましい基準」（以下，「望ましい基準」と記す）が，2012年に告示として出されている。

図書館の設置及び運営上の望ましい基準

「望ましい基準」は，「1　総則」，「2　公立図書館」，「3　私立図書館」の3章から構成されており，「2　公立図書館」は，「市町村立図書館」と「都道府県立図書館」の2節に分かれている。抄文は，option Bに示すが，2と3においては，提供すべきサービスを挙げるとともに，それぞれのサービスの性質に対する説明を付している。目標となる数値は示されていないことから，この基準は，基本的には「定性的基準」とみなすことになる。

2章1節の「市町村立図書館」では，管理運営，図書館資料，図書館サービス，職員の4項から成り立っている。図書館サービスの項は，次の内容が努力目標として掲げられている。

 (1) 貸出サービス等
 (2) 情報サービス
 (3) 地域の課題に対応したサービス
 (4) 利用者に対応したサービス
 (5) 多様な学習機会の提供
 (6) ボランティア活動等の促進

2章2節の「都道府県立図書館」では，市町村立図書館と異なり，次の内容が示されている。

 (1) 域内の図書館への支援
 (2) 施設・設備

(3) 調査研究

(4) 図書館資料

(5) 職員

(6) 準用

　これらのうち，(1)と(3)は，第二線図書館としての都道府県立図書館の性格に基づいていることが明らかである。(1)の記載においては，資料の紹介・提供に関すること，情報サービスに関すること，図書館資料の保存に関すること，郷土資料及び地方行政資料の電子化に関すること，図書館の職員の研修に関すること，その他図書館運営に関することが明示されている。すなわち，市町村立図書館を，利用者サービスならびにテクニカルサービスの両面から，また，マネージメントの面から支援するよう，謳っているのである。

　また，(3)は，「都道府県立図書館は，図書館サービスを効果的・効率的に行うための調査研究に努めるものとする。その際，特に，図書館に対する利用者及び住民の要望，図書館運営にかかわる地域の諸条件，利用者及び住民の利用促進に向けた新たなサービス等に関する調査研究に努めるものとする」と記載されている。これは，図書館サービスの高度化ないし深化に向けた活動を行うことを努力目標として掲げたものである。都道府県立図書館が，そうした活動を推進することによって，市町村立図書館の活動の基盤を強固にすることを求めていると言えよう。

●…………図書館サービスをとらえる指標

　世界的には，図書館サービスに関する基準類はさまざまであり，国ごとの状況の違いも大きく反映している。国際的な標準としては，国際規格ISO11620「図書館パフォーマンス指標」（Information and Documentation—Library Performance Indicators）が，1998年に定められている。日本では，これを翻訳する形で，2003年にJIS規格X0812として，「図書館パフォーマンス指標」が制定されている。

図書館パフォーマンス指標

　この規格は，図書館のサービス達成（performance）を評価・測定するための標準的な「指標」，すなわち，数値で測定可能な「目安」になるものを掲げている。指標の数は，全部で29となる。例えば，「資料の提供」においては，「タイトル利用可能性」，「要求タイトル利用可能性」，「要求タイトル所蔵率」，「要求タイトル一定期間内利用可能性」，「人口当たり館内利用数」，「資料利用率」といった指標が示されている。また，「資料貸出」においては，「蔵書回転率」，「人口当たり貸出数」，「人口当たり貸出中資料数」，「貸出当たり費用」，「職員当たり貸出数」が指標となっている。さらに，「レファレンスサービス」では，「正答率」が指標とされている。

指標

●⋯⋯⋯⋯クオリティの追求

　図書館サービスのクオリティ（質）は，経費との関係で説明されることが少なくない。基本的な考え方の一つとして，英国政府が，1990年代に公共セクターが行うサービスに適用すべく提唱した「経費に見合った価値」（Value For Money：VFM）という概念がある。これは，二つの側面として現れ，それぞれの視点から実行されているサービスが点検される。一つは，「同一のサービスを提供するならば，いかに少ない経費で行えるか」というものである。もう一つは，「同一の経費を使うならば，いかにクオリティの高いサービスを提供するか」というものである。

　日本において，経費とサービスの関係を議論する際には，しばしば「経費削減」あるいは「経費縮減」が意識されがちである。すなわち，VFMの一側面だけが強調されていることになる。しかし，VFMに学ぶべき点は，経費の問題をクオリティとの関係でとらえていることにある。

　また，図書館サービスのクオリティについては，評価手法の開発がなされている。サービスの品質評価に関しては，図書館サービスに限らず，サービス全般を対象に，SERVQUALという手法が編み出されている。これを図書館向けに改良したものが，LibQUAL+という評価のためのパッケージである。したがって，この手法を用いて，図書館サービスのクオリティを評価することは，選択肢の一つとなる。

VFM

SERVQUAL
LibQUAL+

●⎯⎯o p t i o n　C

IFLA公共図書館サービスガイドライン（第2版）（抄）
(IFLA Public Library Service Guidelines, 2nd completely revised edition)

1.3　公共図書館の諸目的
　公共図書館の主要な目的は，個人や集団がもつ教育や情報，およびレクリエーションや余暇活動を含む個々人の成長にかかわるニーズを充足させるために，さまざまなメディアを用いて，情報資源とサービスを提供することである。公共図書館は，個々人に対して広範で多様な範囲の知識，思想ならびに種々の見解へのアクセスを保障することによって，民主主義社会の発展と維持に資する重要な役割を担っている。

1.3.1　教育
　「すべての段階における正規の教育とともに，個別教育と独習による教育の両方に支援を与えること。」（『IFLA/UNESCO公共図書館宣言』）

すべての人々に対して，正規の教育と非正規の教育の双方を支援するために，印刷資料とその他の形態，たとえばマルチメディアやインターネット上の情報資料などに掲載されている知識へのアクセスを提供する機関が必要であることが，これまで多くの公共図書館の設置と維持の根拠とされてきたし，依然として公共図書館の中核的目的であることに変わりはない。人々は，生涯を通じて，たとえば学校や大学のような正規の諸機関，あるいは職場か日常生活に関連するいくらか正規の文脈とは違ったところのいずれかにおいて，教育を必要としている。学習は正規の教育の終了とともに終わるものではなく，ほとんどすべての人々にとって生涯にわたって続けられる活動である。ますます複雑さを加えていく社会のなかで，人々はその人生のさまざまな段階において新しいスキルを獲得する必要がある。公共図書館は，このプロセスを支援するうえで重要な役割を担っている。

　公共図書館は，正規および非正規の学習過程を支援するために，適切なメディアで表現された資料を提供しなければならない。また，公共図書館は，人々が学習できる施設設備を提供するとともに，利用者に対してそれらの学習資源を効果的に利用できるよう援助しなければならない。情報にアクセスできること，そしてそれを効果的に利用することは，教育が所期の成果を収めるうえでとても大切なことであり，可能な場合には，公共図書館は情報資源の利用のしかたを他の教育機関と協働して教えるべきである。正規の教育を支援するために適切な（学校）図書館施設をもつところでは，公共図書館はそれらを補完しなければならない。

　また，識字能力は教育と知識の基礎であり，図書館情報サービスの利用の前提なので，公共図書館は識字と情報リテラシーの推進とその教育を積極的に支援しなければならない。新たに識字能力を身につけた人々は，みずからのスキルを維持し発展させるために，適切な情報資料とサービスに容易にアクセスできることが必要である。

　世界の国々のなかには，教育を発展させることの必要性が何にもまして大切なものと考えられ，公共図書館の主要な役割が正規の教育の支援にあるとされるところがある。しかしながら，多種多様な方法を駆使して，公共図書館は正規の教育と非正規の教育の両方を支援することができる。どのようにすればそのような公共図書館の役割が達成できるかについては，地域社会の状況と関係する諸資源がどれだけ利用できるかに依存している。

1.3.2　情報

　「公共図書館は，その利用者にとって，あらゆる種類の知識と情報を容易に利用できる地域社会の情報センターである。」（『IFLA/UNESCO公共図書館宣言』）

　情報にアクセスすることができ，それを理解できるということは人間の基本的な

権利であり，いまや世界の歴史においてこれまでになかったほど多くの情報を利用することができる。みんなに開かれている公共サービスとして，公共図書館は広範な情報資源へのアクセスを提供することにとどまらず，情報を収集し，組織化し，活用するという重要な役割を担っている。公共図書館は地域の情報を収集し，それを容易に利用できるようにする特別な責任を負っている。また，地域社会とそこにゆかりのある個人の歴史に関する資料を収集し，保存し，それへのアクセスを提供することによって，過去の記憶を保存するという役割をも果たしている。広範囲な情報を提供することによって，公共図書館は，地域社会が重要な諸問題に関して十分な情報にもとづく議論をし，意思決定をすることを援助することができる。情報の収集と提供によって，公共図書館は，それが可能なところではどこでも，利用可能な資源を最大限利用するために，他の諸機関と協力するべきである。

　利用可能な情報量の増大と絶え間ない技術革新は，情報へのアクセスのしかたに根本的な影響を与え，すでに公共図書館とそのサービスに対して重大な影響を及ぼしている。情報は個人と社会の発展にとって大変重要であり，情報技術はそれに近づき利用できる人々に対して相当の力を与えている。情報技術は急速な成長を遂げたけれども，世界の大多数の人々にとっては利用できず，地域によっては情報富裕層と情報貧困層との間の格差は拡大する一方である。テレビ放送や電話，その他のモバイルウェブサービスなど，広範囲に普及した公共的情報資源，教育機関や公共図書館の存在は先進諸国では当然のことと考えられている。しかし，発展途上国では，これらのインフラの不十分さは深刻であり，このことが個々人が情報を集め，問題を解決することを妨げている。インターネットは発展途上国の国内での，また発展途上国相互の間での情報通信の改善に役立っている。公共図書館はこの点において一定の役割を果たしており，またこれまでのように伝統的な形態の情報を提供するとともに，この役割を担っており，（技術的に可能な場合には）広く公衆にインターネットへのアクセスを提供することによって，その情報格差を埋めることが要請されている。公共図書館は，情報通信技術の継続的な発展の拡大によってもたらされる絶好の機会を理解し，活用しなければならない。公共図書館は，利用者に対してオンライン情報サービスへの重要なアクセスポイントを提供し続ける。

1.3.3　人材開発

「個人の創造性にあふれた成長を援助する機会を提供すること。」

（『IFLA/UNESCO公共図書館宣言』）

　個人の創造性を開発し，新しい関心を追究するという機会は，人間の潜在的能力を開発するうえで重要なことである。これを達成するために，人々は知識へのアクセスと想像力のはたらきによって生み出された著作に触れることを必要とする。公共図書館は，さまざまに異なった形態のメディアを通じて，個々人が自分自身では

入手できない豊富で多様な知識と創造性のある業績へのアクセスを提供できる。地域社会に関する文献を含み，世界中の文献と知識から構成される大規模な所蔵コレクションに対するアクセスの提供こそ，これまで公共図書館がなしうる固有の貢献であったし，いまなおきわめて重要な機能である。この想像力と知識にもとづく著作へのアクセスは，個人の教育と意義あるレクリエーション活動に対して大きく寄与している。図書館は，利用者に対して，目録の検索のしかたや印刷された参考図書の使い方を教えるという伝統的な文献利用教育から，情報の所在を確認するためのコンピュータの使い方や情報の品質の評価のしかたを教える方向に業務を拡大しなければならない。

　また，公共図書館は，発展途上の地域社会に住んでいる人々に対する情報提供に直接関係することによって，日々の生存と社会的，経済的発展にとって基本的な貢献を果たすことができる。たとえば，基礎的な生活技術や成人教育，およびエイズ啓蒙プログラムなどがそれにあたる。識字率の低い地域社会においては，公共図書館は，その人たちにサービスを提供しなければならず，必要な場合には，情報を解釈したり，翻訳したりしなければならない。また，公共図書館は，どのようにして図書館と図書館サービスを利用するかといった基本的な利用者教育をしなければならない。

1.3.4　子どもと青少年

　「少年期の早い時期から読書習慣を身につけさせ，それを強化すること。」

（『IFLA/UNESCO 公共図書館宣言』）

　公共図書館は，年齢や身体的，経済的，ないしは社会的状況にかかわらず，地域社会のすべてのグループが抱える情報ニーズを満足させるよう努めなければならない。しかしながら，公共図書館は，子どもたちと青少年の情報ニーズを満足させることについては，特別の責任を負っている。子どもたちが早い時期に知識のすばらしさに感激したり，想像力に富んだ作品に触れ感動したりするようなことがあれば，彼らは生涯を通じて，これらの人格的成長の基本的要素から利益を受けるであろうし，それによって彼らを豊かにし，社会への彼らの貢献をいっそう高めるであろう。また，図書館を利用する子どもたちは，両親やほかのおとなの図書館利用を促進することもできる。さらに，読書能力の獲得に困難をもつ青少年に対して，彼らに適切な資料を提供する図書館を利用させるようにすることも大切である（3.4.2 および 3.4.3 を参照）。

1.3.5　公共図書館と文化の発展

　公共図書館の重要な役割のひとつは，地域社会の文化的および芸術的な発展のために中核となる場所を提供することであり，また地域社会の文化的な主体性の形成

とその維持を助けることである。この役割は，適切な地元の組織や地域的諸機関との協働によって，文化的活動のための場所を提供したり，文化的事業を組織したり，また文化的な興味が図書館資料のなかに見つかることを保障することによって達成できる。このような図書館の貢献には，当然，地域社会にあらわれた多様な文化を反映させるべきである。公共図書館は，その地元社会で話され，読まれている言葉で表現された資料を提供するべきであるし，文化的伝統を支援しなければならない。図書館は，サービスを提供している地域社会で日常使われている言葉を話す職員を雇用するよう努めることも当然である。

1.3.6　公共図書館の社会的役割

　公共図書館は，公開の場所および集会の場所として，重要な役割を担っている。この役割は，とりわけ人々が集会をする場所をほとんどもたない地域社会においては重要である。それは，しばしば「地域社会の応接間」と呼ばれる。調査研究や教育，余暇活動を目的とする図書館利用によって，人々は日常的にふれあい，積極的な社会経験を得ることができる。図書館の施設設備は，地域社会が抱える諸問題に対応しようとする社会的，文化的な諸活動を促進するよう，設計され，建設されるべきである。

クリスティー・クーンツ，バーバラ・グビン編　山本順一監訳『IFLA公共図書館サービスガイドライン』第2版　日本図書館協会，2016 より

●図書館のサービス計画

業務分析

●⋯⋯⋯**業務分析の意義**

　利用者サービスあるいはテクニカルサービスのいずれであっても，図書館におい
て活動を行う場合，図書館の組織との関係ならびに図書館職員の人的労力との関係
を考慮しながら，実行する活動の内容（業務内容）を点検する。すなわち，どのよ
うな種類の活動を行うのかを確認する。この作業は，実行する単位にまで活動を細
分してとらえることから，「業務分析」と呼ばれる。

　「業務分析」は，図書館の設置理念や環境，あるいは，規模や資源の違いなどに
応じて，結果が異なる。まず，活動内容の取捨選択が行われる。例えば，中央館と
地域館の業務分析の結果を比べると，中央館では実施しているが，地域館では実施
していない活動があることに気付く。

　つぎに，実行単位の細分の「深度」が異なる。これは，組織の構造や図書館職員
の分業体制や分掌に関係する。例えば，規模の大きな図書館においては，貸出・返
却手続の作業と利用者からの問い合わせに応じる質問回答サービスとを，分業して
実施し，それぞれ個別の業務として位置付けることが可能であろう。しかし，規模
の小さな図書館においては，両者は同じ場所で提供され，「サービスデスク業務」，「カ
ウンター業務」，「利用者への対応業務」などとして一つに扱われ，それ以上の実行
単位には細分できない場合もある。

　ただし，正確に述べれば，いきなり「サービスデスク業務」，「カウンター業務」，「利
用者への対応業務」などが存在するのではない。認識のプロセスとしては，実施す
る活動内容を，できる限り細かくとらえた上で，実際の実行単位としての「まとま
り」に集めるという段階を踏むのである。言い方を換えれば，「貸出作業」，「返却
作業」，「登録作業」，「督促作業」，「リクエスト受付」，「レファレンスサービス」，「苦
情処理」といった具合に，実施する業務を分析（analysis）して列挙し，つぎに，
何と何とをひとまとめにするか検討し，統合（synthesis）するのである。

●⋯⋯⋯**専門的業務と非専門的業務**

　業務分析の結果は，どの活動に，どのような能力を有した図書館職員を配置する
かを決める基盤にもなる。なぜならば，図書館サービスの中には，きわめて高い専

門能力に基づく内容のものもあれば，少し習えば誰にでもできるものも含まれているからである。言い方を換えれば，人的資源の有効配分のために，業務分析は欠かせないものとなる。人的資源

　この手法を援用して，日本図書館協会では 1998 年に「専門性の確立と強化を目指す研修事業検討ワーキンググループ（第 2 次）」を設け，業務分析の手法に基づいて，専門的業務と非専門的業務の区分を検討し，その結果を公表した。次ページの表はその一部である。この表において，右欄に○が付いている活動が専門的業務である。四半世紀前の状況のもとでの業務分析であり，また，専門的業務と非専門的業務の区分となるが，業務分析を活用して専門的業務を検討した貴重な例であることから，これを題材にして，専門的業務をどのようにとらえることができるか説明する。専門的業務
非専門的業務

　このワーキンググループにおいては，専門的な業務を，つぎのいずれかに該当するものと定義している。その上で，司書資格を有する者を専門職ととらえ，専門的な業務を行う者と位置付けている。

(1)　網羅的な（豊富な）知識に基づいて行われる業務

(2)　高度な技術が必要となる業務

(3)　経験の蓄積によって獲得し，高められる業務

(4)　指導力，企画力，判断力，折衝力などのマネジメント能力が求められる業務

　ただし，この検討結果に対しては，四つのことに留意しなくてはならない。第一に，前述した分析と統合の二つの観点が必要となることである。すなわち，「分析（細分）」すれば，専門的業務と非専門的業務に分けることができても，実際の図書館においては，その規模や職員体制に応じて「統合」する必要が生じる。したがって，統合の結果，専門職であっても，非専門的業務を活動の一部として行うこともある。

　第二に，図書館という機関において，「重要」と位置付けられる業務と，専門的業務とは必ずしも一致しないことである。現在の市区町村立図書館においては，「貸出」という「方法」によって，資料提供の大半は行われている。したがって，貸出サービスの重要性は，改めて指摘するまでもない。しかしながら，貸出サービスの中で行われる「貸出手続」の作業（貸出作業）までもが，専門的であるわけでは決してない。「貸出手続」の作業そのものは，少し習えば誰もができるものとみなせるからである。

　第三に，サービスの「計画（企画）」においては，専門的な知識や技術が必要であると考えられても，その計画に基づいて実施される「作業」までもが専門的業務

になるとは限らないことである。これについては，貸出サービスの計画策定と貸出手続の作業の関係を考えれば明らかである。

　第四に，業務の本質的な面と，副次的な面とを識別する必要がある。すなわち，「貸出手続」を行う場となる貸出デスク（貸出カウンター）において，この作業に携われば，利用者の要求内容や資料利用傾向が，具体的に把握できる利点がある。したがって，専門職が「貸出手続」を行なった方が，図書館にとって有益であるとの認識にも合理性がある。しかしながら，そのことは，「貸出手続」が本質的に専門的業務であることを意味するものでは決してない。すなわち，「貸出手続」に，一定の「副次的価値」があるとみなすにとどまる。

公共図書館の業務分析（抜粋）　　　　　　　　　　　　　　　（2000.3.21　修正）

3　利用サービス	従来，公共図書館では「奉仕」と言われていた業務全般をここでは取り上げる。直接，利用者と接する業務である。		
A．サービスの総合調整	図書館の運営方針に基づき，サービス計画を立案・実行し，点検・評価する。		
	1	サービス計画の立案	○
	2	サービス内容の点検・評価	○
B．貸出・返却等	利用者の必要とする資料（図書・雑誌・視聴覚資料等）を貸出したり，返却したりする業務で，最も日常的な業務であり，一般的にはサービスカウンターで行われる。第一線の公共図書館では基礎的な業務。		
	1	利用者登録，貸出券の交付	
	2	資料の貸出処理	
	3	資料の返却処理	
	4	読書案内	○
	5	リクエスト・予約の調査と処理の決定	○
	6	リクエスト・予約の処理	
	7	相互貸借の手続き（貸出・返却作業を含む）	
	8	書庫出納	
	9	視聴覚資料の館内利用	
	10	CD-ROM等電子資料の館内利用	
C．レファレンスサービス	図書館利用者の調査・研究等に必要な資料や情報が得られるように援助する仕事。また，そのために必要な資料等を整備・作成することも含まれる。資料についての基礎的な知識，レファレンスツールについての専門的知識が必要とされ，経験と研鑽も必要である。		
	1	質問に基づく調査	○
	2	資料の使い方の案内	○
	3	レフェラル・サービス	○
	4	複写サービス	
	5	索引類の作成	○
D．子どもへのサービス	乳幼児から小学生くらいまでの年齢層を対象にしたサービス。子どもと子どもの資料についての専門的知識が必要。不登校，いじめ等子どもをとりまく種々の環境についての知識も必要である。また，そうした子どもたちとの対応も求められるため，子どもたちに柔軟に対応できることも必要である。		

	1	資料の提供	○
	2	利用案内	○
	3	読書案内	○
	4	おはなし会等	○
	5	学校等との連携	○
E．YAサービス	子どもと大人の中間の年代層，主としてティーンエイジャーを対象としたサービス。大人と子ども，両方の資料についての専門的知識が求められる。また，この年代の特徴として，好みの傾向がどんどん変化するということがあり，世の中の若者の動向に敏感であることも求められる。日本ではまだ，多くの経験が蓄積されていないサービスであり，図書館界の動向にも目配りをする必要がある。		
	1	資料の提供	○
	2	利用案内	○
	3	読書案内	○
	4	交流会等の開催	○
F．障害者サービス	障害者サービスには，視覚障害者，聴覚障害者，内部障害者，肢体障害者，精神障害者といった肉体的な障害を持つ人々だけではなく，高齢者などへのサービスも含む。		
	1	視覚障害者向け資料の選定・作成依頼	○
	2	視覚障害者向け資料の提供	
	3	視覚障害者向け資料案内	○
	4	対面朗読	○
	5	聴覚障害者向けサービス	○
	6	その他図書館利用に障害のある人々へのサービス	○
	7	家庭配本サービス	○
G．病院・刑務所等へのサービス	このサービスは近年取り組まれ始めたサービス。資料の選定等が専門的業務で，貸出そのものは非専門的業務とした。また，独自の役割を持った施設でのサービスのため，当該施設との連絡・調整も重要である。		
	1	資料の選定	○
	2	貸出	
H．多文化サービス	日本文化とは異なる文化を持つ人々へのサービス。主として，日本語を母語としない人々へ，各種言語で書かれた資料の収集・提供および日本語の習得および日本を理解するための資料の収集・提供。		
	1	日本語以外の資料の収集・提供	○
	2	日本語習得のための資料の収集・提供	○
I．行事	ここでは児童向けのものは除く。具体的には，講演会，講座，文学散歩，展示会，上映会，リサイクルフェアなど。		
	1	企画	○
	2	開催	
	3	資料展示	○
J．移動図書館	バス・マイクロバス等を改造した車に資料を積んでポイントを巡回し個人に貸出を行う業務を指す。巡回場所の設定や巡回計画は，「サービスの総合調整」(3A)に含まれるため，この項目では「積載図書の選定」が専門的業務となる。		
	1	積載図書の選定	○
K．団体・グループへの援助	公共図書館の利用団体は多岐にわたる。地域文庫・読書会その他，幼稚園，児童館など。		
	1	団体貸出	
	2	団体・グループとの協力・支援	○

公共経済学から考える図書館サービス

　図書館サービスを，公共経済学で使用する概念を用いて分析すると，その特徴が明らかになる。公共経済学では，図書館サービスも「財」の一つとして扱われる。「財」は，公共財と私的財に大別され，また，両者の間に，中間的な性格を有する準公共財を位置付けることもある。図書館サービスは，公共財なのか，それとも私的財なのか。あるいは，中間的な準公共財であろうか。

　公共財あるいは準公共財であるかどうかを分析するには，以下の概念を用いる。

(1)　非排除性
(2)　非競合性
(3)　市場の外部性（外部効果，市場の失敗）
(4)　代替性

　(1)は，一定のサービスを用意した場合，何らかの理由によって特定の人を，そのサービスを受益することから排除できない性質を有することを指している。例えば，ある地方自治体で自然公園を作ったとして，他の地方自治体に居住する人の利用を妨げることは，基本的にはできない。かりに，排除性を高めようとして，なんらかの手段を講じることができたとしても，排除するためのコストの方がかえって大きくなり，経済的には非効率的になってしまう。他の例を挙げると，船舶が灯台の明かりを見たら，所定の対価を支払うと決めていたとする。しかし，それに応じない船舶のために，可動式の壁を作って対価を支払わせようとすることは理屈の上では可能である。しかし，壁を作る費用の方が対価の総計を上回るならば，そうした方法は用いられないため，排除できないことになる。

　(2)は，「消費の集団性」あるいは「等量消費性」としてとらえられる性質であり，多くの人による同時消費が可能であり，競合が起こらない状態を意味する。例えば，自然公園の場合，よほどの極端な場合を除いて，すべての人が同時に訪れて利用できる。また，灯台の例で言えば，ある船舶がその光（灯台のサービス）を利用していても，別の船舶の消費量を減らすこと（光が届きにくくなること）にはならない。ただし，競合が起こらないと言っても，完全な同時消費を前提としているわけではない。サービスを特定の人が専有して利用することが，一時的にはあるとしても，そのサービスの順番待ちのしくみがあれば，競合は起きていないと判断することになる。銀行ATM機の利用を，一列に並んで待つしくみは，この好例である。

　(3)は，需要と供給の原理で説明される民間の市場機構を通じて供給することが

不可能な状況があることを指す。言い方を換えると，市場にまかせた場合，効果的な供給が期待できないサービスがあるということを意味している。例えば，病院は民間資本によっても建設が可能であるが，過疎地においては，建設される可能性が低く，公共資金を投入して医療サービスを行わなくてはならないのである。

　(4)は，該当する財（サービス）と同一のものが，ほかでも供給されている場合を指す。あるいは，その財（サービス）とは異なるが，同一の効果をもたらすものがほかでも供給されている場合を意味する。

　これらの概念を用いると，図書館の貸出サービスをつぎのように分析できる。

・非排除性をほぼ充たす（妥当な範囲で，利用者を限定していない）。

・非競合性は低い（誰かが資料を借り出していると，他者は利用できない）。

・貸出冊数の上限設定や貸出期間の設定は，非競合性を高めるための配慮とみなすことができる。

・予約制度があることにより，資料利用の順序が確保され，図書館資源を有効に分配するためのしくみが整えられていると考えることができる。

・複本購入は，非競合性を高めるための措置ととらえられる。

・書店や貸本屋は，図書館サービスの代替としてとらえることができる。しかし，図書館が，保存機能を重視するならば，代替性は低くなる。一方，ベストセラーや流行雑誌など，ほかで入手が容易にできる資料を主に扱った場合，代替性は高くなってしまう。

・読み物を提供して余暇のために利用させることをサービスの中心にすると，映画やレクリューションなどが，代替する財に加わる。

●図書館サービスの担い手

業務組織と分掌

●‥‥‥‥組織的なサービスの実施

　図書館サービスの担い手の中心は，図書館職員である。ただし，図書館職員と言っても，UNIT 9で取り上げるように，さまざまな種別が存在する。また，UNIT 10で説明するように，外部資源を活用して図書館職員を配置することも，広く行われている。したがって，人事計画や職員態勢を整えることは，効果的な図書館サービスの実施のために，ますます重要になっていると言えよう。人事計画や職員態勢に関する内容は，司書養成科目の「図書館制度・経営論」で主に検討することとなるが，本書では，図書館サービスとの関係に主眼を置いて検討する。

　図書館サービスに携わる図書館職員の問題を考える際には，二つの観点が必要となる。一つは，図書館職員個人に着目した場合であり，もう一つは，図書館の業務組織の点から図書館職員が担当するサービスをとらえる場合である。前者に関しては，それぞれの図書館職員に関して，勤務経験や業務実績，能力（知識，技術，態度）や資格等の有無などを勘案し，担当する図書館サービスの内容と責任範囲・権限を確定することになる。後者に関しては，図書館の役割と運営方針，達成目標ならびにサービス資源の現状などに基づいて設けられた業務組織に配置する図書館職員の問題となる。言い換えれば，どの部署に，どのような図書館職員を，どのくらいの人数，所属させるかということになる。

●‥‥‥‥始まりはひとり

　図書館と耳にすると，多くの図書館職員がサービスをしているイメージが強い。しかし，図書館職員がひとりだけであっても，サービスの種類や業務量が調整されているならば，理屈の上では図書館として機能する。ここで，図書館の規模が小さく，ひとりの図書館職員があらゆる業務を行う光景を浮かべてほしい。すなわち，図書館長が図書館のすべての活動をこなしている姿となる。このとき，図書館長は開館に先立って，前日に返却された資料を書架に戻し，併せて書架整理を行う。各種の機器の電源を入れ，開館時には入口を解錠する。利用者サービスとして，返却手続と貸出作業をこなし，リクエストや予約の処理も行う。もちろん，利用者からの相談にも応じる。さらに，購入する図書を選定して発注し，購入図書の受入登録

業務組織

や目録業務にも取り組む。こうしたサービスの合間には，サービスの成果を評価して報告書を作成したり，サービス計画を見直したりする。環境整備，すなわち，図書館内の清掃，敷地内の植木の剪定や雑草取りも行う。

　しかし，この図書館の規模が大きくなった場合，あるいは，評判が人を呼んで利用者が増えた場合，当然のことながら，図書館長ひとりでは手が回らなくなる。そこで，図書館長が行なってきた業務の一部を，誰かほかの人にこなしてもらう必要が生じる。このとき，いくつかのパターンが生まれる。利用者サービスの担い手を増やすと判断したならば，その業務が担当できる図書館職員を雇用することになる。一方，図書館固有の業務でなければ，外部に発注あるいは委託することもできる。環境整備はその代表である。

　このように，始まりはひとりであったものが，やがて複数の図書館職員が勤務している図書館となり，なんらかの業務分担に基づいて，サービスを提供する形態に発展する。業務分担は，UNIT 7で説明した業務分析の成果を用いたものであることは言うまでもない。さらに業務量が増大すると，一つの業務に複数の図書館職員が従事するため，それぞれに責任者を任命することにつながる。すなわち，いくつかの部を設けることになる。これがさらに進めば，部の中で業務が細分化されて課ができ，やがて係ができる。

　こうして誕生した部，課，係には，それぞれが行う業務の名前が付けられるのが一般的である。したがって，業務組織は，図書館サービスの構成を表すものにもなる。言い方を換えれば，それぞれの図書館の業務がどのように組み立てられているかは，業務組織を確認することで，その一端を把握することができるとも言えよう。

　なお，業務組織には，上述したような部，課，係といった階層構造を基本にしたもののほかに，管理的な階層を減らし，下位の階層に権限を委譲できるようにした「フラット型組織」もある。この形態の組織においては，業務をいくつかの担当に区分し，それぞれにおいて自律性の高い活動が行われることが期待されている。

●⋯⋯⋯業務組織の実際

　実際の業務組織は，図書館の規模，人的資源，活動内容などによって，また，行われる地域館や分館の有無などによってさまざまとなる。次ページの図は，愛知県日進市立図書館の『図書館年報（令和3年度）』に掲載されている同館の業務組織図である。同館は単館組織であり，業務を大きく二つに分け，「管理係」と「図書企画係」を設けている。そして，それぞれの係のもとにいくつかの業務が位置付けられている。これは，業務分掌あるいは事務分掌と呼ばれ，それぞれの係が行う業務の内容や範囲を明らかにしたものである。また，この図においては，教育委員会のもとにある学習教育部が図書館の上部組織であることが確認できる。さらに，図

業務分担

業務分掌

教育委員会

書館長の諮問機関として，図書館協議会が置かれている。

　二つの係のうち，「管理係」は，図書館の施設，文書，予算といった管理運営に関する業務ならびにその他の庶務的な内容を中心にした業務を行うものとなっている。一方，「図書企画係」のもとに示されている業務は，図書館の直接サービスならびに間接サービスとなるものである。

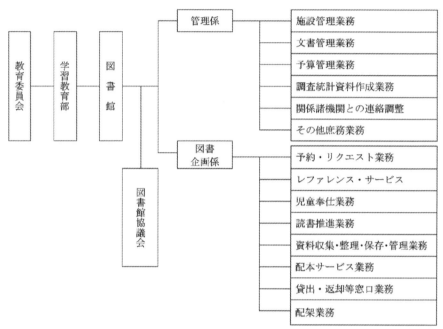

図：日進市立図書館業務組織図

　上述の組織図は，あくまで一例に過ぎない。業務組織は，図書館の規模，地域館・分館の有無，活動内容によって，さまざまなものとなる。そうした多様な事例については，図書館で作成される年次報告書等で確認するとよい。

●……………職務分掌と業務分担

　経営組織における分掌には，前述した業務分掌（事務分掌）に加えて，職務分掌がある。これは，実施する業務に関して，それぞれの責任がどの役職・担当者にあるか，また，それぞれの図書館職員は，どのような範囲まで業務を担当するのかを明確にしたものである。ピラミッド型の業務組織であれば，部長，課長，係長あるいは担当職員には，どこまでの業務権限があるかを確定させることになる。すなわち，図書館職員の勤務経験や業務実績，勤務形態や雇用形態，能力や資格等に基づいて，部，課，係に，配属される各職員が行う図書館サービスの内容と責任範囲を

明確にすることが行われる。

　現代の図書館においては，職務分掌を整える際に留意しなくてはならないのは，図書館職員の種別が複雑になっていることである。図書館職員の種別については，UNIT 9で解説するが，常勤職員と非常勤職員，専門職員と非専門職員といった点からの整理が必要となる。また，特定業務のみに携わる職員なのか，複数の業務を兼務する職員なのかは，職務分掌の問題として重要である。こうした整理は，図書館の経営が地方自治体の「直営方式」となっており，図書館職員も地方自治体に直接雇用されている場合には，その職務分掌も比較的わかりやすい。

　しかし，図書館経営において，外部委託や指定管理者制度が活用されている場合は，職務分掌において注意を要する。例えば，業務を区分して，その一部を外部委託したり指定管理者にゆだねたりする場合がある。また，中央館は「直営方式」としながらも，地域館・分館は外部委託あるいは指定管理者制度を活用している場合もある。すなわち，図書館職員の面からは，複数の雇用主体が存在することになり，一つの図書館組織内に複数の運営主体があることにもなる。したがって，それぞれの主体に応じて，業務分担を明確にする必要が生じる。

木のくにこども図書館（高山市図書館）

職員の種別と能力

●‥‥‥‥職員の種別

UNIT 7で指摘したように，図書館サービスには，専門的な能力を必要とする活動もあれば，少し習えば誰にでもできる業務もある。ただし，図書館職員の能力と資質について扱う際には，図書館職員の種別を明確にし，それぞれに関して位置付けていくことが求められる。

図書館サービスとの関係では，図書館職員は，以下の三つの観点から類別するとわかりやすい。

(1)　勤務形態
(2)　職業制度
(3)　職務内容

常勤職員
非常勤職員

(1)は，一般には，「常勤（fulltime）職員」と「非常勤（parttime）職員」の別となる。ただし，日本では，勤務形態よりも雇用形態の面が強く意識され，正規職員とそれ以外といったとらえ方がなされたりもする。また，非常勤職員についても，パートタイム，嘱託，アルバイトといった言い方も通用している。しかも，常勤職員職務権限 と非常勤職員とで，明らかな職務権限を意識させる場合も少なくない。すなわち，非常勤職員には意思決定権がないことを前提として，議論される場合が多いのである。ちなみに，欧米では，職務権限と勤務形態とは異なるものとされている。したがって，週のうち3日勤務する非常勤職員の上司のもとで，毎日勤務する常勤職員の部下が，図書館業務を行うこともある。日本では想像しにくいが，こうした勤務形態が当然のものとして存在する。

なお，これらのことは，UNIT 10に記す図書館の経営形態と直結する面がある。PFI すなわち，PFIによって設置された図書館の運営を「受注」する民間の組織が雇用する職員もいれば，指定管理者制度を用いた図書館において，地方自治体が指定する者に雇用されている職員もいるからである。さらに，特定の民間組織と契約し，その組織から派遣された職員を勤務に就かせる場合もある。

専門職

(2)は，図書館職員という職業制度における別を指す。具体的には，専門職

（professional）と非専門職（non-professional, para-professional）の別として理解される。ただし，単に職業制度の問題ではなく，職務内容との関係が確立されていなくてはならない。すなわち，専門職は専門的なサービスを中心に職務を行う職員であり，非専門的な業務ばかりを行うことはない。一方，非専門職は，専門的な業務を行う能力を必要とする業務を遂行できない職員，と位置付けることが基本となる。

非専門職

　実際に運用されている職業制度には，資格付与（資格認定）制度の側面と，雇用（採用）制度の側面とが複合していることに注意を要する。日本では，司書の資格制度は存在するが，図書館での雇用制度と組み合わされていないことが多い。例えば，「図書館に司書を配置する」という表現の意味するところを考えてみるとよい。これには，司書資格を有した者を「司書」という職種で採用して配置することを指している場合もあるが，一般行政職（事務職）で採用した者の中から，司書資格を有している者を図書館に配属することを指している場合も少なくない。

　(3)は，職務内容による別であるが，とりわけ，特定の業務をもっぱら行うかどうかが重要となる。したがって，専従（専務）と非専従（兼務）の違いとなる。欧米では，レファレンスサービスや児童サービスは，専従の職員が担当することが多く，reference librarian, children's librarian といった呼称が通用している。このように，「〜librarian」と呼ばれる場合，「〜」の部分に関係するサービスに専従する職員を指していることが多く，ほかにも map librarian や local study librarian といった例を見いだすことができる。もちろん，専従であるということは，それぞれのサービスに対する豊富な知識と高度な技術を有していることを前提としており，ただ単に，そのサービスに就いている者を指すわけではない。

専従
非専従

　こうした専従職員の位置付けは，スペシャリスト（specialist）のとらえ方につながる。一方，図書館職員は，さまざまなサービスを同じように担当することができなくてはならないという考え方は，ジェネラリスト（generalist）のとらえ方となる。ただし，ジェネラリストの存在は，あくまで専門的な職務を中心にして整理した場合のことであり，日本の多くの事例が示すように，すべてのサービスをローテーションによってこなし，図書館職員の個別の能力をとりたてて考慮しない「悪平等」的な発想は，ジェネラリストの本来の考え方とは異なる。

スペシャリスト

ジェネラリスト

●⋯⋯⋯職員の能力

　上述した図書館職員の種別を考慮しながら，ここでは，専門的と考えられるサービスを提供するために求められる職員の能力について扱うことにしたい。その際，これまで多くの文献で指摘されている項目を拾い出すと，多くは以下のいずれかに含めることができる。これらは，技能（competence）を構成する要素でもある。

(1)　知識（knowledge）に関する項目

　　(2)　技術（skill）に関する項目

　　(3)　態度（attitude）に関する項目

　(1)は，図書館サービスに関する専門的な知識を意味するが，大きく三つに分けてとらえることができる。第一は，サービスそのものに関する専門的知識である。これは，サービスの理論や歴史的経緯，原理や構造といった内容となる。図書館情報学固有の知識ばかりではなく，公共経済学，マーケティング，経営学，会計学，統計学，社会学，教育学，心理学，コミュニケーション，建築学などといった関連領域の知識も含まれる。

　第二は，図書館資料に関する知識である。これには，資料の種別や性質，コレクション形成に関係する知識がある。また，メディア論や情報科学，出版や印刷に関する知識が関係する。さらに，所蔵資料の個別タイトルに関する知識が，サービスの前提として強調されなければならない。理想とはなるものの，図書館の専門的職員は，自館で所蔵しているあらゆる資料に精通することを目指さなくてはならないのである。

　第三は，利用者に関する知識である。まず，各図書館においてサービス対象とする利用者集団の特性について認識している必要がある。また，利用者の置かれている地域の特性や社会的背景も関係する知識として，視野に入れなくてはならない。さらに，対象別にサービスを展開するならば，それぞれの対象に関係する研究領域の成果をふまえることが望ましい。例えば，児童サービスを考えるならば，児童教育学や発達心理学は，その基礎となる。

　(2)は，訓練を積み重ねて修得できたり，経験の蓄積によって磨かれたりする技術を意味する。古くから扱われてきた技術としては，まず，資料組織にかかわる技術，すなわち，分類法，目録法，件名法といったものがある。これらは，十分な知識を持った上で，個別の資料に適用される「技術」である。つぎに，レファレンスサービスに関係する諸技術がある。これには，利用者とのインタビュー手法や情報源の検索法などが含まれる。

接遇　　なお，レファレンスインタビューばかりではなく，利用者との人的コミュニケーションに関する技術，すなわち，接遇技法に対する必要性が認識されて久しい。これには，適切な言葉づかいができることや，非言語コミュニケーション技法の効果的な活用に対する意識を高めることも含まれている。

　(3)は，図書館職員の人間的な形質であり，雑多に示されることが多い。なかでも，しばしば強調されるのは，利用者に対する人的サービスの「態度」や「姿勢」を表す精神的な面での資質である。例えば，「奉仕の精神」,「ホスピタリティ」,「利他性」

といった抽象的な表現で説明される。利用者に対して「配慮」できること，と言われることもある。また，この考え方に沿って，親切，丁寧，献身，礼儀正しさといった項目も挙げられている。これとは別に，勤勉さ，平静さ，敏捷性，忍耐力などといった，サービス業務全般に適用される資質が取り上げられることも少なくない。さらに，図書館職員がみずからの技能を不断に向上させようとする動機や意欲を持ち続けることも，重要な能力であると認識されつつある。

　なお，これら三つの項目以外に，特にマネージメントの観点から，多様な能力の必要性が指摘されることがある。例えば，サービス計画や行事などの企画力や創造力，組織内での協調性や指導力などに対する期待は大きい。

専門家による出張相談（札幌市図書・情報館）

●図書館サービスの担い手

外部資源の活用

●‥‥‥‥契約

　公立図書館の「公立」とは，施設としての図書館を地方自治体が設置するとともに，その運営に対して公的資金を投入し，かつ，所定の活動内容に責任を果たしていることを意味する。この考え方に基づいて，図書館は，地方自治体の一組織として位置付けられ，地方自治体による「直営方式」で運営されてきた。また，図書館職員も，地方自治体が雇用する「地方公務員」であることが基本となっていた。

直営方式

　しかし，こうした状況を大きく変える状況が，図書館の関係するさまざまな面に現れて，すでに四半世紀以上に及ぶ。一つは，特定の図書館業務を，地方自治体の外部の機関や企業に委託することである。これは，外部資源の活用，すなわち，アウトソーシングと呼ばれる経営方法の一つでもあるが，基本となる組織上の形態としては，契約（contracting）業務の遂行と理解することになる。

アウトソーシング

契約

　ただし，契約業務そのものは，図書館においてそれほど目新しいものでは決してない。例えば，UNIT 8 でも触れたが，図書館施設の清掃や保守管理は，それぞれの業者との契約が，従来から行われていた。コンピュータシステムが導入された当初は，メンテナンスのためにシステムエンジニアが派遣されて，図書館内に常駐していることも少なくなかった。また，資料の送付に，宅配サービスを用いる図書館もある。資料の製本は，図書館が自前で行うことは少ない。

　しかし，かつては，本質的な，あるいは，根幹的な図書館業務が契約の対象になることはなかったが，次第にほぼすべての活動が契約で行われるようになった。例えば，資料組織にかかわる外部委託は，1980 年代にすでに開始され，現在では，所蔵資料の目録形成には，外部で作成された書誌データを購入する図書館が圧倒的であり，個別の図書館で目録データを作り出している姿を見ることは難しい。貸出作業や返却作業といった業務に関して，人材派遣を行う企業と契約し，派遣職員を貸出・返却デスクに配置する例もある。

外部委託

派遣職員

　なお，派遣職員そのものがまずいと，ただちに結論を出すことはできない。しかし，担当する職務内容との関係で，派遣職員の能力や資質が保持されるかどうかを，図書館が主体的にコントロールできない内容の契約であれば，結果的にサービスの質（クオリティ）の低下につながる可能性が高い。UNIT 6 で紹介した「VFM」（Value

For Money）の考え方を適用するとしても，これは望ましくない。

●⋯⋯⋯運営の委託・契約

　現在の図書館では，個別業務の委託にとどまらず，図書館の運営そのものを，地方自治体以外の組織と契約して，実行させようとする動きが顕著である。これには，三つの形態が見られる。

　第一は，2003年に改正された地方自治法において創設された「指定管理者制度」である。これは，「公の施設」の管理を，地方自治体が指定する者にゆだねることができるようにしたものである。ただし，この制度を導入して公立図書館を管理させる地方自治体が増加している一方で，制度に対する否定的な見解もあり，慎重な議論を求める声も続いている。とりわけ，地方自治体の直営では，実践において限界があった内容の図書館サービスを，この制度を用いて実現させるという利点が追求されているのではなく，図書館経費の単なる縮減が目指されていることが少なくないことから，この制度の活用に対して慎重な意見がある。

指定管理者制度

　第二は，特定非営利活動法人，すなわち，NPO（Non-Profit Organization）に，図書館運営を委託する場合である。NPOは，「特定非営利活動促進法」（NPO法）によって認められた法人であり，12の分野において設立が可能とされている。12の分野の中の一つに，「社会教育推進」があり，図書館を運営する主体として活動する可能性が含まれている。

NPO

特定非営利活動促進法

　第三は，PFI（Private Finance Initiative）による図書館設置と運営である。PFIは，民間資金を導入して図書館を設置し，また，運営をまかせる方式であり，「民間資金等の活用による公共施設等の促進に関する法律」（PFI法）に基づいて行われることになる。まず，地方自治体が，図書館事業の「発注者」となり，一定の「仕様」を明示して，「受注」を目指す民間の組織（多くは，企業）を募ることになる。その上で，「受注者」を特定し，所定の契約を結び，「受注」した民間の組織は，「仕様」に基づき，図書館サービスをその地方自治体において提供するのである。

PFI

民間資金等の活用による公共施設等の促進に関する法律

●⋯⋯⋯住民参加

　生涯学習社会，高齢社会の到来とともに，ボランティアに対する関心が高まり，図書館におけるボランティア，すなわち，図書館ボランティアの活用の問題が提起された。とりわけ，図書館は地域性の高い施設であり，住民の身近にあることから，また，図書館サービスに対して愛着がある住民が多いことから，図書館ボランティアを募った場合，応じる者が少なくない。

図書館ボランティア

　海外では，地域住民が図書館のさまざまな活動に参画できるように，「図書館友の会」（friends of library）と呼ばれる組織を作り，ボランティア活動に計画的に

図書館友の会

対応してきた先例がある。日本においても，事例が多いわけではないが，「図書館友の会」に相当する活動は行われてきた。

ただし，図書館ボランティアの活用に関しては，いくつかの課題があることも事実である。一つは，関係者の誤った認識である。とりわけ，「安価な労働力」といったとらえ方や「無償の労働力」に等しいニュアンスのもとで，図書館ボランティアの意義が議論されることがある。すなわち，図書館の経費節減を補うために，図書館ボランティアをどのように活用するかといった検討のしかたになってしまうという問題である。ボランティアを活用すれば，こうした側面がたしかに浮かび上がる。

住民参加　しかし，それよりも重要なのは，ボランティアの活用そのものが，行政活動への住民参加であり，学習活動あるいは体験活動の一部としての取り組みに相当するという認識を持つことである。

プライバシー　もう一つは，利用者のプライバシーとの関係である。ボランティアに対しても，一定のモラルは求められるが，根本的には自発的な取り組みであって，契約関係にあるものではない。したがって，利用者のプライバシーへの配慮との関係では，どのような活動を図書館ボランティアにまかせるのかを，慎重に検討する必要がある。

なお，海外の状況を探ると，図書館の経営そのものを，地域住民が担う形態に変容させる事例があることに気付く。コミュニティライブラリー（community library）と呼ばれる実践である。この動向が定着するかどうかは，これからの進展を待つこととなるが，図書館サービスに関係した住民参加の新たな形態として着目する必要がある。日本における，「マイクロライブラリー」や「まちじゅう図書館」といった住民主体の活動の広がりとも関係する可能性がある。

コミュニティライブラリー

マイクロライブラリー
まちじゅう図書館

●────option E

フロアマップから読み取るサービス空間

大分県竹田市立図書館のフロアマップを見て，つぎのことを考えてみよう。

(1)　利用空間はどのようなスペース（ゾーン）から構成されているか。また，それぞれのスペースには，どのような資料が排架されていると考えられるか。

(2)　あなたがこの図書館の利用者であれば，入館から退館までどのように移動するだろうか。また子ども連れで来館したときは，どうであろうか。

(3)　あなたが図書館職員としてサービスカウンターにいたとして，館内の様子はどのように見えるか。各スペースの書架の高さも想像してみよう。

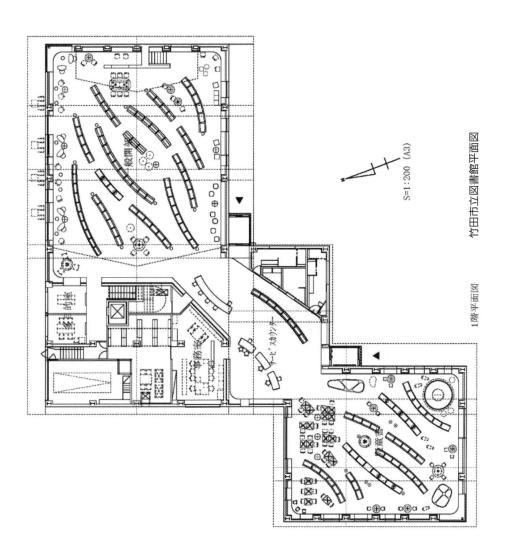

竹田市立図書館平面図

1階平面図

S=1:200 (A3)

フロア構成

●⋯⋯⋯図書館を利用する空間

　図書館フロアは，利用者に閲覧サービスを提供する場であると同時に，資料や設備を効率的に管理したり，さまざまな図書館行事を開催したりする場でもある。公共図書館を利用する人は，成人だけではなく，赤ちゃんや子ども，高齢者，外国人，障害を持つ人など多様であり，来館の目的もそれぞれ異なる。図書館が提供する資料や，それを利用するための設備もさまざまであるため，それらを効率よく，快適に利用できるようにすることが，利用空間を整備する目的である。

　利用空間の整備を計画的に進めるためには，図書館施設を建築する段階での検討が重要になる。建物の構造，内装，レイアウト，デザインなど，建築後に大きく変更することが難しい要素が多いからである。そのため，建築計画の段階において，どのような利用者が来館し，どのような利用形態があるかを想定し，利用に関するシミュレーションを行なって，建築物に反映させていく必要がある。

●⋯⋯⋯フロアの構成要因

　図書館内のフロアには，主に，以下のような構成要因がある。

(1)　スペース区分
(2)　サービスポイント
(3)　書架配置
(4)　閲覧スペース

　(1)は，図書館内のどこをどのような利用の場所にするか，あるいは，図書館職員がどのように活動する場所にするか決めることである。図書館には，入口のエントランスホールから始まり，貸出，検索，閲覧，参考調査等の機能を持つ場所，集会や研修を行う場所，展示や掲示ができる場所などの利用空間がある。それらを，独立した部屋（ルーム）として作る場合と，図書館内の一角（コーナー）とする場合が考えられる。

　館内に，それぞれの利用空間を配置するとき，利用対象を考慮するならば，児童

サービス，ヤングアダルトサービスといった対象ごとに専用スペースを設けることになる。また，利用形態をふまえるならば，レファレンス資料や郷土資料を利用するための閲覧スペースが必要となる。資料形態を考慮するならば，新聞や雑誌，視聴覚資料，データベースを利用するためのスペースを用意することになる。読み聞かせのためのスペースや，講演会などが開催できる場所，対面朗読やボランティアグループが活動するための部屋など，活動内容に応じた空間を用意する必要もある。

(2)は，図書館職員が利用者に対して人的サービスを提供するデスクやカウンターがある場所を指し，フロアのどこにどのようなサービスポイントを配置するか決めることである。スペース区分と同様に，子どもを対象としたサービスポイントを一般に対するものと分けるのか，レファレンスデスクを貸出・返却デスクと別に設置するのかなど，利用対象や利用形態に応じて検討することになる。 サービスポイント

(3)は，資料を排架する空間を整備することである。書架も，資料形態や利用対象によってさまざまな形状があり，利用に必要な家具や設備と併せて配置を決める必要がある。なお，書架配置については，UNIT 12 と UNIT 17 で解説する。

(4)は，図書館資料を館内で利用するための空間であり，読書や調査，学習，ブラウジングが快適に行えるよう，図書館家具を含めて整備することである。これについては，UNIT 15 と UNIT 16 で取り上げる。

●⋯⋯⋯フロア構成の視点

フロア構成を効果的にするには，以下の視点に基づく配慮が求められる。

   (1)   利用動線
   (2)   利用集中
   (3)   職員態勢
   (4)   滞在環境
   (5)   ICT 利用
   (6)   安全管理

(1)について考える目的は，利用者が使いやすく，図書館職員にとって業務がしやすいフロア構成を作ることである。効率的な利用動線を考えるには，利用者の種別や利用目的に応じた行動，あるいは図書館職員の業務ごとの動きを整理し，何度もシミュレーションをして検討する。基本的には，利用者と図書館職員の動線を分けること，それぞれの動線をできるだけ短くすることが重要である。 動線

(2)は，一定以上の利用があった場合にも混乱せず，円滑に対応できるよう準備することである。日曜や祝日は，平日に比べて利用者が多く，閉館間際には貸出デ

スクに利用者が集中する。学校の休業期間や試験前には，小中高校生の利用が増えることが予想される。学校からクラス単位で多くの児童・生徒が来館し，図書館見学やオリエンテーション，お話会に参加する場合にも備える必要がある。

　(3)は，自館の図書館職員の人数と能力との関係で，フロア構成を考えることを指す。小さな規模の図書館の場合は，限られた図書館職員でさまざまな作業を担うため，業務スペースとサービスポイントを近接させるなど，フロア全体の単純化，効率化を図ることになる。一方，規模の大きな図書館では，サービス内容が多様化し，資料の種類や数も多くなることから，フロア構成は複雑になる。そこで，図書館職員の能力に応じた役割分担と配置を考えなくてはならない。

業務スペース

　(4)は，図書館を利用する際の音，採光，空調について考えることである。図書館内でのさまざまな利用のしかたをふまえ，利用者が快適に滞在できるようスペース区分を決める必要がある。図書館内で問題となる音は，主に歩行音，会話，機器の操作音である。閲覧室では，これらの音の影響をできるだけ少なくすることが求められるが，音の出る利用空間を限定し最小限にすることだけが対応方法ではない。読書室やサイレントルームを設けて，それ以外のスペースではある程度の音を許容するようにしたり，静かな音楽を流して雑音が気にならなくなるようにしたりする作り方もある。

　図書館に必要な照明については，利用のしかただけではなく，利用者の種別に応じた工夫が必要になる。閲覧席や書架間の光度を保つことはもちろん，高齢者の利用が多い場合は特に明るくしたり，PCを使う場所ではモニターに光が当たらないようにしたりするなど，配慮が必要である。また，直射光の入り方にも気を配ることが求められる。室温については，図書館の利用者は乳幼児から高齢者まで年齢層が幅広いことから，すべての人にとって快適な温度設定にすることは難しい。利用人数によって室温が変わることも考えられるため，スペースごとに空調の設定を変えられることが望ましい。

　(5)は，電子化された図書館資料の閲覧や，利用者が持参するPC等の利用，図書館サービスの機械化などをふまえてフロア構成を検討することである。近年，電子図書館サービスとして，電子書籍だけではなく，ウェブページ上の情報や電子化した郷土資料を提供する図書館が増え，利用者がこれらを館内で閲覧することもある。また，利用に不慣れな場合は，職員の支援が必要であることから，PCをサービスポイントの近くに設置するとよい。一方，利用者が，自身のノートPCやタブレットを利用する場合，Wi-Fiの状況や電源の場所，ケーブル類の設置も考えなければならない。さらに，貸出手続を利用者自身が自動貸出機を使って行う図書館が増えていることから，貸出デスクの機能に対する見直しが求められる。

　(6)は，利用者と図書館職員の安全を確保するための視点である。災害に対する

配慮と，犯罪や悪質行為を防止するための配慮の両方が求められる。図書館内で遭遇する可能性がある災害には，地震や火災などの非常災害と，利用中の事故などの日常災害がある。前者については，避難経路を確保するための空間整備が必要であり，後者については，怪我につながる利用のしかたや危険個所がないか繰り返し検討しなければならない。また，図書館内での盗難，書き込み，切り取りといった犯罪あるいは悪質行為を未然に防ぐために，図書館職員の目が届かない死角をできる限りなくし，安心して利用してもらえるようにすることが重要である。

●…………複合施設におけるフロア構成

新しく建設される図書館は，複合施設として設計される傾向にある。日本図書館協会の調査によると，2020年度に開館した52館のうち複合施設は45館，87％に上る。複合するほかの施設は，公民館，博物館，その他の社会教育施設，交流施設，学校，行政施設，子育て関連施設，民間施設など多様である。

今日，公立図書館と図書館以外の施設・部門との連携が進んでいるが，複合施設内においては，施設間の連携が同一建物内で実現できる。そのため，フロア構成を考える際には，同一建物内にある施設・部門と共有するスペースや機能，複数の施設の連続した利用を想定したスペース区分を考えることが望ましい。また，図書館サービスがほかの施設の機能と有機的につながるよう工夫すると同時に，音の問題や利用行動の違い，資料管理に伴う課題にも目を向けることが求められる。

複合施設

連携

図：複合施設のフロア構成例（塩尻市民交流センター）

◉利用空間のデザイン

書架配置

●………書架配置の基本パターン

開架スペース

　書架が並ぶ開架スペースは、図書館フロアの中でも大きな割合を占め、図書館を象徴する空間であると言える。また、資料と利用者を直接結び付けるという重要な機能を有している。書架を配置するにあたっては、利用者が資料の構成を視覚的にとらえることができ、利用しようとする資料に効果的にアクセスできるように計画する必要がある。

　書架の配置には、以下のような基本パターンがある。実際の図書館では、空間の広さや排架すべき資料の数、利用者の特性や動線をふまえながら、各パターンを組み合わせて書架空間を整える。

壁面型

並列型

くし型

放射状型

(1)　壁面型

(2)　並列型

(3)　くし型

(4)　放射状型

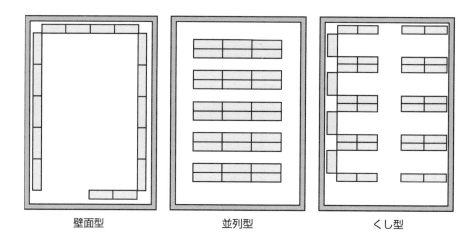

壁面型　　　　　　　　　　並列型　　　　　　　　　　くし型

　(1)は、周辺型とも呼ばれるもので、片面書架を空間の壁面に沿って配置する方法である。書架の前のスペースを広く取れるため、ほかの利用者や図書館職員と交

差せず，資料をブラウジングしやすい。大人数が同時に利用することも可能である。ブラウジング
一方，床面積あたりの収容量が少なくなる。また，窓を設けられないため採光に課
題が生じる。壁の部分がないため掲示物を貼る場所がないという問題もある。

　(2)は，空間の中央に両面書架を並列して配置する方法である。収容能力が高く，
利用動線の自由度も高まる。書架間隔が十分に取れない場合，通路の両側にある書書架間隔
架を複数の利用者が同時に利用することは難しい。なお，書架の周囲に閲覧机や椅
子を配置すると，窓に面した開放感のある閲覧スペースや，壁に沿った落ち着きの
あるスペースを設けることができる。

　(3)は，アルコーブ型とも呼ばれ，壁面に対して書架を直角に配置し，凹型の空
間を設ける方法である。収容能力は高まるが，凹型に囲まれた部分にゆとりがない
場合，(2)の並列型と同様，複数の利用者が同時に資料をブラウジングしようとす
ると手狭になる。一方，凹型の部分を広くして，そこに座席を置き，独立性の高い
閲覧スペースとすることもできる。

　(4)は，ある一点を中心として，そこから放射状に書架を配置する方法である。
中心から外側に向けて書架を置くことになる。一方，中心から同心円状に置くやり
方もある。この場合，回遊性の点ですぐれており，印象的な開架スペースになるが，
資料の主題の階層構造を可視化することが難しくなる。また，書架の間にいる利用
者が，現在地を認識しにくくなるという課題もある。

壁面型書架配置（紫波町図書館）

同心円状の書架配置（石川県立図書館）

● ‥‥‥‥‥**書架間隔**

　書架と書架の間隔は，どのような利用者が，どのように利用するかという点に沿っ
て決定される。また，これに加えて，排架しようとする資料に対して，どのくらい
の利用者が同時にアクセスするか，利用者は書架の前でどのような行為をするかを
考えた上で，空間の条件と併せて判断する。書架間隔と，書架間で可能な行為につ
いては，以下のような目安があり，公共図書館の開架スペースでは，最低180cm

の書架間隔が必要と考えられている。

表：書架間隔と書架間における行為

書架間隔	適用箇所	書架間における利用者・館員の行動など
1.2m	閉架実用　最小	最下段の資料を取り出す際には膝をつく
1.35m	閉架常用	最下段の資料を腰を曲げて取り出すことができる
1.5m	利用者の入る閉架	接架している人の背後を通行できる
	開架実用　最小	
1.65m	開架実用	接架している人の背後をブックトラックが通行できる
	開架常用	
1.8m	利用者の多い開架	人と車椅子がすれ違うことができる
2.1m	利用者の多い開架	車椅子同士でもすれ違うことができる
2.4m		下段が付き出している書架が使用できる

出典：植松貞夫ほか『よい図書館施設をつくる』（JLA図書館実践シリーズ13）日本図書館協会，2010，p.45.

利用頻度　　　　書架間隔を定めるにあたっては，排架する資料の特性をふまえる。例えば，利用頻度が高い資料を置く書架の場合は，間隔を広めに設定するなどの工夫をし，多くの利用者がアクセスしても必要な資料が手に取りやすくなるようにする。

　また，利用者が資料にアクセスした後の行為を想定することも重要になる。目的の資料を見つけた後に，すぐさま貸出カウンターに持って行ったり，閲覧机で利用したりする場合は，利用者が書架の前にとどまる時間は短い。しかし実際には，特定の資料だけではなく，周辺に排架されている資料を見たり，書架から取り出して拾い読みしたりするため，書架の前に一定時間とどまることがある。書架間隔が狭

排架密度　　く，かつ資料の排架密度が高い場合には，利用したい資料の前に別の利用者がいる可能性が高まり，必要な資料にアクセスしづらいといった事態が生じやすい。

　なお，資料の排架密度は，書架間隔だけではなく，書架の段数にも左右される。図書館では，2m程度の高さを持つ7段の高書架を使用することも少なくない。しかし，上段にある資料は手が届きにくい。また，書架一連あたりの収容冊数が増えるため，排架密度も上がり，利用が集中しやすくなる。そのため，高書架の最上段や最下段は，空けておくのが望ましいという考え方もある。

ICチップ（ICタグ）の活用

　ICチップと無線通信用アンテナが格納されたICタグは，蔵書点検の効率化や無断持ち出し防止だけではなく，図書館サービスの場でも活用されている。

　自動貸出機での操作は，図書に貼付されたバーコードを1冊ずつ読み取る必要がなくなるため，より簡易なものになった。また，有田川ライブラリー（和歌山県有田川町）に導入されたウォークスルー型の自動貸出システムのように，利用者が借りようとする図書と図書館利用カードを持ってゲートを通り抜けるだけで，貸出手続が完了するしくみもある。

　また，データを読み取る無線アンテナを書架に取り付けることによって図書の位置を正確に示すことができることから，請求記号に不慣れな利用者への書架案内や，独自のテーマで排架されている資料へのアクセスに威力を発揮する。予約機能と連動させて，利用者が，専用の取り置き用書架から自分で資料を受け取り，貸出手続を済ませることも可能である。館外に設置された予約資料の受取用ロッカーも同様で，開館時間に縛られることがなく，利用者の利便性が高まる。

　図書館職員自身が行うべき，重要かつ専門的な業務とは何か，先端技術の活用がすすむ中で，一つ一つのサービスの本質を見つめながら再考してほしい。

有田川ライブラリーのウォークスルー型図書自動貸出システム

●利用空間のデザイン

図書館家具の選択

●⋯⋯⋯図書館家具の意義

　図書館の設備には，照明設備や音響設備，通信設備などさまざまなものがあり，図書館サービスを具現化するために重要な役割を果たしている。なかでも書架や机，椅子といった家具類は，図書館の利便性や快適性を左右するとともに，図書館全体，あるいは，利用空間ごとの雰囲気作りに資するものである。そのため，家具を選択するにあたっては，十分な配慮が必要となる。

　家具をはじめとする設備は，図書館内で利用者がどのように過ごせるか，また，どのようなサービスが利用できるのかを可視化し，行動へとつなげることができる。例えば，壁に沿ってキャレルデスクを用意すれば，集中して静かに作業する場所を提供していることになる。広いスペースに組み合わせ自由で可動式の机を置けば，資料を広げながら話し合うような使い方を歓迎していることになる。

　図書館で必要とされる家具には，さまざまなものがある。例えば，資料を収めるための書架，資料を閲覧するための机や椅子，利用者サービスの起点となるデスクやカウンター，OPACやデータベースを利用するためのPCなどを備える台，掲示や展示のための棚などである。

●⋯⋯⋯家具選択の視点

　図書館に置く家具は，市販されている一般的なものを利用することもあるが，特別な機能を必要とする場合は，図書館専用に作られた製品から選んだり，特注品を導入したりする。図書館家具を選択するにあたっては，下記の視点が必要である。

　(1)　図書館建築
　(2)　機能性
　(3)　快適性
　(4)　安全性

　(1)は，家具が図書館という施設の一部であることをふまえ，全体のコンセプト，

レイアウト，空間デザインとの調和を保つようにすることである。家具の形や大き

さ，色，素材，テクスチャー（質感）について，一つ一つ吟味するとともに，その家具を置くスペースに求められる雰囲気に合うよう考えることが重要である。

(2)は，それぞれの家具が，必要とする機能を十分備えているかということである。利用者の特性や行動をふまえながら，家具の高さや奥行き，材質，可動性，操作のしやすさなどを検討する。また，図書館サービスの方針や意図が，その家具の機能として十分に表れるようにする。

(3)は，多様な利用者がそれぞれ快適に使用できる家具であるか，また，その家具が置かれた利用空間が居心地のよいものになるかどうかを総合的に考えることである。椅子の座り心地や机の使用感など，身体的な面に加えて，色調や色の組み合わせなどの視覚的な面，落ち着いた雰囲気やわくわくするような気持ちを生み出す感性的な面も併せて検討する必要がある。

(4)は，使用にあたって安全性が確保されているか，また，震災など非常時への対策が十分とられているかということである。図書館の利用者は，乳幼児から高齢者まで多様であり，杖や車椅子を使用している人もいれば，見えにくい・聞こえにくいといった事情を抱えている人もいる。安全に利用できるか，外からの負荷に対して十分な強度があるか，使い方によって破損や変形が生じないかなど，利用者の行動をシミュレーションしながら検討することが求められる。

●………書架の選択

　書架とは，主に図書資料を収納，排列するための家具である。高さに応じて，高書架，中書架，低書架に分けることができる。また，資料を排架する面に応じて，片面書架と両面書架の違いがある。さらに，さまざまな形態の図書，あるいは，図書以外の多様な資料を排架するため，専用の書架が使われることもある。例えば，絵本架，新聞架，雑誌架，地図架などがこれにあたる。　　　　　　　　　　　　　　　　　　　高書架
中書架
低書架
片面書架
両面書架

絵本架
新聞架
雑誌架
地図架

　書架は，単に資料が排架されているのではなく，資料と利用者を直接結び付ける機能を有している。そのため，利用を促すようにさまざまな工夫が施されている。

　その一つが，ディスプレイ効果である。図書館では従来，収納効率の観点から，図書の背表紙を利用者に向けて排列することが一般的であった。しかし今日では，ブラウジングしている利用者が図書を見つけやすいよう，あるいは，読んでみたいという気持ちが喚起されるよう，表紙のデザインを生かして排架することの意義が認識されている。そのため，新着図書や特定テーマの展示架だけではなく，一般の書架でも，フェイスアウトという表紙を見せた排架方法に対応できるよう，天板部　　フェイスアウト
分や棚板に工夫を施したものが現れている。

　資料を見つけやすくするための工夫としては，下段に対する配慮も一般的になっている。垂直な書架の最下段に排架された資料を見ようとする場合，体をかがめた

り，覗きこんだりしなければならない。これを避けるために，下段に傾斜を付けた書架が利用されることがある。ただし，UNIT 12で述べたように，このような形状の書架を置くためには，通常より広い書架間隔が求められる。

表紙を見せた排架ができる書架と最下段に傾斜を付けた書架（伊万里市民図書館）

　書架の近くで資料を利用できるようにする工夫も行われている。例えば，レファレンス資料を排架する書架を低くした上で，天板部分に傾斜を付けて，その場で閲覧できるようにしたものがある。また，音楽CDなどの視聴覚資料を，すぐに試聴できるよう，再生機器とヘッドホンを書架に組み込んでいるものもある。

天板が閲覧台にもなる低書架　　　　音楽CDの再生機器が備えられた書架
（飯能市立こども図書館）　　　　　　（紫波町図書館）

●………机と椅子の選択

　利用者が図書館でどのように過ごすか，あるいは，資料をどのように利用するかを考え，さまざまな形態の机や椅子が用意されている。例えば，レファレンススペースには，複数の大型資料を広げて調査ができるよう，広い机が置かれる。一方，ひとりで集中して作業できるように，隣との区切りを設けた机にしたり，独立したキャレルデスクを設置したりすることもある。対話や交流を生み出すために，人数や目

<small>キャレルデスク</small>

的に応じて組み合わせできる，可動式の机を置くことも行われている。PCが利用できるように，机上に電源を用意したり，作業に適した照明を置いたりすることも必要である。

　サービスポイントである貸出・返却デスクは，カウンター型（対面式）のものが採用されることが多いが，目的によって仕様は異なる。例えば，出納する資料の数が多く，効率的に処理を進めたい場合は，図書館職員が立って作業できる高めのものがふさわしい。一方，利用者とのコミュニケーションを重視するのであれば，低めのカウンターにして，図書館職員が座って対応できるようにする。児童スペースには，子どもの身長に合わせた低いカウンターを設置する。レファレンスデスクは，話しかけやすい雰囲気を保つとともに，図書館職員と利用者が同じ資料やモニターを見やすいよう，机の幅や形状，椅子の角度などを工夫する必要がある。

　図書館内に置かれる椅子のデザインや形状はさらに多様である。ゆったりと雑誌を読むためのソファや，書架の間でブラウジングするための背もたれのないスツール，高さを変えられる椅子を始め，カーペットの上に直接大きなクッションを置いている図書館もある。

　図書館家具の良し悪しは，図書館サービスの展開に大きく関係し，利用者の図書館での過ごし方に直接的な影響を与える。それゆえ，建築家やデザイナーの意向だけではなく，図書館の利用者サービスに対する意図や方針に基づく必要がある。

コミュニケーションしやすいよう形状が工夫されたレファレンスデスク（紫波町図書館）

◉利用空間のデザイン

サインシステム

●‥‥‥‥サインシステムの意義

　図書館には，資料の場所，図書館サービスの存在，館内の施設や設備の位置など
を知らせるため，さまざまなサインが掲示されている。こうしたサインは，図書館

サインシステム
サイン計画

全体で統一性や連続性が確保されるよう，まとまりのある一つのシステム（サイン
システム）として体系化され，サイン計画に基づいて配置されている。

　図書館のサインは，利用者が目的の場所にたどり着くよう誘導したり，特定のサー
ビスや資料の場所を識別することを助けたり，資料や施設の利用のしかたを説明し
たり，利用にあたっての注意を喚起したりすることを目的としている。例えば，図
書館の入口には館内全体の案内図が掲示されている。また，レファレンスデスクや
視聴覚ブース，テーマ別コーナーの場所を示すパネルの設置や，利用申込の要不要，
写真撮影禁止などを伝えるマークの表示も，サインの一部となる。

「日本十進分類
法」（NDC）

　図書館資料の多くは，「日本十進分類法」（NDC）によって分類・排架されてい
るが，このしくみに慣れていない利用者でも，どこにどのような資料があるかわか
るようにすることが重要である。一方，最近では，NDCによらない排架規則を採
用している図書館もあるため，その場合は，その図書館が設定した主題をわかりや
すく示すとともに，それらがNDCとどのように対応しているかも，併せて案内す
ることが求められる。

ピクトグラム

点字
触図

　図書館のサインには，文字や色，ピクトグラム（図記号）のように目で見てわか
るもののほかに，音声や音楽などで伝えるもの，点字や触図のように触って確認す
るものがある。また，高齢者や子ども，外国人，障害を持つ人など，多様な利用者
に合わせて作られたサインを用いることもある。

●‥‥‥‥資料を案内するためのサインシステム

　利用者が目的の資料を探したり，特定の主題に関する書架の位置を確認したりす
る場合に参照できるよう，資料の存在や場所を案内するサインシステムがある。資
料案内を目的としたサインシステムには，以下のような種類がある。

（1）　館内全体を案内する図

(2) 書架の配置と排架されている資料の主題を示す図

(3) 書架に排架されている資料の主題を示す見出し

(4) 一つ一つの書架に排架されている資料の主題を示す見出し

(5) 資料のまとまりに対して主題や著者名を示す見出し

(1)は，フロアマップである。図書館の入口付近に置かれる案内図で，図書館に入っ フロアマップ
てきた利用者が最初に目にするものである。フロアマップには，書架の配置，設備
やスペース，サービスポイントの位置など，フロア全体の構成を利用者に知っても
らうための情報が図示されている。

(2)は，書架マップであり，各書架にどのような資料が排架されているかを示す 書架マップ
ものである。「書架案内（図）」と称している図書館もある。書架に番号が振られて
いたり，色や記号（マーク）が割り当てられたりしている場合は，それも併せて表
示する。資料の主題だけでなく，音楽CDやDVD，絵本，コミック（マンガ）など，
別置されている資料の所在も記される。

各書架には，(3)の書架見出し，(4)の連見出し，(5)の棚見出しが示される。書 書架見出し
連見出し
棚見出し
架見出しは，利用者がそこに排架されている資料の主題がわかるように，書架の上
に置かれたり側板に貼られたりするサインのことで，書架の番号，色，記号（マー
ク）とともに，主題を表す言葉や分類記号が記されている。書架の各連の上部にも，
主題や分類記号が掲示される。

また，各棚にも，より詳細な主題を表す見出しが付けられているが，これには，棚板表示式
挟み込み式
棚板の前面に貼り付ける「棚板表示式」と，資料と資料の間に挟み込む「挟み込み
式」という二つの形態がある。前者は，棚の前に立った利用者に対するもので，後
者は，通路から書架を見た際にどのような資料がそこに排架されているか確認でき
るようにしたものである。このほかにも，別置されている資料があることを示すた
めに，本来その資料があった位置に「代本板」を入れて案内する場合もある。代本板

書架見出しと連見出し（鳥取県立図書館）

日常語を用いた棚見出し（紫波町図書館）

多くの図書館では，日本十進分類法で用いられている語を，主題を表す見出しに採用しているが，利用者にいっそうわかりやすい言葉を使っている場合もある。

●………注意を促すためのサインシステム

　図書館には，資料を案内するためのサインとは別に，利用者に特定の情報を伝達するためのサインが示されている。例えば，貸出・返却などの手続をするカウンター，利用者からの質問や相談を受け付けるレファレンスデスクなど，図書館職員がサービスを提供している場所を示すサインがある。また，データベースや複写機，拡大読書器などの機器を利用できる場所や，学習コーナーや読み聞かせスペースなど特定の目的のために利用する場所を示すサインもある。これらは，遠くから見てもよくわかるように，天井から案内版を吊り下げたり，イラストや色を用いたりするといった工夫がなされる。

　このほかにも，携帯電話による通話や飲食など館内での禁止事項を示すサイン，図書館から利用者に対する連絡事項を掲示しているサインがある。

サービスポイントや館内設備を示す吊り下げ方式のサイン（都城市立図書館）

●………利用者別のサイン

　図書館にはさまざまな利用者が訪れることから，館内のサインシステムを考える際には，誰にとっても見やすくわかりやすい表示になるよう工夫する必要がある。例えば，児童室やヤングアダルト向けスペースで用いる見出しには，ひらがなを使ったり，ふりがなを付けたりするとともに，見出し語そのものを子どもにとってわかりやすい言葉に変えたり，絵や記号を用いたりすることが有効である。こうした工夫は，日本語を母語としない利用者が情報を受け取る際にも役立つ。

　また，視覚障害者向けに点字や触図を付けたり，音声による案内を流したりすることも必要である。多様な色覚に配慮しながら情報を正しく伝えるために，カラーユニバーサルデザイン（CUD）のガイドラインに沿って作られた地図や掲示物が

カラーユニバーサ
ルデザイン

増えているが，図書館のサインにおいても，同様の配慮が必要である。

児童書架の見出し（広島市こども図書館）　　貸出返却カウンター（飯能市立こども図書館）

●…………サインシステムの留意事項

　図書館全体のサインシステムを整え，それを維持していくために意識すべきことが二つある。

　一つは，サインの更新である。図書館の利用者が目的の資料に早くたどり着けるよう，書架案内は丁寧にわかりやすく掲示する必要があるが，資料の排架位置の変更や，見出し語に用いる言葉の変化が生じたときに，見直して更新しやすいようにしておくことも重要である。例えば，図書館の資料排架は請求記号に基づいているため，資料の増減に伴って頻繁に移動する。また，時代の変化や新しい事象・概念の出現によって，見出し語を修正したり，増やしたりする必要が生じる。さらに，利用者の意見や館内での利用行動を参考にしながら，改善していくことが必要である。そのため，書架案内に用いるサインは，移動や変更が容易に行えるようにしておかなければならない。

　もう一つは，サインのデザインである。サインシステムは，統一性や連続性を保つことが重要である。計画段階で追求されたデザインの意図を損なわないように，更新や追加の際のルールを図書館内で共有しておくことが求められる。サインに加えて，注意や指示を「貼り紙」で掲示する場合も，使用する文字の字体や色，ピクトグラム（図記号）のデザインの基調を保つことによって，ある程度，統一性や連続性が確保される。なお，図書館内の施設・設備を表すピクトグラムについては，国土交通省が作成している「標準案内用図記号」を利用する場合と，独自にデザインを作成する場合がある。

標準案内用図記号

　神奈川県小田原市中央図書館は，「デザイン連携プロジェクト」を立ち上げたが，これは，独自にデザインを作成した事例の一つである。このプロジェクトは，地域の大学と協同したものであり，所属する大学生が中心となって館内サインを作成する取り組みを行なった。

図書館における創造的な空間

　図書館の一般的なイメージは，本や雑誌を読んだり，調べものをしたりするための場所であるが，実は，ものづくりなど創造的な活動の場にもなっている。公共図書館が開催する行事を見ると，短歌を作ったり，科学工作をしたり，絵を描いたりするプログラムが用意されていることに気付くだろう。また，大学図書館や学校図書館の中には，プレゼンテーション用のスライドやポスターを作ったり，音楽や映像を録画・撮影・編集したりする学生や生徒のために，さまざまなデジタルツールや文房具を自由に使えるよう準備しているところもある。

　近年では，特に，メイカースペースと呼ばれる施設を，図書館に設置する事例が増えている。メイカースペースとは，ハイスペックなコンピュータと3Dプリンター，レーザーカッター，電子ミシンなど，個人ではなかなか用意できない機材をそろえ，コンピュータプログラミングをはじめ，立体モデルやロボットの製作など，デジタル機器を活用した創作活動が経験できるスペースのことである。ファブラボ（FabLab），あるいは，ハッカースペース（hackerspace）と呼ばれる場合もある。

オランダ・ブレダ（Breda）市の図書館にあるメイカースペース

　メイカースペースを図書館に初めて導入したのは，米国ニューヨーク州のフェイエットビル図書館（2011年）であると言われている。現在では，ヨーロッパをは

じめ，韓国や中国などアジアの国々においても，多くの図書館が創造的な空間を有している。2020年にオランダ王立図書館が行った調査「De bibliotheek als plaats voor creatieve en persoonlijke ontwikkeling」によると，回答したオランダの図書館の43％がメイカースペースを設置しており，なかには，AR（Augmented Reality）・VR（Virtual Reality）スタジオやアトリエを持つ図書館もある。88％の図書館で，コーディング，ロボティクス，3Dアクティビティ，ビデオ編集といった創作活動が行われており，特に12歳以下の子どもを対象としたプログラムが多い。

このような状況を反映し，最近公開された国際的な指針やガイドラインは，創造的な活動のための空間を図書館に設ける意義や，メイカースペースに必要な機材とその活用法について言及している。例えば，2022年に改訂された「IFLA-UNESCO公共図書館宣言2022」（option A）は，図書館の使命の一つに「個人の創造的な発展のための機会を提供する」を挙げている。また，「IFLA児童図書館サービスのためのガイドライン（改訂版）」（option P）も，メイカースペースの必要性や，プログラミング用機器などの機材や材料を用意するための予算確保について取り上げ，情報機器へのアクセスや創造的な活動経験に，家庭環境による格差が生まれないよう，公共図書館が率先して取り組むべきとしている。

日本の公共図書館でも，さまざまな取り組みが始まっている。県立長野図書館は，「ものづくりを通じた創造的な学びのプロセス」を整えることを目的として，「信州・学び創造ラボ」を2019年に創設し，3Dプリンターやレーザーカッターを利用できる「ものづくりゾーン」を整備した。ここで，UV（紫外線）プリンターを使ってオリジナルの図書館カードを作るワークショップなどを開催している。また，福岡県の福智町図書館・歴史資料館「ふくちのち」にある「ものづくりラボ」には，刺繍ミシンやシルクスクリーンデジタル製版機が設置され，体験会や講習会が定期的に開催されている。宮崎県の都城市立図書館「mallmall」には，YAエリアにファッションラボが，図書館入口近くにプレススタジオがある。プレススタジオには，「エスプレッソ・ブック・マシン」と呼ばれる簡易自動製本機があり，オリジナルの小冊子を手軽に印刷，製本することができる。

図書館に創造的な空間があることで，利用者は，情報を使って新しいものを生み出す経験ができる。さらに，情報を消費するだけではなく，知識やアイディア，デザインといった新しい情報を生産し，それを発信し，他者と共有することが可能になる。このような図書館は，知の循環に参画する市民を育てる場と言えよう。

閲覧サービスの意義

●⋯⋯⋯閲覧の語義

閲覧　　　　　閲覧とは，図書館資料の館内での利用のことを指し，資料提供の基本となるサービスである。「閲覧」の本来の語義は「図書や書類を調べ読むこと」（『広辞苑』第7版，岩波書店，2018年）であるが，図書館用語としては，広い意味で用いられている。

館内閲覧　　　閲覧は，「館内閲覧」とも表されることがあり，資料を図書館の外に持ち出して利用する「貸出（借り出し）」との対比が意識される。求める情報が，複数の資料に記載されており，必要な部分だけを取り出してメモしたり，複写したりして利用することは，「調べながら読む」という読み方であるが，閲覧の一形態である。また，小説や読みものを読書席で通読することも，雑誌や新聞を眺めたり，読むべき本を探して書架の前で拾い読みしたりすることも，閲覧として理解される。

したがって，閲覧は，所蔵資料の館内利用全般に対して使われる言葉となる。とりわけ，図書館資料の中でも，レファレンスブックや定期的に発行される雑誌の最新号などは，貸出をせずに館内での閲覧のみに供されるのが一般的である。

●⋯⋯⋯読書のプロセスと閲覧サービス

利用者が図書館の所蔵資料を「読む」に至るまでのプロセスを考えてみよう。

利用者が来館した時点で，読みたいものがすでに特定されている場合もあれば，

主題　　　　　特定されていないが主題やテーマなどは決まっている場合もある。また，何も決まっておらず，「何かおもしろいものはないか」と探す場合もある。求める資料のタイトルや著者が決まっている場合，利用者は，まず目録を検索して所蔵の有無を調べ，

排架　　　　　所蔵されていれば，その排架場所を確認する。そして，資料が排架されている書架を探して，求める資料を手にする。一方，タイトルや著者名は不明だが主題やテーマは決まっている場合や，漠然とおもしろそうなものがないかと探している場合は，目的のものがありそうな書架に行き，並んでいる資料の背表紙を眺める。また，関係しそうな資料を取り出して，目次やまえがきなどを拾い読みし，適切なものかどうか確認する。

ブラウジング　こうした，資料にたどり着くための行為を，「ブラウジング」（browsing）と呼ぶ。

ブラウジングの結果，目指す資料を見つけたならば，つぎの段階として，それを館内の読書席で読んだり，手続をして借り出したりすることになる。

このように，図書などの資料の館内読書や館外貸出の前には，求める資料を探し出す過程，資料にアクセスするプロセスがあることがわかる。したがって，図書館サービスとしての閲覧サービスには，図書館の中で資料を利用できるようにするだけではなく，ブラウジングを含む資料へのアクセスのしくみを整え，利用者が容易かつ迅速・効果的に求める資料にたどり着けるようにするための便宜が含まれる。

閲覧サービスとは，社会的に見れば，人々の知的財産や創造物を，図書館という施設の中で活用できるようにする方法であり，これによって人々は，さまざまな情報を入手し，生活や仕事に役立てることができる。また，資料を系統的，体系的，あるいは，時系列的に利用したり，比較対照して利用したりする行動につながる。

●……… 資料（情報）へのアクセスの確保

図書館資料は，それが書架上の定められた場所に排架されていなければ利用できない。したがって，所定の場所に資料が正確に排架されていることは，資料へのアクセスを保証するための基本である。そのためには，書架整理（shelf reading）によって排列の乱れや誤った位置への排架を正し，整えておく必要がある。また，不要な資料を選んで除架（weeding）の作業を行う。除架した資料は書庫に移動したり，除籍したりする。こうした書架整理は，図書館サービスの基本として，できるだけ頻繁に行うことが重要である。

書架整理

除架

日常的な書架整理とともに，利用状況に合わせて，資料の排列順序を修正したり，資料を別置したりすることも必要となる。こうした排架資料のメンテナンスと効率的提供のための作業のことを書架管理と言う。書架管理の作業も，図書館職員にとって基本であり，自館の蔵書構成とその利用状況を認識する大切な機会となる。

書架管理

また，資料へのアクセスを保証するには，目録の整備も不可欠である。今日では，目録は，OPAC（Online Public Access Catalog）となっていることから，館内にOPACの検索機を十分な台数設置する必要がある。また，館外からのアクセスの便宜のために，Web OPACとして公開し，検索できるようにする。

さらに，OPACに加えて「ディスカバリーサービス」を行う図書館も登場している。これは，図書館が提供するさまざまな資源を同一のインターフェイスで検索できるサービスである。図書館の所蔵資料だけでなく，電子ジャーナル，データベース，機関リポジトリなど，インターネットに公開されているオープンアクセス資料もまとめて一括検索できるようにしたものである。

ディスカバリーサービス

電子ジャーナル

機関リポジトリ
オープンアクセス

開架式
閉架式

書庫

図書館資料の排架方式は，開架式と閉架式の二つに大別される。書架の資料を直接手に取って利用することができる開架式は，利用者にとって便利であるが，資料管理に留意しなくてはならない。一方，書庫からの出納作業を伴う閉架式は，利用者にとって不便ではあるが，資料管理には適している。図書館が資料管理を利用者の利便性よりも重視していた時代は，ほとんどが閉架式であった。しかし，利用を重視するようになるにつれ，閉架式を採用する図書館は減少した。また，閉架式を基本としている図書館でも，資料の一部を開架したり，開架冊数を増やしたりする取り組みが進んだ。その結果，今日では，開架式が圧倒的多数となっている。

開架式は，いくつかの点で閉架式よりも優れている。まず，利用者が資料を利用する際に手間がかからない。また，書架の資料を自由に手に取り，内容を吟味し，装丁や文字の大きさ，著者の紹介など，さまざまな情報を確認して，必要な資料かどうかを判断することができる。さらに，資料を探す過程で，思いがけない資料に偶然出会うことも期待できる。

日本では，1970年代以降の図書館作りにおいて，その多くが，ほぼすべての所蔵資料を開架するようになった。「公開書架と館外貸出は，公共図書館のマグナカルタである」（Arther E. Bostwick, *The Public Library in the United States*, ALA, 1929）と言われるように，洋の東西を問わず，図書館が多くの人々に利用されるようになった大きな要因の一つとして，開架式の普及を挙げることができる。

ただし，開架式では，多数の利用者が書架と書架の間に滞在する可能性が高いため，書架の間隔を広くしなくてはならない。また，書架スペースでも資料を読めるよう，スツールや閲覧机を配置する必要も生じる。したがって，単位面積あたりの資料収容能力は，閉架式に比べて低くなり，開架式による $1m^2$ あたりの収容冊数は，おおむね100冊程度にとどまる。

また，開架式では，資料の排列が乱れやすく，亡失（紛失）も起こりやすい。多くの利用者が手に取る機会が増える資料の傷みも進みやすい。利用者が図書館内で快適に過ごせる温度や湿度を優先させるため，資料保存には向いていない。こうした短所に対しては，いくつかの方策が講じられている。排列の乱れに関しては，返

返架

架，すなわち，利用された資料を書架に戻す作業を図書館職員が行なったり，書架整理を頻繁に行なったりすることで対応する。資料の亡失は，「貸出手続確認シス

BDS

テム（盗難防止装置）」（Book Detection System：BDS）によって防ぐことになる。

しかし，資料の破損・汚損・損傷は，開架式の宿命とも言える。資料が多くの人に活用されて，新しい価値を生み出すことに貢献するのであるから，その過程で生じる物理的な損失はある程度許容されなくてはならない。資料保存を理由にして資料提供に消極的にならず，より多くの人に利用してもらい，より多くの価値を生み

出すよう努める方が，図書館のあり方として望ましい。

●………排架方式：閉架式の特徴

　閉架式は，資料が書庫に収容されており，利用者が資料を直接手に取ることができない排架方式である。書庫の資料を利用する際には，事前にOPACで資料を特定し，請求記号に基づいて，図書館職員に資料を出納してもらう必要がある。これは，利用者にとっては手間であり，開架式と比べて不便に感じられる。ブラウジングによる思いがけない資料との出会いも期待しづらい。

請求記号
出納

　一方，閉架式には，資料管理の点で，つぎのような長所もある。

（1）　資料の収容密度を高められる。

（2）　排列の乱れを避けられる。

（3）　資料の亡失が起こりにくい。

（4）　資料保存に適した温度と湿度が保てる。

　所蔵資料の多い図書館では，施設面の制約から，すべての資料を開架できない。かなりの数の資料を，閉架書庫に収めなくてはならないのである。収容密度をさらに高めるためには，分類別の排架をやめて，大きさ別にしたり，受入順にしたりして排架する。このようにすると，資料が増えても，排架位置を変更する作業も不要になる。ただし，図書館職員であっても，同一主題の資料をブラウジングして探すことができなくなる。

　また，閉架式は，書庫からの資料の出納を図書館職員が行うことになるため，その分の人手が必要となる。しかし，今日では，自動書庫が開発され，労力の解消という点に貢献している。自動書庫は，コンピュータ制御の自動倉庫の応用であり，完全自動で出し入れされるコンテナに資料を収め，コンテナの番号を管理システムに記録してOPACと連動させる。利用者は，求める資料をOPACで検索し，出納の請求を画面上で行う。そうすると，資料を収めたコンテナが，自動的に取り出されるというしくみである。

自動書庫

　実際の図書館で，開架式，閉架式のいずれかのみを採用していることは少なく，多くは両者を併用している。一般的には，開架スペースには新鮮で利用の多い資料を，閉架書庫には利用の少ない資料，あるいは保存の必要のある資料を排架している場合が多い。また，図書館の中には，書庫に利用者が入り，自由に資料を手に取ることを認めているところもある。なお，書庫へのアクセスを認める場合は，その形式を「開架書庫」あるいは「半開架」などと称している。

開架書庫
半開架

館内利用に対するサービス

●⋯⋯⋯⋯閲覧スペース

　館内での読書や調査研究には，閲覧のためのスペースや設備が必要である。通常サイズの机や椅子のほかに，数種類の資料を広げられる大型机，キャレルデスクと呼ばれる仕切りのついた個人用の閲覧机，大型図書や地図などを見るための専用机，コンピュータデスク，ソファやスツールなどを，排架されている資料の形態や用途に応じて設置し，利用環境を整えることになる。また，PCを持ち込んで使う利用者のために，電源コンセントやWi-Fiなどの設備を備えることも視野に入れる。

　閲覧スペースの整備に関しては，学校図書館・大学図書館と公共図書館とでは，対応が異なっている。教育に資するという目的を有する学校図書館や大学図書館では，グループ利用も考慮しながら，閲覧スペースを広く確保することが一般的である。これに対し，公共図書館では，すべての利用者の要求を満たせるほど広い閲覧スペースを確保しにくいのが実状である。

『市民の図書館』

　これには歴史的な経緯も関係している。1970年刊の『市民の図書館』（日本図書館協会）では，それ以前の公共図書館の利用が，図書館資料を活用しない自習を目的とした中高生によるものであることが指摘されている。これは，図書館が，すべての人々に資料・情報を提供するという点で必ずしも機能しておらず，単なる勉強空間になっていたことへの批判である。この反省に基づき，1970年代以降に設立された公共図書館では，大規模な閲覧室などはあえて設けず，閲覧席を書架スペースの中に組み込み，ただ座席や机を使うのではなく，資料の利用を強く意識したスペースづくりが行われてきた。

　しかし近年では，こうしたスペースづくりもまた，変わりつつある。すなわち，閲覧スペースを比較的広く確保し，机や椅子のほかにソファなども備えて，長時間

滞在型図書館

滞在する利用者の獲得を目指す図書館が増えている。そうした図書館を，「滞在型図書館」と呼ぶこともある。館内閲覧に対する再認識が，進んでいると言えよう。

●⋯⋯⋯⋯ブラウジング

　利用者が書架に並べられている資料を探し，自分の求めるものかどうか判断するとき，どのようにするだろうか。資料の目次やまえがきを確認することもあれば，

本文の冒頭部分を少し読むこともある。UNIT 15で説明した「ブラウジング」が行われるのである。特定の資料を探している場合でも，書架の間を見てまわる過程で，求める資料そのものではないが関連する資料を見つけることができる。これは，書架で資料の「背読み」をしていることになるが，こうした行為も「ブラウジング」と呼ばれている。こうしたブラウジングによって，利用者の好奇心がかき立てられ，知的興味や読書意欲がいっそう高まるのである。

ブラウジング

背読み

　利用者が，「あるテーマに関する図書を読みたい」と主題だけを決めて来館した場合や，「何かおもしろいものはないか」と漠然とした期待をもって来館した場合にも，ブラウジングをすることで資料にたどり着くことができる。「日本十進分類法」（NDC）によって資料が分類・排架されている書架においては，同一の主題や類似の主題の資料が，隣り合って，また，階層的に並んでいる。したがって，ブラウジングによって，関係する資料にアクセスしやすくなるからである。

　また，ブラウジングには，短時間で資料を「ざっと読む」行為を指すこともある。例えば，新聞や雑誌を置いたスペースをブラウジングコーナーと称し，ソファやスツールなどを置いた空間にしている場合は，この意味での語法である。「軽読書コーナー」という呼び方をしている図書館もあり，ブラウジングと「軽読書」が同義として扱われている。

軽読書

　いずれにしても，ブラウジングは，書架あるいは資料が展示されている場所で行われる。したがって，ブラウジングを前提にした空間づくりも必要となる。書架スペースに，スツールやソファ，閲覧台やキャレルなどを設置するのは，ブラウジングの意義を踏まえた配慮である。

● ……… 調査研究利用

　図書館の資料を使って調べものをする場合，どのような利用形態が考えられるだろうか。調査研究においては，多数の資料を同時に利用することが増える。また，調べる過程で，必要となる資料が「芋づる式」につぎつぎ出てくることもある。それゆえ，資料を借り出さず，図書館内で利用する方が，効率的とみなされている。もちろん，貸出限度冊数を10冊以上，あるいは無制限にしている図書館もあるため，関係する資料をすべて借り出すことはできそうである。しかし，調べものに使う辞書・事典等のレファレンス資料は，大判で重いものが少なくない。したがって，図書館外に持ち出すことは，物理的には容易ではない。さらに，レファレンス資料については，短時間の利用が想定され，かつ，複数の利用者が同じ資料を求めることもある。そこで，レファレンス資料に対しては，「禁帯出（館内利用のみ，貸出禁止）」という利用条件を設けることも少なくない。

芋づる式

禁帯出

　調査研究のために必要となる施設・設備は，広い閲覧机と静かで落ち着いた空間

と言われている。広めの閲覧机が求められるのは，複数の資料を同時に広げ，それらを参照しながら作業を行うことが多いからである。90cm以上の幅を持つ机が望ましいとも言われている。また，調査研究を重視する図書館では，作業に集中できるよう，個室や個人用座席（キャレルデスク）を提供することも行われている。

●……… 館内読書

館内読書

「館内読書」とは，図書館内で資料を読んで利用する行為を指す。1990年代までの日本の図書館では，館外貸出が優先され，自宅での読書を想定した図書館サービスが提供されてきた。それゆえ，館内の読書環境を重視する図書館は多いとは言えなかった。しかし，利用者ニーズの拡大と多様化に伴い，くつろいで読書できるような，広々としたブラウジングスペースを設けたり，畳敷きの読書席や館外に緑陰の読書空間を設けたりするなど，館内読書のための環境整備が進んでいる。

また，レファレンス資料とは別に「禁帯出」とする資料がある場合は，図書館内で読んで活用できる環境を整える必要がある。新聞や雑誌の最新号などは，「禁帯出」の代表例である。そこで，雑誌や新聞の排架スペースには，ソファやスツールを備えて読めるようにしている。新聞については，原紙を広げて読むことができるように，新聞閲覧台を用いたり，幅の広い机を置いている図書館もある。

●……… 機器の利用

記録メディアの多様化は，図書館資料の利用における機器の必要性につながる。

映像資料

対象となる資料は，DVDやビデオテープなどの映像資料，音楽CDやカセットテープなどの音声資料，マイクロフィルムやマイクロフィッシュなどのマイクロ資料である。これらの資料に関しては，印刷資料と同じように，ブラウジングや館内視聴ができるよう，再生あるいは表示するための機器を用意することが求められる。

音声資料
マイクロ資料
館内視聴

著作権処理

とりわけ，DVDやビデオテープなどの映像資料は，著作権処理の手続を行わなければ貸し出すことはできない。それゆえ，未処理の資料，あるいは，処理ができない資料は，館内で利用できる環境を整える必要がある。また，映像資料や音声資料が貸出できる場合でも，機器が自宅にない利用者への配慮が求められる。

●……… 電子メディアの利用

電子資料

CD-ROMをはじめとする電子資料やデジタル情報源，すなわち，電子メディアは，図書館資料の中での割合が増加している。電子メディアには，パッケージ系のものと通信系・ネットワーク系のものとがある。前者は，CD-ROMやDVDなどの「パッケージ（容器）」に情報を収め，その「パッケージ」を流通させるものである。後者は，オンラインデータベースやウェブページなど，通信経路やネットワークを介

パッケージ系

通信系・ネットワーク系

して情報を送受信するものである。両者に共通するのは，機器としてPCが必要となる点である。

ここではパッケージ系のメディアについて説明し，ネットワーク系の情報源の利用に関しては，UNIT 31で取り上げる。パッケージ系の電子メディアを図書館内で利用できるようにするには，つぎの二つの方法がある。

スタンドアロン
ネットワークサーバ

(1) スタンドアロン利用
(2) ネットワークサーバ利用

(1)は，特定の電子メディアを，単体（1台）のPCで利用するものである。利用者から利用したいとの申し出があったときには，その電子メディアの「パッケージ」と利用するためのPCを提供することになる。利用頻度が高いものは，その電子メディアをあらかじめPCに格納しておき，専用PCとして提供することもできる。

資料や情報をデジタル化することの長所の一つは，多数の利用者の同時利用ができることである。この点において，(1)は一度にひとりの利用者しか，その電子メディアを利用できない。これに対し，(2)は複数の利用者が，同時に一つの電子メディアを利用できる。ネットワークサーバに接続されていれば，どのPCからでも利用できるからである。ただし，ネットワーク上での利用に関しては，著作権者の許諾が得られているものが対象になる。また，図書館としてネットワーク環境を整え，データの送受信のためのサーバを整えることが必要になる。

●⋯⋯⋯⋯ラーニングコモンズ

2000年代以降，大学図書館では，館内にラーニングコモンズ（learning commons）と称するスペースを設ける事例が増えている。ラーニングコモンズは，自習やグループ学習ができる空間・施設を設けるとともに，学習に対する各種の人的支援を提供する場である。Wi-Fi，グループ学習室，可動式の机・椅子，ホワイトボード，プロジェクター，スクリーンといった設備や機器を備え，飲み物の持ち込みを許す場合もある。人的支援として，レポート作成や論文の執筆に対する助言を行うアドバイザーや，機器の操作を手伝う補助員を置く場合もある。

ラーニングコモンズ

こうしたラーニングコモンズの考え方は，公共図書館においても注目され始めている。図書館を，知識や情報を受容する場ととらえ，学びと発見の場にしようとする展開が見られるのである。ネットワーク情報源と図書館資料の融合利用，利用者同士のコミュニケーションから生まれる知的創造といった成果が，これにより期待されている。地域の情報拠点を目指す上で，公共図書館が取り組むべきサービスの一つとしても着目されていると言ってよい。

排架の原理と工夫

●⋯⋯⋯**排架の原理**

　利用者が図書館を利用するときの状況は，大きく三つに分けることができる。すなわち，「特定タイトルの資料を決めている場合」，「主題（テーマ，トピック）を決めている場合」，「特定タイトルも主題も決めておらず，何か読むものはないかと来館する場合」である。ただし，特定タイトルの資料を決めている場合でも，タイトルを正確に把握しているときとそうでないときで，利用形態は異なる。図書館資料の排架は，利用者のこうしたさまざまな状態にできる限り対応できるよう，その

排架原理　しくみと（排架原理）を工夫する必要がある。

　閉架式の書庫での排架原理は，効率よく資料を収納できることを第一にしている。

収容密度　収容密度を高くし，新たに受け入れた資料の扱いに手間がかからず，また，資料が請求されたときに出納しやすいことが基本となる。一方，利用者が資料を直接手に取ることができる開架式では，異なる排架原理となる。すなわち，利用者が資料を探しやすく，また，資料の存在に気付きやすくすることが優先される。収容効率が

フェイスアウト　悪くなっても，表紙を見せて書架に置くフェイスアウトの手法が用いられるのは，そのためである。手に取って利用してもらいたい資料を，利用者の目に付きやすいようにするための展示も，その一つとなる。

●⋯⋯⋯**利用者の意識に沿った排架**

　タイトル，著者名，主題は，資料の三大書誌要素と言われる。これらの中で，利用者が認識している可能性が最も高いものは主題である。言い方を換えれば，「これこれに関する資料を読みたい」というニーズである。特定タイトルの資料を決めて来館する場合でも，そのタイトルにした背景には，主題の認識があると言ってよい。特定のタイトルも主題も決めずに来館する場合でも，利用者の好みを言い表せれば，主題に関連付けられることが多い。したがって，主題ごとに資料がまとまっ

主題分類　ていた方が，ブラウジングの効果が高くなることから，主題分類を用いた排架が望ましいと考えられている。

　主題分類による資料の排列順序は，その図書館で採用されている分類法による。日本の多くの図書館は，「日本十進分類法」（NDC）を採用している。それゆえ，

この分類番号順に排架することが，事実上の標準（デファクトスタンダード）とみなすこともできる。ただし，一部の資料をNDCによらずに排架している図書館もあるし，NDCとは異なる独自の書架分類を用いる図書館も現れている。

NDCは，あらゆる主題を9区分して1から9までの数字を割り当て，どこにも分類できないものは0に位置付けて10区分とし，それをさらに区分して，階層的に表示させるしくみとなっている。数字を使うため簡潔な構造で，主題間の関係や順序がわかりやすいという長所がある。一方，十進で展開させる原則が優先されるため，異なる分野の主題が隣り合って分類されたり，日常的な感覚では似ている概念が別の主題として遠く離れた数字のもとに分類されたりしてしまうことも生じる。そのため，書架分類としてNDCを用いることを基本にしていても，それぞれの図書館の規模や利用の実態に合わせて，分類番号の桁数を調整したり，分類番号に特定の記号を割り当てたりして，利用者が探しやすくするための工夫も行われている。

こうした動向は，NDCの編集方針が転換されたことが影響していると考えられる。すなわち，NDCは，一館単位の排架を想定した書架分類として編集されてきた。しかし，ウェブページ上での蔵書検索が一般的になったことを受け，1995年発刊の新訂9版以降，主題検索において効率よく詳細な情報が得られることを目指し，詳細な書誌分類を指向するようになったのである。しかし，こうした経緯は，書架分類の重要性が低下したことを意味するものではない。むしろ，個別の図書館が，自館の利用者のニーズに合わせて，より使いやすく探しやすい書架分類を指向している状況を表していると言えよう。

書誌分類

公共図書館，学校図書館，大学図書館，専門図書館といった館種の違いにとどまらず，現在の図書館サービスのあり方は各館各様であり，それを実現するための排架原理もさまざまである。また，排架は建物の構造や書架の配置など，図書館施設の様態に大きく左右される。したがって，各館の条件が異なる状況で，書架分類を一律に適用すれば，無理が生じると考えられる。NDCという共通の書架分類を基本にしながらも，各図書館の固有のサービスに有効な排架原理を模索することが求められているのである。

NDCをそのまま使用せずに，手を加えている実例の一つは，その図書館の利用者にとって区分する必要性が低い主題をひとまとめにする方法である。例えば，9類（文学）において「近代：明治以後」の「小説，物語（913.6）」，「評論，エッセイ，随筆（914.6）」，「日記，書簡，紀行（915.6）」と「記録，手記，ルポルタージュ（916）」を一つにして「日本の読み物」としたり，4類（自然科学）の各分野と6類の応用産業の資料を統合したりして，同じ書架に排架することが行われている。児童スペースにおいては，学校の教科に対応した色ラベルを資料に貼り，教科別に排架させる方法も用いられている。児童・生徒が学校でなじんでいる分け方にすることで，求

める資料に自然にたどり着けるようにした事例と言えよう。

　また，利用者のニーズに合わせて，分類を改編する事例もある。例えば，子ども
の発達障害に関する資料を集中させるために，「障害者福祉（369.27）」，「障害児教
育（378.6）」，小児科学の「発達障害（493.7）」を一つにして排架している図書館が
ある。「ジャーナリズム（070）」，「マスコミ論（361.453）」，「放送事業（699）」を
統合して，マスメディアに関する情報をまとめた書架を設けた事例もある。

●⋯⋯⋯別置

　書架分類の改編と排架の工夫は，利用者の意識に沿った，資料を探しやすくする
ための措置である。それに加えて，資料管理の上で合理的であったり，その図書館
を利用しやすくしたりするために，一定の資料群を，通常の場所とは異なる場所に
排架する場合がある。これを「別置」と呼び，つぎの三つの場合がある。

別置

　（1）　資料種別に応じた別置
　（2）　資料形態に応じた別置
　（3）　資料内容（用途）に応じた別置

　（1）は，視聴覚資料，マイクロ資料，電子資料，逐次刊行物などを，図書とは異
なる場所に排架する場合である。資料種別が異なる資料は，図書とは形態が異なる
ことが多いため，同じ場所に排架しにくいという事情もあるが，そればかりとは言
えない。利用方法もまた異なるからである。また，それぞれの種別ごとにまとめて
排架した方が，利用者にわかりやすい。さらに，資料種別によっては，UNIT 16
で説明した，機器の利用が必要になることも関係している。

　この考え方に対し，どのような資料種別であっても，同じ主題の資料は同じ書架
に排架すべきだという主張もある。例えば，野球の資料を探す場合は，783.7の書
架に行けば，野球について書かれている図書，雑誌，映像資料，電子資料をすべて
見つけることができるという利便性を優先した考え方である。

　これは，いずれの考え方が妥当なのかを考える問題ではない。それぞれの図書館
で，利用者がどのように資料を使うかを確認し，どのようなニーズを優先させるの
かを判断する問題である。しかし，一般的には，図書以外の資料を利用しようとす
る利用者は，新聞に目を通そう，DVDで映画を見よう，といった具合に，利用す
る資料種別を思い浮かべた上で，どの新聞，あるいは，どの映画という具合に，個
別の資料を決めることが多いと考えられている。したがって，資料種別ごとに別置
して排架した方が，利用者にとっては都合がよいと，図書館の多くは判断している。
　一方，調査研究目的での資料利用に対するニーズが高く，調査テーマに関するも

のなら種類や種別は問わない利用者が多い図書館では，資料種別を区別せずに「混混排排」した方が利用者にとって便利である。また，一律に別置するのでなく，映画のDVDや音楽CDなど，資料種別を選んだ後に特定のタイトルを決めることが多いと思われる主題だけを別置し，それ以外の主題は混排する併用型も可能である。

(2)は，文庫本や新書本など大きさの定まっている資料や，美術書や地図帳などの大型の資料（大型本）を扱うときに行われる。資料管理上，大きさをそろえることにより，書架の収納効率をよくしようとする際に用いられる。書架の一つの段に，大型の資料が1冊でもあると，それが収まるだけの高さを確保しなければならないため，書架1連あたりの段数を減らさなくてはならない。また，大きな資料が小さな資料の中に排列されると，左右の小さな資料では，大きな資料を支えきれず，倒れやすくなる。このようなことから，特定の大型資料を別置し，専用の書架に収めたり，書架の最下段にまとめたりするやり方が広まっている。

一方，文庫本や新書本は，比較的小型の資料である。それらを一般的な大きさの資料とともに排列すると，まわりの資料の中に埋もれやすく，探しにくくなる。また，まわりの資料と大きさのバランスが保てないため，整頓しにくくなる。こうしたことから，文庫本や新書本についても，専用書架を設けて排架する例が多く見られる。しかも，文庫本や新書本は刊行点数も多いことから，コレクションとしてのまとまりを示すためにも，別置する方が効果的と考えられている。さらに，文庫本に限定して資料を探す利用者も多いことから，別置することの意義は大きい。

(3)は，特定の資料群が他の資料とは異なる性格を有していたり，その資料群を特に目を引きやすくしようとしたりする場合を指す。例えば，専用の部屋やスペースを設け，レファレンス資料を別置している図書館は少なくない。また，前述した書架分類の改編とも関係するが，利用の多い主題の資料を一箇所にまとめている図書館もある。ビジネス支援や地域活性化支援など，その図書館が力を注ぎたいテーマの資料を別置したスペースが設けられることもある。

さらに，新着資料を一定期間だけ特定のスペースに置いたり，時宜に応じたテーマの資料を集めて展示したりすることも行われている。これは，図書館法第3条第7号に示された「時事に関する情報及び参考資料を紹介し，及び提供すること」を，資料展示によって実現したものと言えるが，別置の一つでもある。

(1)から(3)に共通して求められるのは，対象となる資料が別置されていることを，利用者に明確かつ適切に案内することである。すなわち，フロアマップや書架マッフロアマップ
書架マッププに，別置の存在を明示する必要がある。また，書架上に，特定の資料が別置されていることを示す「所在指示」のサインを整えることも重要である。さらに，OPAC所在指示においても，その資料に容易にたどり着けるよう，的確に所在を表示させなくてはならない。

●来館者へのサービス

フロアワーク

●……… フロアワークの意義

フロアワーク

フロアワークは,「フロアデューティ」(floor duty) とも呼ばれ, 人的サービスの場(カウンター, サービスデスク)以外の館内で行われる業務全般を指す。具体的には, 利用者が資料を選んだり, 特定の資料を探したりする際, その手助けをする業務となる。利用者はカウンターに行かなくても, 館内にいる図書館職員に気軽に声をかけることができ, 図書館職員もカウンターを離れて利用者にはたらきかけるという積極的な意味合いを持つ。こうしたところから, 多様なサービスに展開するきっかけの活動と考えられている。

日本では, 戦後に図書館が発展する過程で, 館内の書架スペースが広くなるにつれて注目されるようになったサービスである。特に, 児童に対して行うことが重視されている。児童サービスとしてのフロアワークはUNIT 37で扱うことから, このUNITでは, まずフロアワークの概要について確認し, つぎにフロアワークを充実させる方策について取り上げる。

●……… フロアワークの内容

利用者サービスに携わる図書館職員は, カウンターにおいて多くの業務を行う。利用登録, 貸出・返却作業, リクエストの受付, 書庫出納, 読書案内など, さまざまな作業が, カウンターに集中している。このため, 利用者サービスの重点はカウンターワークに置かれることが多くなる。図書館職員はローテーションを組んで対応し, サービスの連続性を保てるよう, 相互の連絡を密にしている。

カウンターワーク

たしかに, 貸出サービスも読書案内も, サービスの始まりとなる「利用者の要求の確認」は, カウンターを起点とすることが多い。また, サービスの到達点となる「利用者への資料提供」も, 大部分がカウンターにおいて行われる。しかし, 利用者の要求を受けとめてから, 要求に対応した資料を提示するまでのプロセスを確認すると, カウンター以外の場所, すなわち, フロアにおいて大半が行われていることに気付く。

フロアワークの代表的な例を挙げると, つぎのようになる。

(1)　求められた資料を該当する書架まで行って見つける。

(2)　探しているテーマに関連する書架を案内する。

(3)　寄せられた質問に対する回答が得られそうな資料を参照する。

　(1)は，閲覧サービスあるいは貸出サービスにつながる活動となる。(2)は，利用案内の一部として行われる。(3)は，レファレンスサービスにおける人的支援，すなわち，質問回答サービスと位置付けられる。

　上述のサービスは，いずれも利用者サービスの核となるものである。したがって，サービスの流れからすると，業務の中心は，カウンターよりもフロアにあるとみなすことになる。ただし，カウンターでの作業とフロアでの作業を対立的にとらえるべきではなく，一体のものとして扱う必要がある。すなわち，カウンターからフロアへ，フロアからカウンターへという業務の連続性があり，何度でも円滑に切り替えられるようにすることが望ましい。

●⋯⋯⋯⋯利用者を主役とする場でのサービス

　利用者は，利用スペースとしてのフロアで，多くの時間を費やす。資料を探したり読んだりするのは，書架やソファ等の置かれているフロアである。利用者がカウンターに向かうのは，登録や貸出など必要な手続を行うときであり，また，利用上の問題を解決するために図書館職員に尋ねるときである。ひとりの利用者が，館内で過ごす時間の長さからすると，それはほんのわずかなものである。

　フロアは，利用者が多くの時間を費やす場であることから，その場の主役は利用者と言えよう。それゆえ，フロアワークにおいて最も重要なのは，図書館職員が自分の持ち場であるカウンターを離れて，その場へ積極的に出向くことである。そうすることで，カウンターにいるときには把握できなかった利用形態や，カウンターでは伝わってこなかったニーズを，フロアにおいて把握できることも少なくない。利用者の行動を視野に入れれば，フロアワークは，カウンターでの活動（カウンターワーク）と同じように重視して，サービス計画の中に明確に位置付けるべきものなのである。

●⋯⋯⋯⋯利用者との交流の場

　カウンターとフロアで，利用者が図書館職員に声をかけることが多いのはどちらだろうか。図書館職員が常駐しているカウンターがイメージされるかもしれない。しかし，フロアにいるときの方が声をかけられることが多いと感じている図書館職員は少なからずいる。カウンターにいる間は何も尋ねられなかったのに，フロアに出たらすぐに質問を受けたという経験談を語る者もいる。

こうしたことが起こる背景には，利用者側の意識が関係していると考えられている。第一は，利用者の遠慮である。カウンターの図書館職員は，貸出や返却等の作業で忙しく働いているのを見ているため，利用者は声をかけるのを遠慮してしまうのである。第二は，プライバシーの重視である。カウンターは，図書館職員のまわりに，不特定多数の利用者が集まる場所であることから，プライバシーが尊重されにくいと感じてしまうことが影響する。第三は，解決につながる場という認識である。利用者が尋ねたいことは，カウンターにおけるやりとりだけで解決するとは限らないと，利用者が考えているためである。

例えば，資料の排架場所を知りたいときや，OPAC等の機器の使い方がわからないときに，カウンターにいる図書館職員に尋ねると，そこからの移動を求めることになるので，遠慮してしまうのである。後者の場合には，機器が実際に置かれている場所で機器を前にして説明を受けた方がわかりやすい。それゆえ，機器の近くのフロアにいる図書館職員に尋ねる方が気楽であり，解決につながりやすいと利用者は感じるのである。

フロアワークの必要性は，こうした利用者の心理面との関係が大きい。利用者にとってフロアは，カウンターの周辺にいるほかの利用者を気にせず，図書館職員と安心してコミュニケーションを交わせる場所なのである。利用者の心理面を尊重するならば，図書館職員の方からフロアに積極的に出向き，利用者と交流を図るようにすることが重要となる。

●………フロアワーク充実のための方策

これまでの説明をふまえると，フロアワークを効果的に行うには，つぎのような方策を用いることが望ましい。

(1)　フロアワークを兼任できるようにしたカウンターへの配置職員数
(2)　フロアワークのローテーション化

いずれの図書館でも，カウンターワークに空白の時間を設けないようにしている。また，個々の図書館職員が，カウンターワークとは別の業務を行う時間を，可能な限り多く確保できるよう，ローテーションを組んでいる。その結果，同じ時間帯にカウンターにいる図書館職員の数は最小限に抑えられることが多い。しかし，前述したように，カウンターでの業務は，フロアワークへ展開することによって，効果的な利用者サービスにつながる。そこで，(1)を考慮することが必要となる。すなわち，カウンターに配置する人数を算出する際は，いつでもフロアに出て利用者に対応できる者がいるよう，兼任できる図書館職員の数を上乗せしておくことが望ま

しいことになる。

(2)は，カウンターワークだけではなくフロアワークも，ローテーションの対象にすることである。このとき留意すべきは，頭数だけ割り振ればよいのではない。資料に精通し，接遇にすぐれた図書館職員を組み込む必要がある。また，フロアでのほかの作業，例えば，排架作業等と兼務させないことが肝要である。フロアワークの実施にあたっては，フロアは本来利用者のためのスペースであることを十分に認識し，利用者が自由に活動でき，また，快適に過ごせるよう，必要以上の干渉をしないことが求められる。また，声をかけやすい雰囲気を醸し出せるようにし，利用者から尋ねられたときには，迅速かつ的確に回答できるだけの能力を身に付けていなければならない。すなわち，訓練と専門的知識の蓄積が前提となる。フロアワークは，豊富な経験を積んだ図書館職員でなければ，十分な対応をすることが難しいのである。

フロアワークは，非専門的業務である排架作業とは明らかに異質である。しかし，実際の図書館サービスでは，専門的知識や意思決定の権限を持たない非常勤職員やアルバイト職員が排架作業に携わることが少なくないため，利用者からの質問を受けたり，利用者間のトラブルを発見したりする場合が多い。これは，そうした図書館職員の方が常勤職員よりもフロアにいる時間が長いからにほかならない。提供すべきサービスの質を考えるならば，これは好ましい状況では決してない。それゆえ，フロアワークを排架作業と切り離し，かつ，豊富な経験と能力を有した図書館職員がフロアに長い時間いられるように，条件整備を進めることが図書館経営に強く求められる。

また，上記の(1)も(2)も，人的な余裕がないと達成することができず，中小規模の図書館で実現することは容易とは言えない。しかも，カウンター業務の民間委託や貸出・返却の自動化が進む中，専門的な知識と技術を有する図書館職員がいることの意義に対する社会的認知度を高めるためには，優先して取り組むべき課題の一つであると言ってよい。

UNIT 19

◉貸出サービス

貸出サービスの構造

●⋯⋯⋯**貸出サービスの意義**

「貸出」（circulation，lending，loan）とは，利用者が図書館の資料を館外に持ち出して一定期間占有し，自由に利用できるようにするサービスのことを言う。近代以降の公共図書館では，「貸出」は図書館サービスの基礎と位置付けられており，資料提供サービスの最も基本的な形態とみなされている。日本においても，1960年代後半からの図書館の発展を支えてきたサービスである。新刊書を主に取り扱う書店が多い中，出版後数年以上経過した図書や絶版・品切れによって入手が困難になっている図書が扱えることは，図書館の社会的価値の一つである。図書館の貸出は，新刊書を重視する傾向にある書店と相互に補い，人々の読書生活ならびに情報利用を豊かにしてきたと言える。

公立図書館における貸出サービスの社会的意義は，住民が拠出した税金によって購入された多様な資料を，個人や団体が一定期間占有できることで細部まで十分に目を通して活用し，それによって，資料や情報の価値を社会に還元する活動に結び付けることができるところにある。貸出サービスは，個人の知識の増加や文化・教養の向上，人間的成長に資するとともに，地域課題の解決や地域の活性化などに貢献するものとなる。したがって，地域社会と個人に計り知れない効果や価値をもたらしていると言える。現代社会における資料利用の重要性を考えるならば，図書館の貸出サービスは，これまで以上に拡充が図られなくてはならない。

●⋯⋯⋯**貸出サービスの構成要素**

貸出サービスは，各図書館が，地域の実情や利用者の要望に合わせて自主的に行なっているものである。標準的な方法やマニュアルなどが確立されているわけではないが，一般的には，以下の作業から構成されている。

利用登録	（1）　利用登録
貸出処理	（2）　貸出処理
返却処理	（3）　返却処理
延長処理	（4）　延長処理

(5) 督促処理　　　　　　　　　　　　　　　　　　　　　督促処理

(6) 罰則処理　　　　　　　　　　　　　　　　　　　　　罰則処理

(7) 紛失処理　　　　　　　　　　　　　　　　　　　　　紛失処理

(8) 予約処理　　　　　　　　　　　　　　　　　　　　　予約処理

　(1)は，貸出サービスを利用する人を確定し，氏名や連絡先（住所，電話番号など）を，記録しておく作業である。この作業には，登録した利用者（登録者）の情報を参照できるよう編成しておくことや，有効期限を過ぎた利用者の情報を消去して，登録者を「除籍」することも含まれる。　　　　　　　　　　　　　　　　除籍

　貸出作業では，利用者が図書館の資料を館外に持ち出す際，その利用者が借り出す条件を満たしているかどうかを確認する。その上で，どの資料を，誰が，いつまで借り出しているのかを記録する。こうした記録を「貸出記録」と呼んでいる。(2)　　貸出記録
は，各図書館が定めた方法で貸出記録を作成し，編成する作業を指す。これに対し(3)は，利用者が図書館から借り出していた資料を返却したときに，その貸出記録を消去（解除）する処理となる。コンピュータによる貸出・返却処理システムにおいては，(2)ならびに(3)は，単純な機械操作で行うことができる。また，これらの処理を利用者自身が行う「自動貸出機（無人貸出機)」の導入も進んでいる。　　　　自動貸出機

　(4)から(7)は，貸出の手続において毎回生じるものではなく，状況に応じて行われる。(4)は，利用者が，図書館が定めた返却期限までに資料を返却できない場合に，その返却期限を延ばす作業である。また，(5)は，あらかじめ設定された返却期限を過ぎても資料が返却されない場合，すなわち，「延滞」が生じている際に，返却　　延滞
を促す作業である。(6)は，利用者が返却期限を過ぎても資料を返却しない場合，なんらかのペナルティを課す手続である。ペナルティとしては，貸出の権利を制限し，一定期間資料を借り出すことを停止したり，延滞金を課したりする方法がある。ただし，日本の図書館においては，こうしたペナルティを適用する例はまれである。(7)は，利用者が借り出していた資料を紛失した場合の処理である。また，紛失処理とは別に，利用者が資料を著しく破損あるいは汚損した場合には，弁償（弁済）してもらうこともある。

　(8)は，貸出中の資料を他の利用者が求めた場合の作業である。資料が返却されたときに，書架には戻さずに取り置いて，予約した利用者に連絡して提供できるように備えることになる。

●…………貸出対象者

　図書館は，基本的にはすべての人に開かれており，館内での閲覧，読書相談サービス，レファレンスサービス，複写サービスなどについては，利用資格を問わず誰

でも利用できる。したがって，利用の資格が問われるのは，貸出サービスと，それに関連した予約サービスやリクエストサービスに限られると言える。

　公立図書館は，地方自治体が設置し，税金によって運営されているので，その地域の住民が資料を借り出せるのは当然のことである。これに加えて，当該地方自治体内の学校・大学に通う者や，その地域で働く者についても，学校・大学や職場が間接的にその地方自治体の発展に貢献しているとみなせることから，資料の貸出を認めるのが一般的である。一方，地域住民でもなく，地域への通学者や通勤者でもない他地域の住民に対しても貸出を認めるかどうかは，各地方自治体あるいは各図書館の判断にゆだねられている。実際には，帰省者，短期滞在者，旅行者，路上生活者などに対して，貸出を認める事例は存在する。

さらに，人々の生活圏の広がりが見られる地域では，近隣の地方自治体と協定を結び，図書館を相互に利用できるようにした「広域利用」や「広域貸出」を実施する取り組みも進んでいる。すなわち，こうした協定を結んでいる場合は，居住者でなくても，ほかの地方自治体の図書館から資料を借り出すことができる。

広域利用
広域貸出

　一方，学校図書館，大学図書館，専門図書館の場合，本来の利用者は，その図書館を設置している組織の構成員となる。しかし，異館種間での図書館協力を展開し，組織の構成員以外に幅広く利用を認めている場合もある。例えば，平日の夜間や休日など児童・生徒や教職員の利用しない時間帯に，地域住民に開放している学校図書館もあれば，生涯学習を支援する観点から，地域住民に公開している大学図書館もある。

●……… 貸出条件

貸出限度冊数

　図書館資料の貸出限度冊数は，地方自治体あるいは図書館によって異なる。数冊から 10 冊，20 冊といった具合に上限を決めているところもあるし，無制限にしている例もある。無制限にしても，借り出す冊数はおのずと限られるという認識によるものである。公立図書館運営の基本指針である『公立図書館の任務と目標』（日本図書館協会，1989 年確定公表，2004 年改訂）では，「一人に貸出す冊数は，各人が貸出期間内に読み得る範囲で借りられるようにする」（第 2 章 24）とされている。

『公立図書館の任務と目標』

貸出期間

　貸出期間（返却期限）は，10 日から 3 週間程度が標準的となっている。これは，図書館から借り出す資料は通読するものが多く，ある程度の期間が必要であること，また，特定の曜日にしか来館できない利用者でも，貸出期間中に 2，3 回はその曜日が含まれているのが望ましいことを理由としている。ただし，貸出期間をあまりにも長くすると，その資料をほかの利用者が利用できない期間も長くなることから，資料利用の公平性や効率的な利用において問題が生じる。

　また，資料の種類によって，貸出条件を変える場合もある。音楽 CD や DVD な

どの視聴覚資料（AV資料）に関して，図書の場合よりも貸出期間を短くしたり，貸出点数を制限したりすることもある。貸出が制限されている貴重書やレファレンス資料，雑誌の最新号などについては，閉館時からつぎの日の開館時までの「一夜貸し（オーバーナイトローン）」の制度を運用している例もある。

●⋯⋯⋯利用登録の意義・手続

　前述したように，利用登録は，貸出サービスを利用する人を特定し，氏名や連絡先といった情報を記録する作業である。図書館は，利用者に対する信頼に基づいてこのサービスを提供しているが，悪意のある利用や不正利用なども中には存在する。貸出サービスを行うにあたり，借り出す人は誰なのか，貸出規則に定められた条件を満たしているのか，返却が遅れたときにどうやって連絡をするかなどを確実にしておくことは，資料を管理する立場として当然の責務となる。 利用登録

　具体的には，利用者に貸出申込書に必要事項を記入してもらい，運転免許証やその他の身分証明書の提示を求め，記入された内容の確認を行う。確認後，「図書館利用カード（貸出証）」を発行する。利用者はこの図書館利用カードを提示して，資料を借り出すための手続を行う。多くの図書館では，利用登録の際，利用者に利用案内資料や説明書を渡し，図書館の施設と設備，図書館サービスの概要，開館時間や休館日，貸出の手続方法と規則，個人情報の取り扱いなどについて説明する機会としている。 図書館利用カード

　利用登録の目的は，貸出サービスの利用者を事前に特定しておくことで，貸出手続のたびごとに，氏名や連絡先などを申請しなくてもよいようにすることにある。図書館利用カードは，このための「道具」である。また，利用登録は，利用者が貸出サービスの利用条件を満たしているどうかを確認する場となる。すなわち，図書館を設置している地方自治体の住民かどうか，その地方自治体内にある学校・大学や職場に通う者かどうかなど，貸出対象者であることが確認できる書類を提示してもらうのである。

　なお，利用登録の際に用いる貸出申込書には，利用者の個人情報が記載されるため，取り扱いには十分な注意が必要となる。詳細はUNIT 20で説明するが，日本図書館協会の「図書館の自由に関する宣言」，「貸出業務へのコンピュータ導入に伴う個人情報の保護に関する基準」や「個人情報の保護に関する法律」，各地方自治体で制定されている個人情報保護に関する条例など，基準や法令を遵守することが求められる。 個人情報

図書館の自由に関する宣言
個人情報の保護に関する法律

貸出の方式と手続

●…………貸出方式

　資料を利用者に貸し出す場合，図書館側は「どのような資料を，誰が，いつまで」借り出しているのかについて，必ず記録しなければならない。すなわち，貸出とは，該当する資料が利用されている間，その所在についての情報を適切に管理する業務と言うことができる。貸出のしくみは，貸出時の作業だけではなく，返却や督促，予約などの処理を円滑に行えるものであることが望ましい。また，利用者にとっても図書館職員にとってもわかりやすく，手間もかからず，かつ，読書やプライバシーに関する情報が確実に守られるものでなくてはならない。これらのことは，図書館で導入しているコンピュータシステムの要件でもある。

　　貸出に関係する処理をコンピュータで行う場合，書誌情報と利用者情報とを組み合わせて貸出記録とすることが容易となり，正確かつ迅速なサービスを提供することにつながる。例えば，特定の利用者が資料を借り出そうとしたときに，別の資料を延滞していることがわかるのは，貸出記録としての書誌情報と利用者情報が一体的に管理されているからである。今日では，コンピュータ方式をさらに拡張させて，利用者自身が貸出処理をする自動貸出機の導入も進んでいる。また，返却された資料を，返架する場所に応じて自動で仕分けする機器，予約資料を取り置いた書架に利用者を誘導し，利用者自身で貸出処理をしてもらう設備なども使われ始めている。

貸出記録

延滞

●…………貸出手続

バーコード
ICチップ

　コンピュータを用いた現在の貸出処理では，バーコードまたはICチップを活用する方法が一般的である。

　　バーコードを用いる場合は，あらかじめ各図書館資料に固有の資料番号を与え，この番号を表すバーコードを記したラベルを，それぞれの図書館資料に貼っておく。一方，利用者には固有の利用者番号を与え，その番号を表すバーコードが記されている図書館利用カードを，利用登録の際に渡しておく。貸出手続を行う際に，利用者は借り出したい資料と図書館利用カードを貸出カウンターに提示する。図書館職員は，図書館利用カードの利用者番号と資料に貼られた資料番号とを，バーコードから読み取る。これにより，図書館の利用者データベースと所蔵資料データベース

の中から該当するデータを引き出し，借り出そうとする利用者の情報と借り出される資料の情報を特定し，両者を結び付けて一つの貸出記録とする。このように，利用者の情報と資料の情報の二つを結び付けることが貸出処理であり，この結び付きを解除することが返却処理となる。

　ICチップを用いる場合は，資料番号を記録したICチップをタグ（ICタグ）に格納し，これを資料に貼付しておく。また，図書館利用カードに埋め込まれたICチップには，利用者番号が記録されている。これらから，バーコードを用いた方法と同じく，利用者の情報と資料の情報を結び付けて貸出処理を行い，結び付きを解除して返却の処理をする。バーコードを用いる方法では，貸出処理と返却処理は1冊ずつ行うしかないが，ICチップを用いる方法では，ICチップのデータを一括して読み取る機器を利用すれば，複数の資料を同時に処理できるという利点がある。資料の外側をなぞって読み取るICリーダーを用いれば，貸出処理や返却処理に加えて，蔵書点検も容易となる。

ICリーダー

　貸出手続は，利用者と図書館職員とのコミュニケーションの機会ともなる。自動貸出機が普及し始めたため，図書館職員とまったく接することなく資料を借り出せるようになってきたが，それでも多くの利用者にとっては，貸出カウンターでの手続は，図書館職員と顔を合わせる貴重な場であることに変わりはない。したがって，貸出手続の印象が，利用者にとっての図書館に対する印象を形成することにつながる。てきぱきと正確に処理しているか，親切・丁寧で人間味豊かな対応であるかなど，人的対応の質が求められる。

　また利用者は，図書館職員に尋ねたいことがあってもレファレンスデスクには行かず，なんらかの機会をとらえて相談することも少なくない。相談内容が，「ちょっとしたこと」や「どうでもよいこと」では決してなくても，こうした傾向が見られる。相談の多くは求めている資料に関係することであって，来館した目的そのものとなっているにもかかわらず，わざわざ尋ねたりしないのである。ところが，何かのついでがあると，利用者は図書館職員に問いかける。UNIT 18で扱ったフロアワークとも重なるが，書架整理をしている図書館職員が近くにいるときや，別の用件で図書館職員と顔を合わせたときに，相談するのである。貸出手続の場は，こうした「ついでの機会」の一つとなる。それゆえ，気軽に相談できる雰囲気を醸し出し，「接遇」に配慮する必要がある。その上で，相談内容に応じて，利用者をレファレンスデスクや読書相談デスクに案内したり，そのほかの専門的なサービスにつなげたりすることが求められる。

接遇

●‥‥‥‥‥貸出規則

　貸出サービスは，さまざまな利用者を対象にするため，公平性と効率性を保たな

くてはならない。そのためには，一定の取り決めを設ける必要があり，各図書館では，多様な規則が定められている。貸出カウンターでの仕事は，そうした規則を誤りなく適用して，利用者に不公平や不便を感じさせないようにすることでもある。しかし，そうした規則そのものが，利用者の感覚とかけ離れたものになっている場合もある。それゆえ，常に貸出サービスの基本に立ち返り，規則にはどのような意義があり，なんのために行われるかを定期的に点検する必要がある。

　そもそも，資料を貸し出すことの前提は，それが適切に利用されて戻ってくることへの信頼を基本にしている。利用者に対するこの信頼が期待できず，規則ばかりを優先するのであれば，図書館という機構あるいはその機構を備えている市民社会そのものが成り立たないことになりかねない。図書館は，利用者へのそうした信頼を具現化・具体化した組織なのである。

●………配送サービス

　図書館の配送サービス（郵送サービス，宅配サービス）は，日本では障害者に対するサービスの一環として取り組まれてきたが，今日では，その対象を障害者に加えて高齢者や子育て世代，さらには一般の人へと広げている。「図書館の設置及び

運営上の望ましい基準」では，市町村立図書館による「利用者に対応したサービス」として「宅配サービスの実施」が例示されており，都道府県立図書館にも準用することが謳われている。

　また，日本図書館協会障害者サービス委員会が作成した「図書館における障害を理由とする差別の解消の推進に関するガイドライン」には，合理的配慮の一例として，「自宅に出向いての貸出」や「職員による宅配サービス：来館が困難な人が対象（主に市町村立図書館）」が挙げられている。

　配送サービスは，遠隔サービスの一つであり，今日ではさまざまな事例が登場している。例えば，電子メールやウェブページ上での手続に基づいて予約処理や貸出処理を行い，当該資料をあらかじめ指定されたコンビニエンスストアまで配送し，

利用者はそこで資料を受け取るというものがある。これは，非来館型の貸出サービスの新たな姿の一つと言えよう。

●………貸出記録の取り扱い

　すでに説明したように，特定の利用者と特定の資料との結び付きを示す情報，すなわち，誰がどのような資料を借り出しているかという情報となる貸出記録は，貸出サービスを行う上で，最も慎重に取り扱わなくてはならない。図書館の情報提供

機能は，人々の知る権利，すなわち，知的自由を保障するという役割を担っている。この点に着目すると，誰がどのような資料を利用しているかは，利用者の思想信条

そのものと言える。したがって，貸出記録は，個人の思想信条が明らかになる情報の一つとなる。それゆえ，この情報を保護すること，すなわち，利用者の資料利用の秘密を守ることは，図書館のきわめて重要な責務なのである。

　手作業で貸出手続を行なっていた時代から，図書館における貸出方式はすべてこのことを念頭に置いてきた。それゆえ，返却処理が終わると同時に貸出記録が抹消されるように設計するのが基本であった。コンピュータによる貸出方式でも，貸出記録は，返却処理とともに自動的に消去（解除）されるしくみとなっている。

　また，貸出サービスで用いるものの中には，利用者の資料利用の秘密に関係するものが含まれている。例えば，貸出処理の際に「返却期限票」が出力され，これが利用者に手渡されるが，貸出処理をした資料名と返却期限日が印字される。これもまた，利用者がどのような資料を利用しているかを示す情報になる。したがって，不用意に放置してはならないものの一つなのである。

　一方，コンピュータのセキュリティ性能が向上したことにより，返却後も貸出記録を一時的に保存し，それを活用した取り組みを行うことも可能になった。好例は，「読書通帳」である。これは，個人の貸出履歴のデータを印字できる冊子である。子どもの読書記録として用いるという発想が始まりと考えられているが，読書履歴を残しておきたいという利用者の要望に応じて，提供する図書館が増えている。また，図書館システム上に「マイページ」と呼ばれる利用者個人のページを設けられるようにして，そこに資料利用に関する履歴（貸出記録）を保存できるようにしたサービスも広まりつつある。ただし，こうした貸出記録の二次活用については賛否両論あり，適正なあり方をめぐる議論が続けられている。

　日本図書館協会は，図書館の個人情報の保護の観点から，1984 年に「貸出業務へのコンピュータ導入に伴う個人情報の保護に関する基準」を示し，貸出記録の取り扱いに対して注意を促してきた。貸出サービスでは，この基準を遵守すべきであるが，これに加えて，図書館における個人情報の取り扱いについての説明文書を利用者に提示することも求められる。それゆえ，上記の基準とともに，「個人情報の保護に関する法律」や各自治体で定めた個人情報保護に関する条例，「図書館の自由に関する宣言」などを参考にしながら，個人情報を尊重することに関する説明文書を作成する必要がある。利用登録の際には，この文書に基づいて，収集した個人情報の目的外利用をしないこと，すなわち，図書館サービス以外には使用しないことを説明する。

読書通帳

マイページ

貸出業務へのコンピュータ導入に伴う個人情報の保護に関する基準

個人情報の保護に関する法律
図書館の自由に関する宣言

歴史的な貸出方式

　貸出方式は，現在普及しているコンピュータ式以前に，手作業によるさまざまなやり方が存在した。ここでは，代表的なものを紹介する。

記帳式
　貸出日・返却予定日，借り出した人，借り出した資料のタイトルを，ノートに順番に置いておくだけの方法である。返却時には，該当する行に取消線を引いたり，返却日を記入したり，なんらかの印を付けたりする。図書館職員の不在時にも，利用者自身が記入して借り出せるため，小規模図書館で採用されることが多かった。

ニューアーク式
　20世紀初頭，アメリカ合衆国のニューアーク市立図書館で考案されたと言われる。資料にブックポケットとデートスリップ（口限票）を貼り，ブックポケットの中にブックカードを入れる。ブックカードとブックポケットには，資料タイトルの登録番号を記入しておく。貸出作業としては，利用者が借り出したい資料からブックカードを抜き，利用者の所持する貸出証（図書館利用カード）の番号あるいは利用者名を書き入れ，デートスリップに返却期限日を記入する。資料と貸出証を利用者に渡し，ブックカードを返却期限日ごとに，資料の登録番号順に並べ，保管箱に入れれば終了である。返却時には，ブックカードを探し出し，資料に戻せば貸出記録が抹消されたことになる。貸出中の資料の代用物としてのブックカードを考案したことにより，貸出記録を資料の順番（請求記号順，タイトル順など）で編成でき，貸出記録を容易に探せるようになった。一方，貸出記録がブックカードに残るという欠点を有している。

トークン式
　短時間で多くの貸出処理をすることを優先した方式である。貸出記録の要件の一部欠いても，数をこなすことを優先している。純粋なトークン方式では，利用登録時に，借出用のトークン（代用貨幣）と呼ばれる券を貸出限度冊数分，利用者に渡し，その券と引き換えに資料を貸し出す。返却時には，資料と引き換えにトークンを返す。こうすることによって，返却時に貸出記録を探す必要がなくなり，貸出時にも貸出記録を並べて保管する必要がなくなる。しかし，この方式は，何を貸しているかはおろか，誰に貸しているかもわからない。不正利用がないことを前提としているが，利用者間でトークンを融通し合ったりするおそれもある。

フォトチャージング式
　貸出証と資料のブックポケットに収められたブックカードを写真撮影し，貸出記

録とする方式である。撮影に際しては，ブックカードに記入した返却日と登録番号が写るようにする。返却の際は，資料から処理カードを抜けば終了である。ただし，返却の処理をしただけでは，貸出記録の解除（抹消）できないことが欠点となる。

ブラウン式

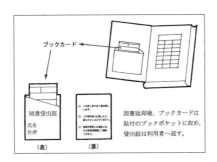

　日本において，広く普及した方式である。19世紀末，アメリカの図書館職員，ブラウン（Nina E. Browne）によって考案された。資料にブックポケットとデートスリップを貼り，ブックポケットにブックカードを入れれば準備完了である。ブックポケットとブックカードには，資料のタイトルと登録番号を記入しておく。一方，利用者には，登録時に貸出証を貸出上限冊数と同じ数を渡す。貸出証は袋状になっており，利用者の住所や氏名等を記入しておく。貸出時には，資料からブックカードを抜き，袋状の貸出証に1枚ずつ挟み込み，デートスリップに返却期限の日付を記す。ブックカードを挟み込んだ貸出証は返却期限日ごとに，資料の登録番号順に並べておく。返却時には，返却期限日と登録番号からブックカードが挟み込まれた貸出証を探し，ブックカードを抜いてブックポケットへ収めて資料を書架に戻す。貸出証は，利用者に返却する。利用者の資料利用に関するプライバシーが守られるのが最大の特徴であり，また，予約の処理もしやすい。

　一方，ブラウン式には，返却時に貸出記録を解除し，利用者に貸出証を返さなければならない。したがって，ブックポストの活用に制約が生じる。また，貸出限度冊数を増やすためには，貸出証の数も増やさなくてはならないという難点もあった。そこで，問題点を改良しようとして，いくつかのバリエーションが考案された。

　まず，ブラウン式のブックカードを袋状にし，貸出証をカード状にした「逆ブラウン式」がある。基本的にはブラウン式と同じやり方となるため，作業のしやすさにはつながるが，それ以外の問題点は改善しにくい。「回数券式」は，逆ブラウン式の貸出証を使い捨てのチケット（回数券）にしたものである。ブラウン式の欠点の一つである，返却時に貸出証を利用者に返さなければならない点が解消できる。さらに，「一括ブラウン式」は，貸出記録を返却された冊数分だけ探すことを減らそうとした方式である。登録時に，袋状の貸出証を1枚だけ利用者に渡し，借り出す資料のブックカードをひとまとめにして貸出証に挟み込めばよい。ただし，利用者が借りている資料を一度にまとめて返却しないこともあるため，貸出証を図書館で一時預かるなどの手間が発生する。

UNIT
21

●貸出サービス

返却・督促の手続

●……返却の方法

　貸出サービスにおいて資料を返却する際は，その資料を借り出した図書館に返却することが基本となる。しかし，一つの地方自治体内に複数の図書館が存在している場合，中央館（本館）で借り出した資料を地域館（分館）で返却するなど，借り出した図書館以外の館に返却しても処理できるようになっている。これは，図書館情報ネットワークシステムの確立とコンピュータによる貸出方式の普及によって，同一地方自治体内の図書館で，貸出記録が共有されているからである。

ブックポスト　　　また，返却は，図書館内のカウンターで行うことになるが，開館時間内に来館することが難しい利用者のために，図書館の入口付近にブックポストを設置し，いつでも資料の返却ができるようになっている。ブックポストには，図書館の建物の壁面に返却口が取り付けられているタイプと，図書館の建物の外部に大型の郵便ポストのようなボックスを置くタイプがある。後者は，図書館の入口付近だけでなく，駅やショッピングセンターなど，利用者が訪れやすい場所に設置される例もある。資料の投入に伴う破損や収容量の限界など，ブックポストには，いくつかの機能的な問題も指摘されているが，利用者の利便性からすると存在意義は大きい。

　なお，音楽CDやDVDなどの視聴覚資料は，収容ケースの取り扱いに注意を要する。そのため，ブックポストではなく，開館時間内にカウンターで返却することを義務付けている図書館も少なくない。

●……返却処理

　資料の返却処理は，以下の作業からなる。

　　（1）　返却資料の確認と点検
　　（2）　貸出記録の消去（解除）
返架　　　（3）　書架への返架

　（1）は，返却された資料が自館の資料かどうかを確認する作業である。ほかの図書館の資料や利用者自身が所有する資料などが誤って返されることもあり得るから

である。また，資料に破損や汚損がないかどうか，切り取りや書き込みなどがない 破損
破損
切り取り
書き込み
かどうか，返却時に点検する。特に音楽CDやDVDなどは，収容ケースに本体が
収められていなかったり，異なるケースに入れ違って収められていたりすることが
少なくないため，注意を要する。利用者とのトラブルを避けるためにも，返却時に
利用者の目の前で点検することが推奨されている。

　(2)は，貸出処理において作成された貸出記録を，確実に消去する作業を指す。
すなわち，資料を借り出した利用者のデータと返却された資料のデータとの結び付
きを解除する。また，このときに，返却された資料に対する予約の有無を確認する。
予約が入っている場合は資料を取り置き，予約した利用者への連絡の準備を行う。

　(3)は，返却された資料を書架に排架する作業であり，借り出される前の状態に
戻すことを意味する。返架は，返却される資料数が多ければ，かなりの作業量にな
る。しかし，利用者がブラウジングして資料を探せるようにするために，適切かつ
迅速に行う必要があり，閲覧サービスの一環ともなる重要な活動である。

●⋯⋯⋯**返架の課題**

　図書館の資料は，常に所定の位置に排架された状態になければならない。言い方
を換えれば，請求記号の順に，正しい位置に排列させる必要がある。これがおろそ
かになると，OPACで表示される所在場所と実際の排架場所とに食い違いが生じ，
OPACの検索機能が損なわれてしまう。所蔵冊数が多い主題では，同じ分類記号の
資料が数段・数連にわたることがある。数字を用いている分類記号を例にすると，
最後の一桁が「3」の資料を「4」の位置に排架しただけで，排架場所が何段も先に
なったり，異なる連の書架になったりする。こうしたことが，資料をすばやく探し
出せない原因になりかねないのである。

　書架を探したが見つからないということでリクエストの対象になった資料が，実
は別の場所にまちがって排架されていたということもある。資料を貸し出した記録
がなければ，なんらかの事情で紛失（亡失）したと判断することになり，新規購入
の手配をしたり，ほかの図書館から借り受けて提供したりするなどの措置を講じる
ことになる。したがって，閲覧サービスの成果という問題だけではなく，図書館職
員の労力や経費の無駄につながりかねないのである。

　こうした点をふまえると，返架作業は，排列の乱れや誤排架を修正・整備する書
架整理作業とともに，図書館職員が行う日常業務の基本と言えよう。OPACを利用
して資料を探すことが多い図書館では，貸し出された資料だけではなく，館内で利
用された資料も利用者自身に書架に戻してもらわずに，特定の場所に置くよう指示
し，図書館職員が返架するようにしているところもある。資料の書架上の排列を整
えることは，OPACと連動した管理システムの一部と考えるべきなのである。

また,「本日返却された資料」といったスペースを設けて,返却当日は書架に戻さず,その場所に置いている図書館もある。これは,ほかの利用者が借り出した資料に目を向けてもらうためであると同時に,そのスペースから借り出されれば,返架の冊数をその分減らすことにもなるからである。

●⋯⋯⋯督促と未返却資料の処理

督促

返却期限が過ぎたのに返却されない資料に対しては,督促しなければならない。督促の連絡手段は,その利用者に確実に届くものが望ましいが,かつては労力や経費との関係で,特定の手段に限定せざるを得ない場合が多かった。今日では,電話,電子メール,ファクス,郵便など,さまざまな選択肢がある。それゆえ,登録処理の際に確実に連絡できる方法を指定してもらい,利用者の状況に応じて督促する。なお,督促を行なったときは,その日時と結果に関する記録を必ず残し,追跡処理ができるようにしておく。

借り出されている資料のタイトルは,個人情報に相当するため,利用者本人以外には明かさないようにしなければならない。例えば,電話で督促したときに,家族や同僚に伝言してもらう場合には,延滞が生じていることのみ知らせるなど,細心の注意を払う必要がある。郵便はがきで連絡する場合は,延滞した資料の登録番号だけを示し,タイトルや資料の内容が,第三者にわからないように配慮する。

督促した結果,利用者が資料を紛失したことが判明した場合は,ただちに「紛失届(事故届)」を提出してもらい,一定の猶予期間を設けて,その間に探してもらうようにする。それでも見つからないときは,同じ資料を購入して弁償してもらうことが原則となる。刊行から時間が経ち,同じ資料が入手できないときは,紛失したものに代わる資料を収めてもらうよう図書館が指定することも行われる。この場合,刊行から一定期間を経た資料は減価していると見るのが妥当であることから,減価した額相当の資料を指定することになる。また,現金による弁償を行う場合は,会計処理を行い,領収書を発行する。

紛失届

除籍処理

自然災害や火災によって紛失した場合は,弁償を求めずに,「紛失届」を出してもらい,除籍処理を行うこともある。盗難による紛失は,当人の不注意でもあるので,購入などの対応を求める。汚損・破損の場合は,原形をとどめていて補修できるものは問題がないが,そうでないときは,関係部署で協議の上,弁償の対象にするかどうか判断する。

●⋯⋯⋯返却期限の延長と更新

図書館の資料は,定められた貸出期間内に返却することが原則となる。しかし,

返却期限

返却期限までに返却できない場合,利用者の申し出により,貸出期間の延長,すな

わち，更新処理を行う。更新処理は，1回のみとする図書館が多い。資料を書架で
ブラウジングできる状態にすることを重視するならば，更新によって長期間貸し出
していることは望ましくないからである。延長する期間は，申し出た日を起点にし
た貸出期間としたり，もともとの返却期限日に新たな貸出期間を加えた日までとし
たりするのが一般的である。

　利用者が貸出期間の延長を希望する理由は，大きく二つとなる。一つは，資料の
利用は終わっているが，なんらかの事情で図書館に返しに行けないときである。こ
れは，ペナルティを課されるのを避けたいという意識も関係する。もう一つは，図
書館へは返しに行けるものの，資料の利用が終わっていないので利用を続けたい場
合である。公共図書館では前者が多く，学校図書館や大学図書館では後者が多いと
考えられている。現実にはこの二つを区別せず，どちらも延長あるいは更新と呼ば
れているが，意味するところは大きく異なるため，対応を変えるべきであるという
考え方も成り立つ。

　すなわち，前者に対して，機械的に延長を認めれば済むのであろうか。図書館に
来ることができない事情はさまざまである。返却期限日の数日後であれば来館でき
る場合もあるし，病気や事故で入院中であれば1か月近くも来館が難しいこともあ
る。一律に2週間あるいは3週間といった延長を行うだけでは，問題の解決につな
がらないことすら考えられるのである。したがって，前者による延長の申し出に対
しては，差し障りのない範囲で事情を確認し，その状況に応じた期限を個別に設定
することが望ましい。また，当初の返却期限を過ぎてからの申し出に対しても，期
限内でなければ延長を認めないといった杓子定規の対応をすべきではないし，事情
を考慮せずに1回しか延長を認めないのも，利用者への配慮に欠けたものとなる。

　後者は，実質上はもう一度手続を行うことを意味する。利用者にしてみれば，一
度返却して再び同じ資料を借り出すのと等しい。ただし，図書館に資料を持参しな
くてもよいことがこのサービスの趣旨となる。もちろん，貸出方式あるいは図書館
の方針によっては，更新処理は来館した上で行うことを原則としている場合もある。
いずれにしても，新しい貸出期間が設定されることになるため，返却期限の延長で
はなく，貸出手続の更新と呼ぶ方が適切である。

　更新処理では，同じ資料を繰り返し更新することを認めるかどうか，という問題
がある。また，利便性を向上させるために，図書館のウェブページ上で，利用者が
図書館外から直接更新や延長ができるようにしている場合もあるが，書架に資料が
戻されない期間が長くなることにつながるため，同様の問題が生じる。予約が入ら
ない限り認める考え方もあるが，多くの利用者が書架でブラウジングして資料を選
ぶことから，延長や更新を無制限に許容することは望ましくないと考えられる。

●貸出サービス

リクエストサービス

●⋯⋯⋯リクエストサービスの意義

　利用者の求める資料が図書館にない場合に，図書館がなんらかの方法で該当の資料を手配し，後日利用者に提供するサービスのことを，リクエストサービス（request service, reservation service）と言う。このうち，図書館に所蔵していない資料を購入したり他館から借用したりして提供することだけを指してリクエストサービスと呼び，所蔵しているが貸出中である資料が返却されたら優先して貸し出すことを予約サービスと呼んで区別することもある。このUNITでは，両者を併せて「リクエストリービス」と扱い，解説する。

　リクエストサービスは，貸出サービスの効果的な運用を支えるしくみの一つであり，求められた資料を必ず提供するという点で，図書館の存在意義を示す重要な活動である。世の中に存在する資料の数は膨大であり，図書館の書架に並んでいるのは，そのうちのごくわずかに過ぎない。図書館による資料提供は，「表現の自由」と表裏一体をなす「知る権利」に基づいて行われる。したがって，日本では，日本国憲法で定められている基本的人権の一部となるものであり，すべての国民はいつでも，必要とする資料を入手して利用する権利があると考えられている。この権利を社会的に保障する機構の一つが図書館であり，リクエストサービスは，権利保障のために不可欠な活動とみなすことができる。

　図書館で所蔵していない資料を要求されることは，自館の蔵書や選書のあり方を見直すきっかけにもなる。また，リクエストに誠実に対応することによってコレクションに独自性が増し，日本の図書館全体で見れば，コレクションの多様性が広がることにもつながる。利用者にとっては，リクエストによって資料を提供してもらえるという意味で，図書館サービスの価値を認識することにつながり，図書館をもっと利用しようという動機付けにもなる。リクエストに応えてもらったことがきっかけで，日常的に図書館の利用をするようになったという人も多く，社会人の図書館利用を増加させたサービスと考えられている。

●⋯⋯⋯リクエストサービスの実際

　前述したように，リクエストと予約を区別することができる。しかし，利用者の

リクエストサービス

予約サービス

表現の自由

知る権利

認識としては，求める資料が図書館にないという点で共通しているため，両者を区別して申請を受け付けることは実際的ではない。来館した利用者からのリクエストの場合，専用カード（リクエストカード，予約カード）に記入してもらう。電子メール，電話，ファクスでの申し出の場合は，図書館職員がそのカードに転記して受け付ける。受け付けた後は，最初に当該資料の所蔵の有無と貸出状態を確認する。この確認をふまえて，資料を所蔵していなければ，リクエストとして処理し，所蔵しているが貸出中であるならば，予約として処理することになる。

　このように，リクエストサービスでは，利用者が必要とする資料を，できるだけ速やかに確実に提供することを優先し，リクエストと予約をあえて区別しないで実務を行うことが多い。求められた資料がその場にない場合，それを入手する手段が「予約」（返却待ち），「購入」，「他館からの借用」のいずれであってもかまわないという考え方に基づいているのである。

　リクエストされた資料を購入するかどうかは，資料収集方針に照らして決めることが原則となる。収集すると判断した資料は，すぐに購入手続を行う。一般図書は取次会社が提供するデータベースを検索すれば在庫状況がわかり，入手できる時期の見通しも立てやすい。新刊書だけでなく古書も収集する図書館ならば，古書店のデータベースも検索し，発注することになる。

　一方，絶版や品切れなどの理由で購入できない場合や，自館の蔵書には適さないと判断した資料の場合は，他館から借用して提供する。資料の価格や入手までに要する時間の長さ，その後予想される利用頻度なども考慮し，購入するか他館から借用するかを判断するのである。また，利用者が資料の入手をどの程度急いでいるか，ほかの図書館との相互協力体制がどのくらい整備されているかも視野に入れることになる。 絶版
品切れ

　さらに，特定の資料に予約が集中していて，求めている利用者に資料が提供されるまで数か月もかかると考えられる場合には，同じ資料を購入すること，すなわち，複本を購入して提供することもある。利用が多く見込まれる資料に対して，積極的に複本を用意している図書館もあれば，予約が特定の件数に達した際に1冊購入するといったやり方で，複本を増やしていく図書館もある。このように，複本購入に対する判断は，図書館で策定されている方針によるところとなる。 複本

●⋯⋯⋯リクエストサービスの課題

　図書館のリクエストサービスにおいては，予約に大きな変化が見られるようになっている。背景にあるのはコンピュータシステムの普及である。すなわち，ウェブページ上に公開されたOPACにおいて，利用者が予約をかけられるシステムが一般的になった。こうした利便性の向上に伴い，従前と比べて予約の件数が大幅に

増えたのである。また，自宅や外出先など，図書館外からも予約がかけられるようになったことから，従来は貸出中で図書館の書架にないものに対してだけであった予約が，図書館内に所在していて貸出できる状態の資料に対しても，予約の設定ができるようになった。これは新しい形態の予約であり，「在架予約」と呼ばれるものである。在架予約は，来館時に利用できるよう取り置いてもらい，あらかじめ資料を占有できるようにするという性質を持つ。従来の予約が，貸出中の資料の利用に対する順番を確保するという性質を有しているのと大きく異なるものとなる。

在架予約

総合目録　都道府県単位で，公立図書館の総合目録に相当するものがウェブページ上に公開され，県内の図書館のOPACを横断検索できるようになった。また，全国の図書館の蔵書を一括で検索できるサービスも存在する。こうした図書館ネットワークの形成により，利用する側にとっても，図書館がいっそう身近なものとなり，格段に利用しやすくなっている。個人の読書生活のための図書の入手先として，書店での購入以外に，図書館のリクエストサービスを利用する利用者が増えたことにもつながっている。

　しかし，こうした変化によって，ベストセラーなど特定の資料への予約が過度に集中しやすくなったのも事実である。これは，リクエストサービスを充実させれば当然起こり得る現象であるが，これまでのところ，対応策を図書館が十分に示せないでいるのが実情である。限られた予算の中で，同一資料の複本を多数購入することに抵抗感を抱く図書館が，ウェブページ上での予約に慣れ，待つことに対する耐性を失う傾向にある利用者に対して，どのように対応していけばよいのかが，今後の大きな課題となっている。

　一方，未所蔵の資料は基本的に購入して提供するが，絶版や品切れ，あるいは高価であるため購入できない資料や，利用頻度が低いと判断されたり，購入が望ましくないと考えられたりした資料については，他館から借りて提供することになる。この方法は，購入優先の立場を基本にしているものであり，リクエストサービスに積極的に取り組んでいる図書館がよりどころにしているものである。しかし，現実には，この立場が常に貫かれているとは限らない。むしろ，購入と借用が逆転する状況，すなわち，基本的には借用を優先し，借用できない資料は購入するという状況も垣間見える。

　こうした事態が生じたのは，出版点数の増加と予算削減の中で，利用者の要求が個別の図書館の供給の限界を越える状況に至ったことが大きな原因として挙げられる。リクエストサービスを支えるのは，まずは十分な予算の確保であることは疑いようがない。利用者が求める資料の購入には，高い優先順位で予算を振り向ける必要があるが，それ自体が困難になりつつあるのである。

　また，これに加えて，リクエストされる資料が，市場で入手可能なものばかりと

は必ずしもならず，むしろ市場ではすでに入手できない資料が多くなっていることも影響している。このことは，図書館の役割に対する社会的な期待が変化してきた兆候とも考えられる，そうした点で，リクエストサービスは，図書館の存在価値を左右する活動と認識することができる。入手困難な資料を図書館が提供するためには，図書館間のネットワークに頼るしかない。したがって，図書館間の有効なネットワークの構築は，リクエストサービスを支えるもう一つの重要な課題であると言えよう。

予約図書を受け取る（おおぶ文化交流の杜図書館）

●資料提供サービスの展開

図書館間相互貸借

●‥‥‥‥図書館間における貸借

図書館間相互貸借　　図書館間相互貸借（Inter Library Loan：ILL）とは，利用者が希望する資料が図書館にない場合，その求めに応じて，ほかの図書館から現物を借り受けたり，複写物を取り寄せたりすることによって提供するサービスのことである。

多くの図書館では，自館にない資料を利用者が求めた場合，購入するか，所蔵館を調べてそこから借りて提供する。同様に，他館から求められたときには，自館の資料を貸し出す。図書館は，利用者が必要とするあらゆる資料の提供を実現するために，常にほかの図書館と資料の貸借を行なっている。これは，それぞれの図書館の所蔵資料が，相互に提供できるよう保証することによって成り立つ。都道府県立図書館と市区町村立図書館，各図書館と学校図書館あるいは大学図書館のように，設置者や館種の異なる図書館同士が連携することで，多様な資料を利用者に提供できる可能性が高まるのである。

図書館法では，図書館が実施に努めなければならない事項として，「他の図書館，国立国会図書館，地方公共団体の議会に附置する図書室及び学校に附属する図書館又は図書室と緊密に連絡し，協力し，図書館資料の相互貸借を行うこと」（第3条第4号）と規定されている。また，この規定を受けて，都道府県の教育委員会は，市区町村の教育委員会に対し「総合目録の作製，貸出文庫の巡回，図書館資料の相互貸借等に関して協力を求めることができる」（第8条）ことになっている。

さらに，こうした図書館法の規定と符丁を合わせるように，国立国会図書館法においても，「国立国会図書館の図書館奉仕は，直接に又は公立その他の図書館を経由して（中略）日本国民がこれを最大限に享受することができるようにしなければならない」（第21条）と定められている。すなわち，図書館間の相互貸借は，国立国会図書館から学校図書館までを含む，法的に認められた図書館相互の協力関係であることがわかる。

図書館間相互貸借は，図書館協力の一つであるが，その重要さゆえにほかの協力関係とは別に説明されることが多い。また一方で，行政区域を接する複数の地方自治体間では，住民相互の図書館利用を保証する制度全体の中で，図書館間相互貸借とそれ以外の方法を，有機的に関連付けて体制を整えることがある。UNIT 23 で

●⋯⋯⋯利用規則の明文化

図書館間相互貸借を円滑に進めるには，以下の条件を整えることが必要である。

   (1)   資料を利用する際の規則を明文化すること

   (2)   貸借ならびに費用負担の方法を決定すること

   (3)   相互貸借に関する協定を結ぶこと

   (4)   所蔵情報を公開し，個別資料の利用可能性を明らかにすること

   (5)   希少タイトルの保存と遡及データ整備に関する明確な方針を立てること

実際には，最初からこれらの条件すべてを満たした上で実施することはまれである。(1)と(2)が確認できた段階で貸借業務を実施し始め，相互に利用の機運が高まったところで(3)の協定を結ぶ場合も少なくない。また，(4)の前半部分の所蔵情報の公開は必須であるが，後半部分や(5)については，必要条件というよりも，取り組みの課題として模索が続けられている内容とも言える。

『公立図書館における協力貸出・相互貸借と他機関との連携に関する報告書』（全国公共図書館協議会，2012年，以下『報告書』と記す）によれば，都道府県内（以下，県内と記す）の相互貸借については，8割以上の図書館が明文化された規則等に基づいて実施している。その中で，都道府県立図書館（以下，県立図書館と記す）の45.7％，市区町村立図書館の61.2％が借用依頼する資料の範囲を制限している。また，市区町村立図書館の72.1％が貸出資料の範囲に制約を加えている。このことは，借用先が特定の館に集中したり，本来自館で収集すべき資料を他館から借りたり，県内で収集すべき資料を他県から借りたりするような動きを抑制するために，各図書館が配慮した結果である。このように，図書館間相互貸借を円滑に進めるためには，一定のルールが必要である。

●⋯⋯⋯貸借の方法と費用負担

貸借の方法としては，「連絡協力車（協力車）」，簡易書留や書留小包，宅配などの活用がある。県立図書館が県内の市区町村立図書館や公民館図書室等に貸し出す場合，従来は県立図書館が運行する連絡協力車便によるのが通例であったが，現在では宅配便の利用も進んでいる。前述の『報告書』は2012年時点での数値であるが，県立図書館からの貸借資料における宅配便の利用は，すでに35.9％に及んでいる。　　　　　　　　　　　　　　　　　　　　　　　　　　　　　　　　連絡協力車

費用負担については，貸出館と借受館の関係や貸借の冊（点）数によって異なると考えられるが，『報告書』によれば，県立図書館から市町村立図書館に貸し出す

場合では，県立図書館の3分の2（65.2％）が，費用の予算措置を講じて，負担している。また，市区町村立図書館間の貸借では，経費の大部分を占める送料については，借受館が負担する割合が多い。

●⋯⋯協定の締結

所蔵資料の貸借は，利用者のニーズに応じて，個別にその都度行われる作業である。しかし，ある程度恒常的に業務が発生することを見込んで，あらかじめ特定の図書館との間で協定を結び，連携体制を構築する場合がある。このような連携は，それぞれの図書館の独自性を維持しつつ，互恵的な関係を築くことが望ましい。相互貸借協定に含まれる内容は，一般的には，適用される図書館の範囲，貸出限度冊数と貸出期間，貸借方法と費用負担，亡失等にかかる責任の所在などである。

都道府県の範囲を越えた広域の相互貸借も広まって久しい。取り組みの一例としては，関東甲信越静地区の1都10県（茨城県，栃木県，群馬県，埼玉県，千葉県，東京都，神奈川県，新潟県，山梨県，長野県，静岡県）の公共図書館が組織する関東地区公共図書館協議会が，1993年に締結した「関東甲信越静地区都県立図書館間資料相互貸借協定」がある。また，1999年には，全国公共図書館協議会が，全国七つの地区協議会（北日本，関東，東海・北陸，近畿，中国，四国，九州）を越えて図書館間の相互貸借を円滑に進める目的で，「公共図書館間資料相互貸借指針」を策定している。

公共図書館間資料
相互貸借指針

●⋯⋯所蔵情報の公開

図書館間相互貸借にかかわる条件整備において，所蔵情報の提供は重要である。かつては，単独かつオフラインの蔵書目録（冊子体目録やCD-ROM目録）を作成・公開することが多かった。しかし，コンピュータシステムの発達により，現在ではオンラインによる以下の二つが，提供方法の主流となっている。

(1)　総合目録データベースへの参加

Web OPAC
(2)　Web OPACの公開

ただし，現在では，(1)よりも(2)が基本となりつつある。(2)は，ウェブページ上に所蔵データベースを公開したものである。各図書館が公開したWeb OPACを一括して検索できる横断検索も，都道府県単位で普及している。この横断検索を(1)と合わせると，すべての都道府県で，県内の各市区町村立図書館が所蔵する資料の情報を検索することが可能になっている。

●………図書館間相互貸借の現状と課題

　『報告書』によれば，日本の公共図書館全体の貸出冊数は，図書館資料費の減少にもかかわらず一貫して増加している。しかし，地域によって住民ひとりあたりの貸出冊数に大きな格差が見られる。また，県立図書館から県内の市町村立図書館への貸出冊数を見ても，全国的には増加しているものの，まだまだ少ない県もあり，人口ひとりあたりの格差が非常に大きいのが現状である。県立図書館・市区町村立図書館ともに，人口規模が大きくなるにつれて貸出冊数・借受冊数とも多くなる傾向があり，図書館サービスの偏りが確認できる。

　それぞれの図書館が，適切な資料提供サービスを行うためには，図書館間相互貸借のしくみと協力体制は不可欠である。規模が小さい図書館を設置している地域や，利用が多い図書館のある地域では，ほかの地域の図書館から，より多くの資料を借りる必要がある。図書館の資料は，すべての資料が常時利用されているわけではないため，利用されていない間は，ほかの図書館に貸し出すことができる。それぞれの地域の情報源である資料を有効活用するためにも，都道府県単位でのサービスネットワークを構築し，物流体制を整える必要がある。特に，県立図書館から市町村立図書館への協力貸出を，さらに進めることが求められる。

ニックネームは，ちえぞう君（沖縄市立図書館）

●資料提供サービスの展開

団体貸出

●⋯⋯⋯⋯**団体貸出の意義**

団体貸出とは，学校，公民館，読書会，保育園，老人ホームなど特定の団体やその活動組織に対して，ある程度まとまった分量の資料を，一定の期間，一括して貸し出し，そこで資料を利用してもらう貸出方法である。「貸出文庫」，「巡回文庫」，「施設貸出」と呼ばれることもある。

団体貸出は，誰もが受けることができる個人貸出等の資料提供サービスを，なんらかの理由で受けられない人々に対する「補完的」で「やむを得ざる」サービスであると言われていたことも，かつてはあった。1963 年に発表された『中小都市における公共図書館の運営』（日本図書館協会）においても，団体貸出（貸出文庫）の目的は，「来館できない空間的，時間的な制約を排して，図書館側から進んでその資料を提供して，地域内の未利用者を開拓し，図書館を地域住民のモノとすること」と説明されている。地域館（分館）や移動図書館などを整備し，利用者がどこに住んでいようとも，同じサービスを受けられるようにするのが図書館設置者の責務であると考えるならば，団体貸出に大きな意義があるとはみなしにくい。団体貸出は，提供される資料の絶対数が少ない，読書の秘密が守られにくい，レファレンスサービスほかのサービスにつながりにくいといった欠点もある。したがって，図書館サービスが提供されていない「空白地域」への暫定的なサービスであるとの理解にとどまっていた理由もうなずける。

市区町村立図書館の発展によって，個人が貸出サービスを受けられない地域は，少なくとも都市部に関する限りは解消しつつある。それゆえ，団体貸出の必要性が低くなったこともまちがいない。しかし，対象とする団体や活動組織の性質によっては，上述の「未利用者を開拓し，図書館を地域住民のモノとする」という意義そのものは，現在でも失われていない。

「IFLA-UNESCO 公共図書館宣言 2022」では，言語的少数者や障害のある人々とともに，入院患者や受刑者に対する資料提供サービスを行うべきであると述べられている。したがって，現在でも行われている病院等への貸出に加えて，遠隔サービスや非来館型サービスの方法として団体貸出を用いる余地は十分にある。

［欄外〕
団体貸出

貸出文庫
巡回文庫
施設貸出

空白地域

IFLA-UNESCO
公共図書館宣言
2022

遠隔サービス
非来館型サービス

●⋯⋯⋯団体貸出の対象

　団体貸出の対象となる団体や活動組織は，歴史的にはつぎの三つに分けることができる。

　(1)　資料の利用を活動の本来の目的とする団体・活動組織
　(2)　距離が遠いなどの理由で，図書館利用の面で制約や障壁がある構成員のために，資料提供の仲立ちをする団体・活動組織
　(3)　図書館との地理的な距離に関係なく，資料利用の面で制約や障壁がある構成員のために，資料提供を行う団体・活動組織

　(1)は，子ども文庫，読書会などが代表的なものである。(2)には，公民館，幼稚園，保育所，児童館，学童クラブ，PTA，子ども会，職場のサークルなどがある。(3)には，病院，老人ホーム，刑務所などが含まれる。

　貸出冊数については，読書会に 10 冊程度，地域文庫などへ数百冊あるいはそれ以上といった具合にさまざまである。また，貸出期間も一律ではない。運用にあたっては，図書館として一般的な基準を設けるが，団体や活動組織と協議し，それぞれの要望を考慮して調整する。さらに，各団体や活動組織における貸出の方式については，利用カード等を使った手作業となることが多いが，利用者のプライバシーが最大限守られる方法を勧め，また，円滑に手続ができるよう援助する必要がある。

　なお，公共図書館においては，上記の三つの類型に加えて，学校図書館や学級を対象にした団体貸出も行われており，多様な実践が積み重ねられている。これは，学校教育の支援という面を有するとともに，子どもの読書環境の整備にもつながる取り組みとして位置付けられる。

●⋯⋯⋯子ども文庫活動の支援

　子どもの読書環境づくりを中心とした民間の取り組みを，「子ども文庫活動」と称している。そのうち，地域住民の有志らが行う場合を「地域文庫」，個人による活動を「家庭文庫」と呼んでいる。

子ども文庫活動
地域文庫
家庭文庫

　全国に存在する文庫の数を正確に把握するのは難しいが，読書推進運動協議会が行なっている読書グループの全国調査（『全国読書グループ総覧』）によると，1983 年には，地域文庫と家庭文庫を合わせて 4,000 を超えていた。これが，1993 年に約 2,500，2003 年には約 1,700，2018 年には 1,200 程度にまで減少している。日本の公共図書館数が 1,487 館（1983 年）から 3,296 館（2018 年）にまで倍増していることを考え合わせると，文庫の減少の背景には図書館設置があるのではないかという問題意識を持つことができる。すなわち，つぎのような流れとなる可能性があること

が指摘できる。

> 図書館未設置地域の存在
> 　　→　文庫活動の展開
> 　　　　→　図書館作り運動の進展
> 　　　　　　→　図書館の設置
> 　　　　　　　　→　文庫活動の解消

　しかし，地域に図書館が建てられても，文庫活動の意義がすぐさま減じるとは限らない。実際に，図書館サービスが活発に行われている地域で，文庫活動もまた活発に営まれている例は数多くある。図書館としては，文庫活動に対して，団体貸出による資料提供を行うだけでなく，専門的な知識や技術などに基づく支援を行い，文庫活動に携わる人々と密接な協力関係を維持していくことが望まれる。

●………**読書会への支援**

読書会

　読書会（読書グループ）も，資料の利用を本来の活動目的とする団体である。ただし，子ども文庫とは異なり，構成員が主に成人であることや，特定図書を読み合って知識・経験等を深める集団読書方式を採用している場合が多く，そこに大きな特徴がある。

　読書会の活動は，図書館法でも実施に努めるべき事項として明記されているように，古くから行われている。ただし，これまでは，一部の図書館を別にすれば，図書館サービスの中で主要な位置を占めてきたとは言いがたい。その理由は，読書会が集会活動の一つとして位置付けられてきたために，資料提供サービスとの関連が必ずしも明確ではなかったことにある。また，個人の読書行為を支援することが中心とみなされてきた図書館サービスの中にあって，集団読書の場となる読書会は，読書行為における「傍流」と見なされがちであったことも影響している。

　しかし，読書会の活動に対する支援には，その会や構成員の関心に適合する資料を継続的に提供するという重要な側面がある。同一タイトルを複数用意して貸し出すことにとどまらず，参加者の関心を喚起する活動として，主題別の図書リストを作成するなど，図書館職員が専門的知識を活かしてかかわるべき範囲は広い。

●………**学校・学級への貸出**

子どもの読書活動の推進に関する法律

　「子どもの読書活動の推進に関する法律」（平成13年法律第154号）に基づいて策定された第五次「子どもの読書活動の推進に関する基本的な計画」（2023年）においても，公共図書館から学校や学校図書館への団体貸出が実施すべき取り組みの

一つとして挙げられているが，学校図書館の蔵書の不足を補うために，6か月から1年間におよぶ長期間，100冊以上の資料を貸し出すことも行われている。また，教科学習に必要な資料を数十冊単位で貸し出したり，各学級の「学級文庫」用として100冊前後を貸し出したりする例もある。

学級文庫

　公共図書館は，幼稚園，保育所，児童館などへの貸出，児童・生徒・教員からのリクエストに応えた学校図書館との間での相互貸借に取り組んできた。これらに加えて，学校・学級への資料提供を団体貸出として行うことは，子どもの読書環境の整備のための措置になることはまちがいない。

●━━━option I

図書館における「モノ」の貸出

　貸出サービスは，図書館の資料提供サービスの基本であり，図書，雑誌，コミック，新聞，郷土資料，紙芝居，視聴覚資料などが利用者に提供されてきた。しかし最近は，このような伝統的資料だけではなく，さまざまな「モノ」が貸し出す対象となっている。例えば，紙芝居やパネルシアターを上演するための舞台，ぬいぐるみやおもちゃなど子どもの玩具，民具，複製画，ボードゲームなどである。愛知県田原市図書館のウェブページには，利用者が借りて帰ることができる複製絵画156点（2021年5月28日現在）のリストがある。また，熊本県の大津町立おおづ図書館は，カルタやボードゲームを貸し出したり，それらを使って楽しむイベントを開催したりしている。

　図書館がなぜ「モノ」を貸し出すのか。「モノ」の利用が，従来の図書館資料の利用に結び付くという効果を期待している場合もあるが，それだけではない。そもそも，レクリエーションに資することは，図書館法に定められた図書館の使命の一つであり，ゲームや楽器の貸出はこれにあたる。また，郷土資料として収集されているすごろくやカルタは，地域の伝統文化を伝えるものである。一方，新潟県三条市の図書館等複合施設「まちやま」が，市内で製造された包丁，鑿（のみ），鉋（かんな）などの道具や工具を「まちやま道具箱」として貸し出しているのは，地域産業の振興に一役買っている。島根県の海士（あま）町中央図書館による，野菜の種を貸すシードライブラリーという取り組みも同様であろう。地域のデジタルデバイド（情報格差）の解消という観点から，米国のボストン公共図書館ではWi-Fiルーターとタブレットを長期貸出しているが，日本にも，熊本県高森町のように電子書籍を読むためのタブレットを貸し出している図書館がある。いずれの「モノ」の貸出も，図書館の機能に即したサービスとして提供されていることに着目してほしい。

●資料提供サービスの展開

広域利用制度

広域利用制度

●………**広域利用制度の意義**

多くの図書館では，貸出サービスをはじめとする諸サービスを利用できる対象を，当該地方自治体の住民や，その地域内の企業や教育機関などに通勤・通学する者に限定している。これは，図書館の基本となる設置目的が，地方自治体の住民へのサービス提供となるからである。しかし，複数の地方自治体間で協定を結ぶことにより，勤務先や通学先とは別に，近接する地方自治体の図書館を，住民が利用できるようにする場合がある。こうした制度を，広域利用制度と呼ぶ。

広域利用制度は，複数の地方自治体間で，住民の図書館利用を相互に支えるしくみであると言える。提供されるサービスの内容は，施設の共同利用，図書館間相互貸借も含めた資料提供の拡充，館内サービスの均等化など，多岐にわたる。

図書館間相互貸借

広域利用は，全国的に行われるようになっているが，これには三つの理由が考えられる。第一は，人々の生活圏が拡張し，また，その利用意識が拡大したことである。交通網が発達したことに伴い社会生活も大幅に変化し，行政上の区域と日常の生活圏とは必ずしも一致しなくなった。とりわけ都市部においては，共同体意識が希薄となり，かつ，職住分離が一般的であるため，行政上の区域よりも生活圏の方が広い。したがって，日常生活において行政区域を意識することが少なくなっているのである。

さらに，住民の使いやすさを優先させた図書館の建設が全国的に進むにつれ，住民の要望も顕著となった。すなわち，ほかの地方自治体内にはあるが，地域住民の生活動線上に存在する図書館の資料をなぜ利用できないのかという疑問が，生活者の意識の中に芽生えたと言えよう。広域利用制度の実施においては，ほかの地方自治体の住民から強い要望が出されたことがきっかけの一つとなった例も報告されている（鬼丸貞彦「広域貸出への長い道のり」『図書館雑誌』Vol.85，No.10，1991，p.675-677）。

第二の理由は，図書館側の変化である。図書館間相互貸借が進む中で，図書館協力の推進に向けた積極的な機運が醸成され，今日の図書館サービスの根幹に位置付けられるようになったのである。とりわけ資料提供面での協力関係は，不可欠なものと認識されている。こうした動向が原動力となり，広域利用制度を図書館システ

ムの中に定着させるまでに至ったのである。

　第三に，図書館ばかりでなく，行政サービス全般において，国や県における広域行政推進への取り組みが進んだことが背景にある。半世紀近く前にさかのぼることになるが，1977年に策定された「第三次全国総合開発計画」では，「都市，農山漁村を一体として，山地，平野部，海の広がりを持つ」定住圏を単位として生活圏の整備を図ることが提言された。全国を200から300の定住圏で構成されるとしたこの提言においては，図書館を含む文化施設などのさまざまなサービスは，この定住圏単位で整備することが想定されている。

　このような，従来の地方自治体を越える広い範囲を対象とした住民サービスの提供手法として，地方自治体間の協議によって広域行政圏が各地で形成され，その中で，利用者が相互に乗り入れる図書館同士のネットワークの構築も着目された。これと同様に，図書館が未設置の地方自治体の住民に対しても，既存の図書館を利用できるように開放する「域外貸出」も行われるようになった。　　　　　　　　域外貸出

　その後も，「中心市の都市機能と近隣市町村の農林水産業，自然環境，歴史，文化など，それぞれの魅力を活用」して連携・協力することにより，「圏域全体で必要な生活機能を確保」しようとする「定住自立圏構想」が総務省によって進められた。そこでは，圏域内の図書館のネットワーク化や相互利用などの事業が，各地の取り組み事例として挙げられている（総務省「全国の定住自立圏構想取組状況」2020年）。

●⋯⋯⋯⋯広域利用協定

　広域利用は，法に定める手続に基づいて進め，地方自治体間で協定を結んだ上で実施されることを原則とする。この点で，図書館間相互貸借とは性質が異なる。図書館間相互貸借は，図書館法第3条第4号で実施に努めるべきことが明記されている事項であることから，その運用に際して法的な根拠が存在する。一方，広域利用協定を結ぶ際に必要な手続には，いくつかの段階を経る必要がある。

　まず，広域行政圏を形成する事務における共同処理との関係で，図書館利用が位置付けられる場合がある。これには，広域行政圏内の地方自治体の議会における議決をふまえた上で，各首長の協議が必要となる（地方自治法第290条）。また，ほ　　　　地方自治法
かの地方自治体の図書館をこちらの住民が利用する際に，ほかの地方自治体の図書館が利用制限等を行なっている場合にも，協議が必要になる（地方自治法第244条の3第2項）。ただし，利用制限等を特に設けていない場合には，協議そのものは必要ないと解されている。

　つぎに，広域利用協定が締結された後は，利用できる図書館名や利用方法，サー　　　　　広域利用協定
ビス内容など，利用全般に関係する諸事項を明記した実施要項（覚書）を取り交わ

右欄注：広域行政圏

すのが一般的である。この実施要項は，教育長あるいは図書館長の権限において取り交わすのが通例である。

●⋯⋯⋯⋯サービスの実際

　2022年度時点で，福岡市とその周辺16市町で実施されている「福岡都市圏図書館等広域利用協定」を例にすると，福岡都市圏（17市町）の住民であれば，都市圏内のすべての公立図書館が利用できる。ただし，図書その他の資料を借りるときには，市町ごとの図書館利用カードの発行を受ける必要があり，借りた資料は借りた図書館に返却することになっている。貸出図書等の種類や冊数，貸出期間等は各図書館で異なり，リクエストサービスのうち所蔵資料の予約や未所蔵資料への対応等については，ほかの地方自治体の住民に対して制限を設けている図書館もある。このことから，物流やシステム面での完全なネットワークが形成されているわけではないが，各図書館が自主性を保ちつつ，都市圏全体をサービス対象と認識して，図書館サービスを計画・提供していることがわかる。

　この協定は，1977年に福岡都市圏に対し人都市周辺地域広域行政圏の指定に伴って策定された「福岡都市圏広域行政計画」の一環として，2001年に締結されたものである。広域行政計画においては，図書館など公共施設の広域利用のほかにも，ごみの広域処理や食品ロス削減などの取り組み，防災・減災，消防，医療の分野での協働・連携強化の取り組みが，これまで行われてきた。その後，進行中の計画においても，「住民の多くが圏域内の市町へ通勤・通学し，生活圏・経済圏が一体化している状況を踏まえ，生活の利便性を向上し，スポーツやレクリエーションを楽しむ機会を数多く提供するため，図書館やスポーツ施設の広域利用を実施」すると謳われており（「福岡都市圏第6次広域行政計画」2021年），この図書館の広域利用制度が，全国的な広域行政政策の一環として進められてきたことがわかる。

●⋯⋯⋯⋯広域利用制度の課題

　広域利用制度のサービス面での課題としては，つぎのような指摘がある。

(1)　特定の図書館に利用が集中し，各館の負担のバランスが欠けた状態になる。

(2)　広域利用制度が，各地方自治体における図書館計画の未整備部分を事実上補完してしまうことにつながり，地域館・分館等の設置に対する機運を損なうことにつながる。

(3)　図書館が主体とならず行政主導による広域利用制度の場合，広域行政の枠の中だけでとらえられがちになり，生活圏に即した使いやすい広域利用になるとは限らない。

(1)は，この状態を放置すれば，(2)の結果を招くという関係が生じやすい。したがって，ほかの地方自治体の図書館へ利用が集中するのは，こちらの図書館システムになんらかの不備があると考え，利用状況を詳細に把握した上で，地域館・分館等の整備を進めるべきである。一方，生活形態がますます複雑化し，行政の取り組みがその変化に追いつきにくい状況のもとでは，広域利用制度だけで解決できるものではないのも事実である。(3)の問題に対しては，生活圏の重層化に合わせて，複数の広域利用圏を設けることも構想しなくてはならない。

　また，貸出サービスやリクエストサービスなどの基本的な図書館サービスについては，広域利用協定によって，ほかの地方自治体の住民にも提供されるようになった。しかし，地方自治体間の連携によって「圏域全体で必要な生活機能を確保する」という本来の目的からすれば，図書館間のネットワークの構築が，今後の課題であると言える。そのために取り組むべき事項としては，「コンピュータシステムの共有化」，「共通利用券（共通貸出カード）の発行」，「搬送車等の物流体制の整備」，「資料の分担収集と分担保存」などが考えられる。横断検索システムの広がりに象徴されるように，県域での資料情報の共有化が一段と進んだことにより，県域利用とは違う広域利用のあり方とはそもそもなんであるのかを，あらためて問うべき状況が生じていると言える。

　利用者がもともと求めてきたのは，ほかの地方自治体の図書館ではあるが，近くにある館の資料を自由に利用できることであった。したがって，広域での個人貸出が実現すれば，当面の目標は達成されたとも言える。その上で，今後ますます図書館間のネットワークが充実することで協力・連携が進み，物流も確保され，さらに，提供可能な資料の範囲も広がれば，これまでの共同利用の枠を越えた，新たな図書館サービスが構築できる。それゆえ，広域利用制度の拡充は，図書館の今後を大きく左右する事項の一つと言えよう。

共通利用券

分担収集
分担保存

●資料提供サービスの展開

遠隔サービス

●‥‥‥‥‥**遠隔サービスの意義**

　図書館サービスの基本形態は，来館者に対するものである。一方，来館できない，あるいは，来館することが難しい人に対しても，来館者と同様のサービスを可能な限り提供することを目指して，さまざまな取り組みがなされてきた。伸展サービス（extension service），あるいは，アウトリーチ（outreach）サービスと総称される活動が，それに相当する。また，図書館外で行う活動という意味で，「館外サービス」という呼び方のもとで展開されることもあった。

　アウトリーチサービスは，米国で始まった活動であり，1960年代以降，黒人市民権運動等の社会的背景を踏まえて発展した考え方に基づく実践活動である。『ALA図書館情報学辞典』（丸善，1988年）では，アウトリーチ計画（outreach program）について，つぎのように解説している。

　　施設に収容された人々，高齢者，あるいは図書館を利用したことのない人々等，従来，図書館サービスをまったく，または不十分にしか受けられなかったサービス対象集団の情報要求に応えるために提唱され計画された，図書館の公共サービス計画。こうした計画は，サービス対象集団に対する積極的な宣伝活動，あるいはサービスの拡大を強調したものであることが多い。

　この解説には，社会的に不利益をこうむっている人々の多くは，そのまま図書館の未利用者であるという事実が，図書館の側の責任として問題にされたことが関係している。また，米国の公共図書館全体が，「すべての人」（to all）へのサービスという目標を掲げ，サービスの空白地域をなくし，地域全体に図書館サービスを行きわたらせることに努めてきたという背景がある。

　「IFLA-UNESCO公共図書館宣言2022」では，1994年の同宣言の内容をさらに充実させ，「理由は何であれ，通常のサービスや資料の利用ができない人々，たとえば言語上の少数グループ（マイノリティ），障害者，デジタル技能やコンピュータ技能が不足している人，識字能力の低い人，あるいは入院患者や受刑者に対しては，特別なサービスと資料が提供されなければならない」と記している。また，「地

伸展サービス

アウトリーチサービス
館外サービス

サービスの空白地域

域社会のすべての人々が，サービスを実際にもまたデジタル方式でも利用できなければならない。それには適切な場所につくられ，設備の整った図書館の建物，読書および勉学のための良好な施設とともに，相応な技術の駆使と利用者に都合のよい十分な開館時間の設定が必要である。同様に図書館に来られない利用者に対するアウトリーチ・サービスも必要である」と示されている（長倉美恵子・永田治樹・日本図書館協会国際交流事業委員会訳）。日本においても，「図書館の設置及び運営上の望ましい基準」（2012年）において，市町村立図書館による「利用者に対応したサービス」に，関係する記載がある。すなわち，「図書館への来館が困難な者に対するサービス」として，「宅配サービスの実施」が挙げられている。

●‥‥‥‥‥**対象と方法**

　遠隔サービス（アウトリーチ）では，つぎの対象が考えられている。

　　(1)　遠隔地にいる利用者
　　(2)　外出が困難な利用者
　　(3)　特定のサービス対象

　(1)に対しては，図書館の未設置地域，すなわち，図書館から遠く離れた地域に住んでいる利用者に対するものであり，移動図書館による図書館サービスの提供が主流であった。日本では，自動車を用いた移動図書館（自動車図書館）が多いことから，これをブックモービル（BM）と呼んで親しまれてきた。現在では，配送システムを用いたデリバリーも登場し，その可能性が注目されている。このしくみの場合，電子メール等を用いて利用したい資料の申込を受け付け，申込者の自宅近くにあるコンビニエンスストアや受取専用ボックスなどへ配送し，そこで資料を受け取れるようにするサービスとなる。　　　　　　　　　　　　　　　　　　　移動図書館

　(2)は，外出して図書館に出向くことが困難な利用者に対するものであり，二つの場合が考えられる。一つは，身体に障害があったり，高齢であったりして，住居からの外出が難しい場合である。もう一つは，特定の施設に入所したり，収容されていたりして，その施設からの外出が困難な場合である。特定の施設には，病院・養護施設，老人ホーム・介護施設，拘置所・刑務所・少年院などがある。　　　　　　　ブックモービル

　前者の場合には，宅配サービスを活用して資料を配送したり，図書館職員が直接届けたりするのが一般的である。自宅への配送が基本となることから，「在宅配本」と呼ばれる活動となる。後者の場合には，「団体貸出」のしくみを援用した「施設配本」とすることが多い。すなわち，利用者が収容されている施設に対して資料を配本し，そこで利用してもらう方法である。また，施設の性質にもよるが，施設そ　　在宅配本

団体貸出
施設配本

のものを移動図書館の訪問先の一つにすることも行われている。

　(3)は，遠隔サービスが必要と図書館が認める特定のサービス対象（利用者集団）に対するものであり，サービス対象のいるところへ，資料をまとめて届けることになる。「団体貸出」として従来から行われているものと同様であり，近年盛んになっている学校や学級への貸出も，この形態の一つと言える。

　1960年代の米国においては，アウトリーチサービスの例として，以下のような取り組みがみられる（ホイットニー・ノース・シーモアJr.，エリザベス・N.レイン，京藤松子訳『だれのための図書館』（*For the People : Fighting for Public Libraries*，日本図書館協会，1982年）。

　「お話しの時間を告げるベルを鳴らしながら，私は路地を巡り歩き，子供たちが座れる場所に止まって，彼らに尋ねました。『図書館がどこにあるか知っている？』『これがそうでしょう』と子供たちは答えたものでした」。フロリダ州ジャクソンヴィルのウィリィ・デニスさんが1960年代にはじめてイーストサイド地区へ"図書館"を持ちだした頃，その地区は住民の大半が中学2年以下の教育しかなく，失業と貧困をかかえた赤貧地帯でした。子供たちは，新聞・雑誌・本のない家庭からきており，親と一緒に過ごす時間がほとんどないため，言語能力にすら欠けていました。この子供たちの学習の飢餓を救ったのが，デニスさんの路上お話会でした。（中略）地域の巡回（コミュニティ・ウォーク）は，都会にある分館が行っているアウトリーチ計画の中でもきわめて効果的な方法です。……私たちは，サービス区域内の八百屋，理髪店，警察署，雑貨屋，薬局，ガソリン・スタンドなど，あらゆる場所へ出かけていきます。そこで利用者である住民に，2ブロック先の図書館はあなた方のために存在し，さまざまな質問——書物，学校，宿題に関することばかりでなく，生活，人生問題，地域問題——に関しても応じてくれることを説明するのです。人々の反応は熱狂的で，即座にその場所で，公証人や時間給雇用についての質問が出るかと思うと，破損している道路は一体誰の責任なのか，社会保障保険はどのようにしてどこに申請すればよいのか，さらに図書館は住民集会に場所を提供してくれるのか，区域のビジネス団体に参加してくれるのか，次回の警察と住民の集会に出席できるのかなどを，尋ねてきます。人々は非常に簡潔明瞭な言葉で，さまざまな情報に対する要求を表現しながら，図書館にその対応を求めているのです。

非来館型サービス

●…………**非来館型サービス**

　前述したように，日本の図書館では，遠隔サービス（アウトリーチサービス）は多義的に理解されており，特定のサービスと結び付けてとらえることが多い。郵送

サービスや移動図書館といったサービスの多くは，すでに長年にわたって取り組まれてきた常設的なサービスとなっている。日本のアウトリーチサービスの多くは，障害者サービスや高齢者サービス，館外サービスなどの継続的に取り組むことを前提としたサービスの一形態となっているのである。

　遠隔サービス（アウトリーチサービス）を，来館せずに資料を受け取ることができる図書館サービスと位置付けるならば，現在行われているサービスには，旧来のアウトリーチサービスとは基本的に異なるものも含まれている。例えば，Web OPACの検索も遠隔サービスであるし，電子メールによってレファレンス質問に回答することも遠隔サービスである。こうしたサービスは，たしかに来館が困難な利用者の図書館利用を可能とするものではあるが，来館せずに資料を受け取るという，もともとのアウトリーチサービスの考え方を前提とはしていない。すなわち，利用者の利便性を向上させたサービスととらえるべきであり，来館に伴う困難の克服を目指したものとは異質である。あるいは，遠隔地からの図書館利用（遠隔利用，リモートアクセス）が進んだと考えるべきである。

遠隔利用
リモートアクセス

●……… 出張サービス

　特定の対象に対するアウトリーチサービスとしては，児童サービスの一環として，図書館職員が地域の学校や施設などに出向いて，読み聞かせ等の読書活動を行う事業や，図書館以外の場所で開催する公開講座や集会活動が実施されている。注目される事例は，他機関や団体主催の研修会等の集会に対し，図書館の資料を提供したり，職員を派遣して協力したりする取り組みである。

　鳥取県立図書館では，ビジネス利用支援サービスの一環として，商工会議所主催の起業セミナー会場に，図書館の資料だけではなく，ノートPCや複写機なども持ち込み，その場でレファレンスブックならびに関係資料の閲覧と貸出，データベースの検索，資料の複写といった図書館サービスが受けられるようにした「出前図書館」を行なっている（『令和3年度　鳥取県立図書館のすがた』2021年）。この事例は，十分に図書館を利用してこなかった人々に対し，「図書館を持ち出す」ことによって図書館サービスを提供するという，アウトリーチサービスの考え方に類した実践と言える。

　新たに開始された遠隔サービスは，実験的，試行的に行われているものも見られるが，それが利用者に受け入れられ，予算や人員の確保ができて恒常化すれば，通常のサービスとなる。図書館サービスは，図書館の中だけではなく，サービス対象が住む地域のどこでも受けられるようにすることを目指すべきである。そのためには，図書館職員は潜在的な利用ニーズを探り出し，積極的にサービスを「外へ持ち出す」（reach out）必要がある。

情報提供サービスの意義

●⋯⋯⋯資料と情報

　「情報」（information）という言葉は，きわめて多義的であり，使用される文脈によってその意味合いも異なる。「新しい知らせ」の意味で用いられることもあれば，「データ」や「知識」の同義語とされることもある。また，「情報」と表示すると，暗黙のうちに，コンピュータで処理するものと受けとめる者も少なくない。

　しかし，「電子情報」，あるいは「デジタル情報」といった用語が示すように，コンピュータで処理される情報は，情報の形態の一部に過ぎない。言い方を換えれば，デジタルではなく，アナログ形態のメディアによって伝達される「情報」も存在するのである。「文字情報」，「画像情報」，「音声情報」といった形態の情報は，古くから，図書や雑誌といった印刷メディア，写真やフィルムといった映像メディア，レコードディスクやカセットテープといった音声メディアにおいても扱われてきた。電子メディア（デジタルメディア）の時代になってはじめて「情報」が登場してきたのでは決してない。

印刷メディア
映像メディア
音声メディア

電子メディア

　図書館は，各種の資料を収集し，組織し，保存し，提供する機能を有している。それゆえ，表面的には，「もの」として生産されたメディアを取り扱っているように見える。しかし，それぞれのメディアには，「内容」となる「情報」が，必ず収められている。例えば，きちんと製本されていたとしても，すべてのページが白紙となっている，何も印刷されていない紙を綴じ合わせただけのものは，図書館で扱う資料としての「図書」ではない。録音あるいは録画が何もされていないカセットテープやビデオテープもまた同様である。

　すなわち，図書館で扱う資料とは，文字であれ，画像であれ，音声であれ，そこになんらかの「情報」が「記録」されているものを指すことになる。さらに言い方を換えれば，図書館で扱う「情報」は，基本的には，「記録情報」（recorded information）と位置付けることになる。

記録情報

●⋯⋯⋯図書館の情報サービス

　利用者の図書館利用に関する説明の中で，やや抽象的ながら，「図書利用」あるいは「雑誌利用」といった言い回しを耳にすることがある。それでは，こうした言

い回しに含まれる「利用」とは，いったいどのような行為を指すのであろうか。例えば，利用者が図書を借り出していくことは，この「図書利用」に含まれると考えられるが，利用者は図書を借り出して，どうするのであろうか。自宅に持ち帰って，並べて楽しんでいるのかもしれない。ただ積んでおいて，返却期限が来たら返す者もいるかもしれない。しかし，そうした行為は，図書を借り出した際の本来の意図とは考えにくい。すなわち，当然のことではあるが，その図書の内容を通読したり，参照したりするのである。つまり，「読書」を行う。

通読
参照

したがって，図書館の利用者が「利用」する対象は，図書というメディアそのものというよりも，そのメディアによって伝達される内容，すなわち，情報と言うことができる。このことは，読み通すことが常に前提となり，そのストーリーを楽しむ文学作品のような場合には考えにくいかもしれないが，教養書や専門書のように，特定の知識を入手したり，著者の主張を受けとめたりすることが，読書の目的となるような場合には，明確にあてはまる。

このように，利用の対象が情報であるというとらえ方から，図書館においては，資料そのものを提供するとともに，資料に記録されている情報を，利用者が効率よく入手できるよう支援するサービスを展開している。すなわち，情報サービスを提供しているのである。

ここで注意したいのは，提供する情報の範囲である。すなわち，図書館では，ありとあらゆる情報の入手を支援するのでは決してない。基本となるのは，資料に記録されている情報である。もちろん，資料に記録されていない情報にアクセスするための支援を行うこともあるが，それは，派生的に行われるに過ぎない。記録情報の提供が，常に目指されているのである。言い方を換えれば，記録されているということは，資料が情報にとっての「典拠」あるいは「出典」となるのであり，図書館では，「典拠」が得られる「情報」の入手を支援していることになる。

典拠
出典

観点を変えると，「典拠」があるということは，情報が得られた「源（ソース）」を，後々，誰もが同じように，少なくとも資料が存在する限り，何度でもその情報をそこで確認できることを意味する。この「確認」という行為は，図書館においては，資料の「参照」（reference）という用語で表される。したがって，繰り返し参照できること，すなわち，「再参照」が可能であることが，「典拠」の意義ということになる。

また，この参照を意味する英語のカナ書きを冠して，情報の入手を支援することに関係する図書館サービスのことを，「レファレンスサービス」と呼んでいる。「レファレンスサービス」とは，図書館で行われている情報サービスの呼び名ということになる。

レファレンスサー
ビス

●⋯⋯⋯レファレンスサービスの構造

直接サービス
間接サービス

　図書館の情報サービス，すなわち，レファレンスサービスは，直接サービスと間接サービスとからなる。前者は，利用者に対して，図書館職員が直接対応して，情報の入手を支援する活動である。後者は，あらかじめ情報の入手が容易に，かつ効果的になるように，図書館のコレクションを整備し，また利用の環境を整えておく活動に相当する。

　直接サービスは，利用者からの情報の入手に関係する相談や問い合わせに，図書

読書案内

館職員が対応する活動になる。この対応は，UNIT 28 で説明する読書案内と重なるが，相談や問い合わせは「質問」形式に整理することが可能であることから，こ

レファレンス質問

れを「レファレンス質問」（reference question）と呼ぶ。したがって，直接サービ

質問回答サービス

スの中心となるのは，レファレンス質問に対応するという意味から，「質問回答サービス」と位置付けることができる。ここで注意したいのは，図書館職員は質問に対して応じるのが基本であり，質問の答えになるものが見つからない場合には，質問を解決するための対応を行う。それゆえ，答えを提供するという意味での「解答」ではなく，質問に応じていく意味での「回答」を行うのである。

　間接サービスでは，利用者自身が情報を探し出して入手するので，その行為を支援するためのしくみを整えたり，さまざまな配慮をあらかじめ行なったりしておく

レファレンス情報
源
レファレンスコレ
クション
レファレンスブッ
ク
データベース

ことになる。とりわけ，「レファレンス情報源」（reference resources）の整備が重要となる。「レファレンス情報源」の整備は，図書を中心とした時代には，「レファレンスコレクション」の構築に相当し，中核となるのは「レファレンスブック」の収集であった。しかし，今日では，各種のデータベースの利用契約やネットワーク情報源の利用環境を整備することをも含めて，「レファレンス情報源」の形成ととらえている。すなわち，こうした「レファレンス情報源」を十分に用意することに

情報探索行動

よって，利用者の情報探索行動を支援するのが，間接サービスである。

●──── option J

排架と配架

　授業や研修会で「排架」と記した資料を配付すると、「『配架』ではないのですか？」という質問を頂戴することがある。「排列」と「配列」についても同様である。たしかに、「配架」や「配列」の方が広く用いられているが、これには背景がある。言葉足らずを恐れずに記すと、1946 年に国語審議会から「当用漢字表」が示され、一部の漢字の使用を制限し、別の漢字、または、かな表記を用いることとなった。「排」も対象となり、代わりに「配」を使用することになったのである。「当用漢字表」はその後廃止され、現在では「排」を用いることに制約はないが、ひとたび広まった「配」が定着したと言えよう。また、「排」が排水、排除、排他といった具合に、「しりぞける」の意で使用されることが多いため、「配」が好まれると考えることもできる。しかし、「排」には、「仕分けてならべる」の意があり、「排架」や「排列」は、こちらに基づいている。なお、option L で紹介するレファレンス協同データベースを「排架」や「排列」で検索すれば、福井県立図書館ほかに寄せられた質問回答事例を確認でき、典拠を含めた詳細を知ることができる。

　「当用漢字表」による漢字制限は、図書館用語に関係するところとしては、障害者サービスと障碍者サービス、収集と蒐集もある。「碍」は「さまたげる」、「蒐」は「探して集める」という意味である。図書館資料のコレクション形成という趣旨からすると、「蒐集」の方が適しているかもしれない。しかし、書きやすさ、読みやすさからすれば、「収」に分があるのはまちがいない。『図書館情報学用語辞典』（第 5 版、丸善出版、2020 年）では、「収集業務」、「障害者サービス」、「排架」、「排列」、が見出し語にあり、学術用語だから古典的な表記をしているわけでは必ずしもない。

　ところで、『角川類語新辞典』（角川書店、1981 年）で、「球技（ボールを使って行う競技）」の一覧を眺めると、和名の球技を確認できる。卓球（table tennis）、庭球（tennis）、排球（valley ball）、籠球（basket ball）、蹴球（foot ball）、野球（baseball）、水球（water polo）といった具合に名訳である。バレーボールが「排」を用いているのは、相手コートにボールをしりぞけるからであろうか。あるいは、「レシーブ　トス　スパイク　ワンツー　ワンツー　アタック」（「アタック No.1」主題歌より）と、ボールを仕分けていくからであろうか。

　最後に、クイズを一つ。上記の和名の球技の中に、本書と関係が深いものが三つある。それは、どれだろうか。ヒントは、巻頭の「はじめに」を参照のこと。

利用者からの相談

●……………利用者の行動

　利用者から寄せられる，資料に関係する相談では，特定のタイトルの読書資料を求めていたり，ある主題に関する資料の紹介を求めていたりするため，こうした相談に応じることを，「読書案内」あるいは「読書相談サービス」と呼んでいる。「読書案内」では，文字どおり読書資料を案内することがサービスの内容となる。

読書案内
読書相談サービス

　「読書案内」は，資料提供に結び付く活動であることから，日本では，貸出サービスの一部に位置付けて説明することが行われてきた。例えば，前川恒雄は，資料提供サービスは「貸出しとレファレンスから成り」，読書案内は貸出の中に含まれると述べている。「貸出しは，単純に図書を貸す一連の作業と，利用者の要求と図書を結びつける読書案内を含んでいる」という指摘がそれである（『貸出し』日本図書館協会，1982 年）。

　しかしながら，結び付くということと，そのサービスの機能面での特性や，そのサービスを実践する上で図書館職員に求められる知識や技術が，資料提供そのものの特性や知識あるいは技術であることとは，別の問題である。たしかに，図書館側の視点からすると，「読書案内」は，貸出サービスやリクエストサービスとの関係が深い。それゆえに，前述の主張も成り立つ。

　しかし，利用者側の行動に着目すると，どうであろうか。まず，読みたい資料が図書館内で見つからない場合に，利用者は，図書館職員にそのことを伝え，そこから「読書案内」が開始される。また，ある特定の主題に関して，何かおもしろい資料，あるいは，役に立つ資料にどのようなものがあるか，図書館職員に相談することから，「読書案内」が始まるのである。すなわち，「読書案内」が行われる前提として，利用者から図書館職員に対して，「相談」が寄せられるのである。

相談

　この相談は，「このタイトルの資料は所蔵されていないか」，「このテーマに関して，最近出された資料はないか」，「このことを知るのに役立つ資料はないか」といった「質問」の形式に，最終的に整理できる。このように考えると，「レファレンス質問」と，「読書案内」に寄せられる「質問」とに，違いを設けることが難しくなる。

質問
レファレンス質問

　なるほど，図書館職員からすれば，無理をすれば両者の間に一定の線を引くことができるかもしれない。実際に，利用者からの相談に対して，回答として読書資料

を案内したとき，すなわち，「文献情報」を提供したときを「読書案内」とし，文献情報ではなく，特定の事実に関する情報を提供したときを「レファレンスサービス」とするといった定義も存在する。また，文学作品を中心とした「読みもの」に対する問い合わせを「読書案内」と位置付け，調査活動に必要な資料を提供した場合は，「レファレンスサービス」として処理するといった，特定の図書館のやり方を一般化してしまったような主張も見受けられる。文献情報
レファレンスサービス

　しかし，利用者は，両者の違いを意識して，図書館職員に質問するかと言えば，そのようなことはまず考えられない。何か困ったとき，わからないことが生じたとき，図書館職員がいて，問い合わせに応じられる場があるならば，内容や回答の種別などとは無関係に相談を寄せるのである。二つが異なるサービスであるといった認識ができるのは，利用者への対応が終了してからである。したがって，二つの違いを前提にサービスを組み立てることは，利用者指向，すなわち利用者の考え方や行為を尊重した活動を追求することと，矛盾しかねない。利用者指向

●⋯⋯⋯図書館職員の行動

　利用者からの「相談」という共通する性質とは別に，図書館職員に求められる知識や技術の点からも，「読書案内」と「レファレンスサービス」は同一のものであると認識することが望ましい。とりわけ，接遇とコミュニケーションの技法，ならびに情報源の知識とその検索技術は，双方に共通する。また，必要となる知識や技術は，いずれの活動においてもきわめて重要である。

　接遇とコミュニケーションの技法は，利用者からの質問を受け付け，内容を確認するための技能である。利用者からの質問の大半は，対面形式で受け付けることになるので，接遇に関係する知識と技術が重要となる。また，言語的あるいは非言語的コミュニケーションの技法の修得が必要となる。

　質問（相談）を受けた内容に対しては，なんらかの情報源を検索し，回答していくことになる。所蔵資料を調べる際には，OPACの知識が基本となるし，書誌や記事索引，辞書や事典，図鑑や年表といった各種のレファレンス情報源を利用することによって，文献情報ならびに事実情報を検索し，提供するのである。現代では，ウェブページ上に発信されている情報の中から，信頼性が高く，偏りのない情報を取捨選択して提供することも重要となっている。

●⋯⋯⋯場の相違

　読書案内とレファレンスサービスを識別することは，利用者の行動からすると難しく，また，図書館職員の能力との関係でも望ましくないと説明した。しかし，実務上，両者をサービスの上で統合して一つにする必要があると主張するものでは決

してない。と言うのは，施設面において，物理的な制約のもとに，それぞれを提供する「場」が必要となることが少なくないからである。規模の大きい図書館においては，独立したレファレンスサービスの場（レファレンスルームやレファレンススペース）が設けられ，貸出デスクとは遠く離れたフロア構成になっていることがある。こうした場合，貸出デスクとは別にレファレンスデスクを設けることが必要になり，二つの場で，利用者からの質問（相談）に対応する体制を整えることが求められることになる。

　したがって，サービスを提供する「場」との関係においては，「読書案内」と「レファレンスサービス」を識別することが可能である。言い方を換えれば，「読書案内」は，資料提供サービスの場において実践される「レファレンスサービス」なのである。この考え方は，英国の図書館界では一般的な認識となっている。アメリカのreaders' advisory serviceでは，相談機能を強調したサービスとなっているのに対し，英国においてはreaders' advisory serviceと呼んではいるものの，サービスの内容や性質は，アメリカのそれとは大きく異なっている。

　英国では，公共図書館とひとことで言っても，資料の貸出を中心とするサービスを展開する「貸出図書館」（lending library）と，調査活動を支援し，利用者の情報入手を支援するサービスを展開する「レファレンス図書館」（reference library）に，機能が大きく二分される。ただし，「貸出図書館」ならびに「レファレンス図書館」と言っても，独立した二つの建物があるわけでは必ずしもなく，一つの組織の中に位置付けられている二つの独立した部門と理解すべきである。すなわち，図書館のサービス部門が，貸出部門とレファレンス部門から構成されているという意味になる。

　さて，後者のレファレンス部門において提供されるサービスは，「レファレンスサービス」そのものである。利用者の問い合わせに応じて，図書館職員がさまざまな対応をしている。それでは，前者の貸出部門においては，利用者からの相談に応じることはないかと言えば，もちろん相談に応じるデスクを設けて対応がなされている。こちらのサービスのことを，実はreaders' advisory serviceと呼んでいるのである。すなわち，readers' advisory serviceとは，貸出部門において提供されている「レファレンスサービス」なのである。

レファレンスデスク

貸出図書館
レファレンス図書館

真ん中にあってもコーナー

　図書館で使われる言葉は，外来語（カタカナ語）が少なくない。近現代の日本の図書館が，欧米の影響を強く受けていることが背景にある。本書の最重要キーワードである「サービス」もそうであり，UNIT 1で，その語義を確認した。「図書館法」では，「奉仕」を充てているが，図書館実務では「サービス」のオンパレードである。図書館情報学の学術用語も同様で，『図書館情報学用語辞典』（第5版，丸善出版，2020年）を通覧すれば，さまざまなカナ表記に巡り会うことができる。

　しかし，実務あるいは学術を問わず，図書館関係の文献に登場する用語の中には，和製英語も見受けられる。すなわち，原語には存在しない，あるいは，原語の意味や用法と乖離している語句がある。もちろん，そうした言葉は望ましくないと主張するつもりはない。しかし，グローバル時代の日本では，図書館も地域社会の一機構としてインバウンドと対峙する機会も増えており，図書館職員も，英語を使用する場面を想定する必要がある。そうしたとき，和製英語はハードルになり得る。

　このoptionの見出しに掲げたコーナー（corner）も，その一つである。英語の辞書を参照するとわかるが，この語は，特定の空間において「角（かど）」の部分を指している。しかし，日本語では，同じく場所を示す語であるエリアやスペースと変わらぬ用い方が見られる。図書館見学の際の説明で，展示コーナーと聞いてきょろきょろしても端の方には何もなく，フロアの中央に鎮座しているのを見付けた，といった作り話ができそうである。エビデンスとは言いがたいが，知人の英国人にこの話題をふったら，「わからなくもないが，違和感は残る」という回答であったので，英会話では注意するにこしたことはない。

　本書の編集で悩ましかったのは，「カウンター」である。英語の辞書だけではなく，国語辞書を引いても，「横に長い机」といった解説が登場する。しかし，図書館では，真四角であろうが楕円であろうが，利用者と応対する場の家具は，およそ「カウンター」と呼ばれる。貸出カウンター，返却カウンター，レファレンスカウンター，と枚挙にいとまがない。英米でも「カウンター」はもちろんあるが，横長の形をしている。一般的な語は，「デスク」である。貸出返却のcirculation desk，レファレンス担当者が常駐するreference deskといった具合である。

　ユニークなものもある。レファレンス担当者の意で使われるレファレンサーは，国立国会図書館の業界用語（ジャーゴン）と言われているが，今日の「インフルエンサー」を連想させるのだから，むしろ時代の先を行っていたのかもしれない。お気に入りの本から，「お題」に合った場面やものを，ときには「こじつけて」探すカードゲームのタイトルにもなっており，実に味わい深い。

質問回答サービスの展開

●……………**情報提供と利用案内**

レファレンス質問

　利用者から寄せられた「レファレンス質問」（読書案内の場において寄せられる質問も含む）に対して，図書館職員は，図書館内の資料を用いて，あるいはデータベースやウェブページの検索を行なって，回答を提供する。その際，回答のしかたとして，二つの方法が存在する。

　きわめて単純化して説明するために，ある利用者から「ドリトル先生のお話を，第一作から順番に読みたいが，どれが第一作か」という質問が寄せられたとしよう。このとき，図書館職員が，文学事典や百科事典，あるいは，書誌類を用いて調べたり，データベースやウェブページを検索したりして，その結果を利用者に伝えれば，利用者の要求に応えたことになる。一方，同じ質問に対して，図書館職員が調べるのではなく，文学事典にはどのようなタイトルがあり，また，どの書誌類を利用すれば求めている作品名が明らかになるか，さらには，データベースやウェブページをどのように調べればよいか，探し方だけを伝えたとしても，利用者を支援したことになる。

　すなわち，質問に対する回答方法としては，前者のような，求められている「情報」そのものを提供するやり方もあれば，後者のように，その「情報」を探し出すための手法を指示するやり方もある。質問回答サービスにおいて，前者は「情報提供」と呼ばれ，後者は「利用案内」あるいは「利用者教育（利用教育，利用指導）」と呼ばれている。

情報提供

利用案内
利用者教育

　情報提供を行うか，利用案内を行うかは，図書館職員の個別の判断ではなく，それぞれの図書館の方針に基づいて選択されるものでなくてはならない。すなわち，図書館では利用者からの相談が寄せられた場合に，どちらの対応を優先するべきか，あらかじめ定めておくことが求められるのである。場合によっては，レファレンス質問の内容や質問者の属性などとの関係で，どちらのやり方をするのか，きめ細かく文書化しておくことも必要である。

●………**典拠と付加情報の提示**

　利用者からの質問に対して「情報提供」を行う場合，図書館では，調べた結果得

られた「情報」だけを，利用者に提示するのではない。すなわち，その情報が何に「掲載（記録）」されていたのか，「典拠（出典）」とともに利用者に伝えるのが原則となる。この「典拠に基づく情報提供」は，図書館の情報サービス，すなわち，レファレンスサービスの最大の特徴と言ってもよい。

典拠
出典

　「典拠」を明示することは，その情報源の存在や有効性，特徴や使い方を利用者に伝えることにつながり，「情報提供」でありながら，「利用者教育」としての性質を帯びる場合もある。また，提供する情報によっては，「典拠」ばかりではなく，どのような手順，プロセスで検索を行なったかを示すこともある。とりわけ，求める「解答」が得られなかった場合には，途中までの経過を「回答」として示すこともある。提供しているのは，「情報」ばかりではないのである。

　さらに，回答に関係する情報を付加して提供することが不可欠な場合もある。例えば，「横浜市の人口はどのくらいか」という質問に対して，横浜市のウェブページを典拠に示した上で，公表している「3,771,640 人」を回答として提示したとしよう。十分な対応に思えるかもしれないが，統計情報を扱う際の原則が欠けているのである。すなわち，その数値がいつ現在のものであるかという情報である。上記の数値は，2022 年 12 月 1 日現在のものであり，この年月日を併せて示さなければ，人口に関する情報として意味を持たなくなってしまうおそれが生じる。このほか，検索して得られた言葉の読みを確認して回答の一部に含めることも，付加情報の提供と位置付けることができる。

付加情報

●……… レファラルサービス

　利用者から寄せられた質問に対して，図書館内の資料では十分な対応ができない場合，他の図書館や他の機関の力を借りる必要が生じる。具体的には，二つの方法が用いられている。

　一つは，情報が得られる他の図書館や機関に，図書館職員が問い合わせ，回答となる情報を入手して，それを利用者に提供する場合である。これは「照会」である。もう一つは，情報が得られる他の図書館や機関には何があるかを利用者に知らせ，利用者自身でその後の対応をしてもらう方法である。こちらは「紹介」と呼ぶことができる。

照会

紹介

　こうした「照会」あるいは「紹介」を行うサービスは，「レファレンスサービス」を伸展させた活動内容ではあるが，図書館資料を典拠とすることには必ずしもならない。それゆえ，「レファレンスサービス」と区別して「レファラルサービス」（referral service）と呼ばれている。

レファラルサービス

●⋯⋯⋯⋯**回答の制約**

　図書館では，利用者から寄せられた質問すべてに回答するのではなく，質問内容に応じて，一定の制約を設けていることがある。例えば，以下のような制約を設けることが，よく知られている。

　　（1）　他の専門職が存在する場合
　　（2）　将来予想，仮定の問題などの場合
　　（3）　学校の宿題など，回答することによって，出題の意図が損なわれる場合
　　（4）　クイズの答えなど，回答することによって，不平等が生じる場合
　　（5）　犯罪や社会的混乱を招くことが予想される場合

　ここで注意したいのは，まず，回答の内容の問題である。例えば，（1）に関するところとなるが，病気を抱えた利用者が図書館に来て関連する質問をしたとして，当然ながら医療に相当する行為は図書館職員にはできない。すなわち，特定の病気であることを判断したり，有効と思われる治療方法を指示したりするわけにはいかない。しかしながら，所蔵している医学領域の資料を紹介したり，医療機関の所在地や連絡先を示したりすることは，回答として可能である。

　重要なことは，質問に対してどのような対応が，図書館として最大限のサービスとなるのかを考えることである。医療に関係した質問であっても，一律「お答えできません」として，受け付けることすらしないのではなく，十分に説明し，資料と情報の点で利用者のニーズを充足できることが少しでもあれば，それを追い求める必要がある。

　また，質問内容によっては，「情報提供」はしないものの「利用者教育」を行うこともあり得る。例えば，（3）に関係した質問の場合，公共図書館では，関係する資料を紹介したり，資料の使い方を指導したりすることで，対応することが多い。

　なお，こうした回答の制約事項についても，図書館すべてにあてはまる一般的なものはない。それぞれの図書館が判断し，方針として定めた上で，対応すべき性格のものである。

サービスの成果を用いたサービス

　図書館に寄せられた相談（レファレンス質問）に対して，図書館がどのように回答したのか，また，その回答に至るまでにどのような手順であったのかなどを整理し，レファレンス事例として蓄積し，また，データベース化して公開する動きが顕著になって，すでに 20 年以上になる。単館で，こうしたデータベースの構築に取り組んでいる場合もあるが，多くの図書館が協同して構築している例もある。国立国会図書館の「レファレンス協同データベース・システム」（http://crd.ndl.go.jp/）は，同館ならびに全国の公立・大学・専門の各館種の図書館が協同して，2002 年に実験事業として開始され，2005 年からは本格実施に至った。参加している図書館が蓄積したレファレンス事例や調べかたマニュアルなどを蓄積し，一般公開しているユニークな活動である。2013 年からは，学校図書館も加わっている。

　レファレンス事例は，レファレンスサービスという図書館職員の専門的業務の結果として生み出されたもの，すなわち，サービスの「成果物」に相当する。しかも，図書館職員の技能（知識，技術）を駆使して生み出された成果である。そして，ほかの職種では見出すことが難しい技能が集積されているという点で，きわめて貴重である。したがって，これは単なるデータを蓄積したものではなく，図書館職員のナレッジを蓄積したもの，すなわち，ナレッジデータベースとも呼べよう。

　こうしたレファレンス事例を公開することは，図書館職員の技能を広く社会に示し，有効活用してもらうことにつながる。すなわち，図書館の新たな情報資源となり，その提供そのものが社会的貢献となる。したがって，現代の図書館職員は，みずからの活動の成果となるナレッジを積極的に蓄積することが期待される。そのためには，「レファレンス協同データベース・システム」に参画するなど，成果を公開するためのしくみを整える必要がある。また，レファレンスサービスの成果を記録することを，レファレンス担当者の日常業務に位置付けることが求められる。

　成果を活かしたサービスは，レファレンスサービスの処理記録を残すことから始まる。もちろん，すべての処理記録を残すことには限界があるが，「忙しい」を理由に何もしないのは，現代の図書館の重要な役割を放棄することに等しい。

◉情報提供サービス

図書館利用教育

●⋯⋯⋯**情報リテラシーの意義**

リテラシー

コンピュータリテ
ラシー
データリテラシー

情報リテラシー

メディアリテラ
シー

　リテラシーとは，そもそもは「読み書きの能力」を意味する語であるが，現代では，転じて，ある分野に関する知識や能力をいうときに「リテラシー」という語を用いるようになっている。例えば，「コンピュータリテラシー」であればコンピュータを使いこなす能力を，「データリテラシー」であれば各種データ（例えば地方自治体が公表している統計など）を処理，分析する能力のことを，それぞれ意味することになる。

　情報リテラシーとは，「情報そのものに対する理解および情報機器の操作能力を持つことに加えて，情報および情報手段を主体的に選択し，収集活用するための能力」のことを指す。すなわち，大量に流通している情報の中から，自分にとって必要な情報を，適切なツールを用いて主体的に選択収集し，それを活用することで円滑な日常生活を送ったり，抱えている問題や課題を解決したりできる状態を，「情報リテラシーを持っている」という。中には，情報機器の部分に焦点を合わせて，情報リテラシーを「情報機器の操作能力」と定義しているものもあるが，本来の情報リテラシーとは，情報機器の操作だけでなく，そこで流通している情報そのものを適切に理解して使いこなすということまで含んだ概念である。

　情報リテラシーに近い概念として「メディアリテラシー」がある。これは，広義には情報リテラシーの下位概念として位置付けられるもので，「（主として）マスメディアが伝える情報を主体的，批判的に読み解き，活用する能力」のことを指す。メディアを通じて受けとる情報はどれも発信者の手が加わっているものであるため，それを鵜呑みにせず，複数の情報を収集して比較検討するなどの多角的な分析が必要となる。また，発信者の手が加わっているということがどのようなことかを理解するためには，テレビや新聞，インターネットなどのメディアが，発信する情報をどのように作り上げているのかについて知る必要がある。

　今日，人々が円滑な社会生活を送るためには，ここで述べたような情報リテラシーやメディアリテラシーを習得しておくことが求められるが，これらの能力は自然と身に付くものではないので，どこかで系統立てて学ぶ必要がある。特に，やりとりされる情報そのものに対する理解を深め，使いこなす能力を身に付けることが重要

である。

●‥‥‥‥‥図書館利用教育の役割

　前述の情報リテラシーやメディアリテラシーの習得は，長らく学校教育において扱うものと認識されてきた。そして，学校図書館や大学図書館は，資料や情報の提供を担うとともに，それらのリテラシーの育成において重要な役割を果たしている。例えば，多くの大学では，新入生を対象としたオリエンテーションの中に必ずと言ってよいほど「図書館利用に関するガイダンス」が含まれている。そこでは単なる図書館の紹介や利用法の説明にとどまらず，広く情報リテラシーの育成にかかわる内容が扱われている。学校図書館や大学図書館が行うこうした活動は，「図書館利用教育」もしくは「図書館利用指導」と呼ばれることが多い。

図書館利用教育
図書館利用指導

　一方，公共図書館では，学校図書館や大学図書館と同じように，資料や情報の提供を主たる機能としてきたにもかかわらず，「利用教育」や「利用指導」という考え方をサービスに取り入れることを避けてきた。これは，一説には，第二次世界大戦中に展開された国民読書指導への「反省」に基づくものだとされている。この説の妥当性が証明されているわけではないものの，戦後かなりの期間にわたって，公共図書館で提供されていた内容が，各種のサービスの案内や利用支援にとどまっていたのは確かである。

　しかし，現代社会においては新しい情報技術が一般の人々に浸透することでメディアの多様化が進み，結果として公共図書館が扱うべき資料や情報も多様化している。そもそも日本の年間書籍新刊点数は7万点弱ときわめて多く，一つの図書館が扱える量をはるかに超えてしまっている。近年では出版物の形態をとらず，インターネットを通じて入手可能な資料や情報も増加する傾向にある。また，病気の治療法に関する資料に代表されるように，十分な科学的根拠を示せていないものが出回るなど，出版物の性質そのものの変化が問題視されるようにもなっている。このような社会的情勢をふまえると，公共図書館においても，図書館資料に限らずさまざまな資料や情報へのアクセスと，その内容に対する吟味の方法を利用者に知ってもらうことをサービスとして提供する必要性は高いと言えよう。

　また，メディアそのものが日々進化していく中で，生涯学習の一環としてメディアリテラシーの要素を重視した形での情報リテラシーを学ぶ機会が社会的に求められている点に目を向けなくてはならない。現在の状況は，学校教育を終了した人々が，新しく登場するメディアをどのように使いこなし，そこから必要な情報をどのように得ていくのかという点について，十分な場が確保されているとは言えない。学校図書館や大学図書館において，新しいメディアにも応用可能な情報リテラシーやメディアリテラシーの育成を行うことが求められると同時に，公共図書館でもこ

うした能力の育成を目指した図書館利用教育を充実させていくことが必要である。

●⋯⋯⋯⋯図書館利用教育の基本形態

　図書館利用教育の代表的な形態は，つぎのようになる。このうち，(3)は，主として潜在的利用者を対象として，図書館およびその利用方法について説明するものであり，学校図書館や大学図書館で行われる一般的な方法である。ここでは，公共図書館において事例の蓄積がある(1)，(2)，(4)に関して解説する。

<table>
<tr><td>利用案内</td><td>(1)　利用案内</td></tr>
<tr><td>図書館ツアー</td><td>(2)　図書館ツアー</td></tr>
<tr><td>図書館オリエン
テーション
各種講座</td><td>(3)　図書館オリエンテーション</td></tr>
<tr><td></td><td>(4)　各種講座</td></tr>
</table>

　(1)は，図書館の概要と提供しているサービスを紹介し，利用者に図書館の適切かつ効果的な利用法を知ってもらうことで，図書館を有効活用してもらうことを目指すものである。図書館で古くから実施されており，おおむね二つの方法が用いられてきた。一つは，案内する内容を記載したパンフレットやリーフレットを作成し，来館者等に配布する場合である。もう一つは，(2)として，図書館職員が口頭で案内する内容を説明する場合である。案内する内容には，開館時間やフロアマップなどの図書館の概要，各スペースの利用法や利用条件などが一般的である。近年では，そうした内容を公式ウェブページ等で公開し，潜在的利用者も含めた多くの人に知ってもらうようにしている。

パスファインダー
　こうした利用案内に加えて，展示した資料に関する案内，調べ方ガイドやパスファインダーを作成し，提供している図書館もある。こうした案内は，特定のテーマに関連するさまざまな資料を紹介すること，ならびに，一つのテーマに関する網羅的な情報探索の方法を解説することを目的として作成される。利用者は，この案内にしたがって，データベースやインターネットを活用してさまざまな情報を探索し，入手することができる。また，実際にさまざまな資料を手に取ることにつながるため，図書館利用に関する実体験を通じて情報リテラシーを利用者が身に付ける方法となる。

　(2)は，「利用者に対して，図書館の施設や設備を案内しながら，資料の配置や利用方法，図書館サービスについて紹介する図書館利用教育の方法」である（日本図書館情報学会編『図書館情報学用語辞典』第5版，丸善出版，2020年）。(1)の一種ととらえることもできるが，文章や図表などで説明するだけでなく，実際にその場所を見学してもらうことで図書館およびその利用方法に対する理解を促進する点

に特徴がある。通常は，1，2名の図書館職員と図書館内の各スペースをまわりながら，排架されている資料の特徴やOPACをはじめとするツールの使い方についての説明を受ける。ツアーの開始時に利用案内の資料を配布し，利用者はそれを確認しながら，図書館職員の説明を聞いてまわることも多い。

　なお，図書館建築や施設に特徴があったり，歴史的な建造物であったりする場合には，それに焦点を合わせて説明する図書館ツアーが行われることもあるが，これは図書館利用教育というよりは，図書館の広報活動の一環ととらえられる。

　(4)は，UNIT 45で解説する集会・文化活動として行われるものと重なりを有するが，ここでの各種講座は，利用者が資料や情報を活用する能力を身に付けることを目的に計画されたプログラムとなる。公共図書館としては，人々が日常生活において必要とする知識や技術とリテラシーとを組み合わせた内容にすることに意義がある。講座というと，講師の話を聞く形式のイベントを思い浮かべがちだが，図書館利用教育においては，演習や実習を伴うものが少なくない。図書館職員が講師を務めることもある。

　具体的には，特定の分野やデータベースに特化した文献探索の講座や，子どもを対象にした調べ学習の進め方に関する講座，学校教員向けに計画された著作権講座などの事例がある。また，UNIT 35で取り上げるビジネス利用支援サービスの一環として，商工会議所が主催する起業，創業の基礎知識に関する講座において，図書館職員が情報の探し方や図書館で入手可能な資料で役に立つものを紹介するという実践もある。米国の公共図書館では，失業者に対する就職支援の一環で，コンピュータの使い方に始まり，それを使った求人情報の探し方や履歴書の書き方に至るまでの一連の技能を習得することを目指した講座も行われている。

　このように，現在の図書館利用教育は，単なる図書館の使い方に関する説明を越えて，よりよい日常生活や社会的な生活を送るために必要な技能を身に付ける機会を提供しているものだと言える。

電子図書館サービスの展開

●⋯⋯⋯図書館とインターネット

情報通信技術　　　インターネットに代表される情報通信技術の進展に伴って，図書館サービスは，これまでにない転換期を迎えている。建物としての図書館にやってくる利用者を主たるサービス対象として，印刷資料とそれに関する情報を提供することを行なってきた従来の図書館サービスと比較して，現代の図書館では，より多くの利用者に対して，より多様で複雑なサービスを行えるようになっている。そうしたサービスは，情報技術の導入の程度によって，いくつかの段階に分けて考えることができる。

　　例えば，蔵書検索やレファレンスサービス（質問回答サービス）を考えてみよう。これらのサービスは，かつては，利用者に直接来館してもらうか電話をかけてもらうかしてはじめて実施することができた。それが，電子メールやウェブページなどを使うことで，来館せずとも提供できるという利便性の向上のレベルに達した。それがさらに，提供する資料や情報はすべてデジタルメディアで，すべてのサービス

電子図書館　　　がネットワーク経由で提供される，いわゆる「電子図書館」（デジタルライブラリー）もまた可能になった。情報技術の導入による成果は，このように多様な形態を想定することができる。

ハイブリッド型　　　ただし，公共図書館においては，完全な電子図書館というよりも，ハイブリッド型とでも言うべき図書館サービスが求められていると思われる。すなわち，従来の図書館サービスの利便性を高めるとともに，デジタル資料についても扱えるようにし，また，デジタル資料にアクセスすることが困難な人への支援を充実させることを目指しているからである。

●⋯⋯⋯デジタルデバイドの解消

デジタルデバイド　　　近年では，インターネットに代表される情報通信技術の進展と普及によって，デジタルデバイド（情報格差）の問題が盛んに議論されるようになっている。デジタルデバイドとは，インターネットやPC等の情報通信技術を利用できる者と利用できない者との間に生じる格差のことを指す。現代社会では，情報通信技術を利用することによってのみ得られる情報が増えている。したがって，情報通信技術を利用できる者と利用できない者の間には，得られる情報に差が生じることになる。しか

も，その情報格差が経済格差につながる傾向にあり，この点が問題視されている。

　デジタルデバイドの問題を考える際に，指標として用いられるのがインターネット利用率である。総務省『令和4年版　情報通信白書』によれば，インターネット利用率は全体で8割を超えている。年代別に見ても，20〜40歳代では9割を超え，最も低い60歳代でも7割強の人々が利用していることから，インターネットはかなり普及していると言える。ただし，目的別に利用するメディアを尋ねた結果を見ると，「世の中のできごとや動きについて信頼できる情報を得る」メディアとして最も利用されるのは全年代を通じて「テレビ」である。「いち早く世の中のできごとや動きを知る」メディアとして最も利用されているのは，10〜40歳代では「インターネット」だが，50〜60歳代では「テレビ」という回答の方が多い。特に60歳代では，「テレビ」が7割を超える。したがって，インターネット利用率は高い水準に達しているものの，高齢者を中心に，必要な情報を得るために十分に活用しているかどうかは心もとない状況と言えよう。また，世帯年収が高いほど，PCや携帯電話などの通信機器の保有率が高くなる傾向もある。例えば，世帯年収が200万円未満の場合，PCの保有率は約25％であり，携帯電話の保有率は約46％にとどまる。

　電子図書館サービスは，こうしたデジタルデバイドの解消にも貢献できるよう設計することが望ましい。まず，情報通信機器を保有していない人がウェブページ上の情報に自由にアクセスできるよう，便宜を図ることが求められる。すなわち，図書館内にインターネットを利用できるPCを設置し，また，来館者がWi-Fiに自由に接続できるようにする。ただし，セキュリティ対策を十分に講じる必要があるため，利用規則を慎重に定める必要がある。つぎに，情報通信機器は保有しているが，うまく使いこなせない人を対象に，情報入手の方法や機器の利用方法に関する講座を開いたり，技術的な相談ができる機会を設けたりするなどの利用支援サービスを行うことが望まれる。例えば，ビジネス支援，就職活動支援の一環で，PCの使い方やインターネットでの求人情報の探し方に関する講座が，一部の図書館で行われている。これは，デジタルデバイドの解消に寄与するサービスでもある。

●‥‥‥‥‥電子図書館の意義

　電子図書館とは，「資料と情報を電子メディアによって提供すること，とりわけネットワークを介して提供することをサービスの中心に据えて，従来の図書館が担ってきた情報処理の機能の全体または一部を吸収し，さらに高度情報化社会の要請に呼応した新しい機能を実現させたシステムまたは組織，機関」のことを指す（日本図書館情報学会編『図書館情報学用語辞典』第5版，丸善出版，2020年）。すなわち，利用者は図書館まで来ることなく，図書館の蔵書を閲覧することができ，サー

電子図書館サービス

Wi-Fi

セキュリティ対策

ビスを受けることが可能になるため，当初は「建物を持たない図書館」として議論
されていた。物理的な場を必要としないということは，たしかに，電子図書館の大
きな特徴である。しかし，すべての資料や情報が電子的に提供されているだけで電
子図書館が成立するわけではない。特に公共図書館においては，上述したデジタル
デバイドの解消につながるような，世の中に存在するさまざまなデジタル資料への
アクセスを保証することもまた重要な機能である。

電子書籍提供サービス

　公共図書館界では「電子書籍提供サービス」のことを「電子図書館」と名付ける
傾向にあるが，本来の電子図書館サービスは電子書籍の提供にとどまらず，多様な
情報提供を行うサービスことを意味している。電子図書館サービスにおいて扱われ
るコンテンツには，最初から電子メディアで作成され，印刷メディアを持たない
「ボーンデジタル」（born digital）と呼ばれる資料と，既存の印刷メディアを媒体

ボーンデジタル
媒体変換

変換（デジタル化）した資料とがある。

　ボーンデジタル資料は，出版者が作成し，単体あるいはパッケージで販売してい
るものと，インターネット上で公開されて誰でも無料で利用できるウェブ情報源と
に大別できる。媒体変換して提供される資料には，図書館が自館で作成するものも
多く含まれる。これは，図書館が情報の生産と発信にかかわるもので，後記の「デ
ジタルアーカイブの構築」において取り上げる。なお，出版者が作成・販売してい
るコンテンツについてはUNIT 32で，ウェブ情報源についてはUNIT 33で，それ
ぞれ説明する。

●…………ウェブページの活用

　電子図書館サービスでは，サービスへの入口となる図書館公式ウェブページが重
要な役割を果たすことになる。現代の公共図書館においては，来館を前提にサービ
スを提供している従来型の図書館サービスもあれば，電子図書館サービスを併せて
提供するタイプの図書館もある。それゆえ，ウェブページにおいて，来館してはじ
めて受けられるサービスと来館を必要としないサービスとを，はっきり分けて示し
ておく必要がある。

　予約サービスを例にすると，所蔵資料の検索はウェブ上のOPACで行い，在庫
資料の取り置きや予約処理まではウェブページ上で処理できることを明記するとと
もに，資料を受け取るためには来館が必要であることを，取り置きの期間（受け取
りの期限）を含めてわかりやすく提示するといった具合である。

　一方で，来館せずに受けることのできるサービスに関しては，具体的な手続の内
容を整理して提示することが求められる。例えば，ウェブページ上で利用者登録を
行い，前もってIDとパスワードを発行しなくてはならないとか，利用証に表示さ
れている利用者番号等を入力するだけで利用できる，といった案内である。

●‥‥‥‥‥デジタルアーカイブの構築

　前述したように，公共図書館では「電子図書館」という語を「電子書籍提供サービス」の意味で使う例が多く見られるが，本来の電子図書館サービスはこれにとどまらない。例えば，図書館が，自館の所蔵資料を電子化し，デジタルアーカイブやデジタルコレクションを構築して提供することも，電子図書館サービスである。これは，図書館自身が情報の生産とその発信の主体になるという意味で，新しいサービス展開の代表例であると言える。

　日本では，比較的規模の大きい図書館において，デジタルコレクションとして文字資料や絵画資料が提供されている場合が多い。代表的なものに，「国立国会図書館デジタルコレクション」や「神奈川県立図書館デジタルアーカイブ」などがある。

　「国立国会図書館デジタルコレクション」は，国立国会図書館が収集，保存しているデジタル資料を検索，閲覧できるサービスである。資料の状態によって，ログインなしで閲覧可能なもの，送信サービス（個人もしくは図書館送信）で閲覧可能なもの，同館内でのみ閲覧可能なものの３種類に分かれている。「神奈川県立図書館デジタルアーカイブ」は，神奈川県立図書館および神奈川県立公文書館が収集，所蔵する神奈川県関係の地域資料をデジタル化して提供する画像閲覧サービスである。浮世絵や古地図などの画像と関連情報が多数掲載されており，神奈川県の歴史や文化を知ることができる。

　外国にはさまざまな例があるが，公共図書館の取り組みとして興味深いのは，北米のコミュニティアーカイブと呼ばれるもので，写真や音声，映像などの視聴覚資料を中心としたデジタルアーカイブ作成の試みが数多く見られるようになっている。北米では，かねてより地域で暮らす人々の生活に関する記録を，主として音声で残す「コミュニティアーカイブ」に関する取り組みが盛んであり，近年では，図書館主導のプロジェクトが増えている。

　例えば，米国ニューヨーク州にあるブルックリン公共図書館の「Our Streets, Our Stories」というコレクションは，地域の高齢者に地元について語ってもらったインタビュー記録をアーカイブし，公開したものである。地域住民に，新型コロナウイルス感染症の影響で都市封鎖が行われた際の様子について語ってもらったものもある。規模は小さくなるものの，カナダのバンクーバー公共図書館の電子図書館サービスでは，地域住民が近隣地域に関係する思い出を語ったインタビュー記録を集めた「This Vancouver」という名のアーカイブが公開されている。

デジタルアーカイブ
デジタルコレクション

国立国会図書館デジタルコレクション

コミュニティアーカイブ

●電子図書館サービス

デジタル資料の提供

●⋯⋯⋯⋯**デジタル資料の利用条件**

　図書館サービスにおいてデジタル資料を提供する場合，二つの方法が考えられる。一つは，出版者等が作成したデジタル資料を，図書館が単品もしくはパッケージで購入して提供する方法である。もう一つは，図書館がすでに所蔵している資料を自館で電子化し，デジタルアーカイブとして提供する方法である。ただし，後者の場合，提供対象とすることができるのは，著作権がないか，または，著作権の保護期間が終了しているなどの理由により，図書館が電子化する上で著作者の許諾が必要とされない資料が中心となる。郷土資料が対象になることが多いのは，こうした経緯に基づく。電子化された資料は，UNIT 31 で説明したように，ウェブページ上で公開され，誰でも自由に閲覧することができる。

　それに対して前者の場合には，従来の資料提供サービスにはなかった条件や制約が発生する。最も大きく異なるのは，利用者がサービスを受ける際の資格が，厳密に問われるという点である。すなわち，デジタル資料提供サービスを利用するためには，デジタル資料閲覧のためのIDとパスワードを取得する必要が生じる。このサービスを行なっている図書館の多くは，IDとパスワード発行の際には，図書館利用カード（利用者証）が必要だとしている。これは，サービス対象地域の住民，通勤者，通学者に利用を限定するためである。

　UNIT 19 で触れたように，近年では，日本国内に住んでいれば，誰でも貸出サービスを受けられる図書館が登場している。しかし，そうした図書館においても，デジタル資料提供サービスに関しては，利用資格を当該地方自治体の住民，通勤者，通学者に限定している場合が多い。これは，デジタル資料を販売する出版者の利益を守るためである。IDとパスワードを持ってさえいれば，デジタル資料にどこからでもアクセスできてしまう。それゆえ，どこかの図書館が誰でも利用できるようにすると，デジタル資料の販売がビジネスとして成り立たなくなるため，こうした措置を講じている。また，同じ理由から，一つの図書館におけるデジタル資料への同時アクセス数を，1〜3程度に抑えることも少なくない。

　デジタル資料提供サービスにおいて，こうした制約を設けずに誰でも利用できるようにするためには，なんらかの工夫をする必要がある。例えば，東京都立図書館

デジタルアーカイブ
著作権

ID
パスワード

では，デジタル資料の閲覧のための利用登録は不要であるが，その代わりに，来館しないとデジタル資料の利用ができないしくみになっている。利用者は，館内でのみ利用可能なタブレット端末をカウンターで借り受け，これを使って図書館が提供するデジタル資料を閲覧する。電子図書館サービスのメリットの一つは，利用者が「いつでも」，「どこからでも」資料や情報を入手できることにあるが，東京都立図書館は「誰でも」という要素の方を重視していることになる。

●………日本におけるデジタル資料の出版状況

　日本は，米国等と比較すると資料の電子化が遅れていると言われている。それでも，国内の電子出版市場は，2010年以降伸び続けている。2022年には，紙の書籍と電子書籍とを合算した推定販売金額は，前年比2.6％減とマイナス成長であったが，電子出版だけを見ると，前年比7.5％増であった（全国出版協会・出版科学研究所『出版月報』2023年1月号）。出版市場全体における電子出版のシェアは30.7％となっており，引き続き伸びていくことが予想される。 電子書籍 電子出版

　ただし，電子出版市場の内訳を見ると，電子コミックが9割弱と大半を占めており，電子書籍の8.9％と電子雑誌の1.8％を合わせても，1割を少し超える程度にとどまる。しかも，電子書籍は少しずつではあるが着実に伸びているのに対して，電子雑誌については漸減傾向にある。

　電子出版市場が緩やかながらも成長し続けている現状からすると，今後の図書館には，デジタル資料提供サービスがいっそう強く求められるものと思われる。しかし，図書館が主たる収集対象としている電子書籍や電子雑誌は，現時点では生産されるタイトル数が十分ではなく，これからの伸びに期待するところが大きい。そうした中で電子書籍を提供しようとする際には，紙媒体の書籍や雑誌とのバランスを十分に考慮しながら，何をどれだけ対象にするのかを見極める必要がある。

●………電子書籍提供サービス

　近年，電子書籍を提供する図書館が急増している。一般社団法人電子出版制作・流通協議会の調査によれば，2023年4月時点で，501の地方自治体が電子書籍提供という意味での「電子図書館」を導入している。これは，全国の基礎自治体と都道府県を合わせた1,788自治体のうちの3割弱にあたり，2020年1月の91自治体と比べて，3年間で5倍以上の伸びを見せている。公立図書館を設置する地方自治体の割合としては44.6％であり，半数近い地方自治体の図書館において，電子書籍を利用できるようになっていることがわかる。なお，一つの地方自治体が単独で導入しているところも多いが，複数の地方自治体がまとまって一つのシステムを導入する「広域電子図書館」もある。例えば，「沖縄県図書館未設置離島用電子書籍サー 電子図書館 広域電子図書館

ビス」では，沖縄県立図書館が，県内の離島地域で図書館未設置の2町8村における非来館型サービスの充実を目的として，電子書籍の提供を行なっている。

非来館型サービス

こうしたシステムでは，インターネットに接続されているPCにおいて，ウェブページの「電子図書館」もしくは「電子書籍提供サービス」からログインすれば，どこからでも搭載している電子書籍にアクセスできる。しくみとしては，二つのものがある。一つは，貸出手続をしなくても，誰でも好きなものを好きなだけ閲覧でき，一定時間操作されない状態が続くと自動でログオフするものである。もう一つは，貸出手続をすると閲覧できるようになり，返却期限が来ると自動的にアクセスできなくなるよう設定されているものである。

●⋯⋯⋯電子書籍提供システムの実例

電子書籍提供プラットフォーム

電子書籍の提供サービスは国内外の出版社等が作成する電子書籍提供プラットフォーム（以下，「電子図書館システム」）を通じて行われる。「電子図書館システム」として販売されているものにはさまざまなものがあり，各図書館は，単独もしくは複数の「電子図書館システム」と契約し，利用者に提供している。

和書の搭載を中心とする規模の大きい「電子図書館システム」としては，図書館流通センター（TRC）が提供するTRC-DLや紀伊國屋書店が提供するKinoDenがある。TRC-DLは，動画や音声などのマルチメディアコンテンツも豊富に搭載している点に特徴があり，公共図書館への導入実績が多い。それに対してKinoDenは，学術書（和書）に特化した電子書籍の提供を最大の特徴としており，2022年時点で約7万点を搭載している。そのため，大学図書館への導入が先行しているが，近年では公共図書館への導入事例も増えてきている。

また，丸善雄松堂も，学術・研究機関向けに電子書籍提供プラットフォームMaruzen eBook Library（MeL）を提供してきたが，TRCと提携することで，2022年10月より，MeLの公共図書館への販売を開始した。このように，大学図書館を主たるユーザーとしてきた学術書中心の「電子図書館システム」が，公共図書館への展開に力を入れ始めている。さらに，2015年以降，日本図書館サービスのLibrariEが，一般書の電子書籍提供を拡大し始めている。このLibrariEは，小説や実用書などの一般書のラインナップが充実している「電子図書館システム」である。こうした「電子図書館システム」は，組み合わせて提供することが可能である。例えば，LibrariEは，TRC-DLやKinoDenなどと組み合わせることができる。

●⋯⋯⋯オンラインデータベースの提供

データベース

多くの図書館では，新聞社やデータベース作成会社が有料で提供しているデータベースの利用契約を行い，情報提供サービスの一つとして，利用者に提供している。

そうしたデータベースの多くは法人向けのものであり，利用者が個人で契約することはできないか，契約できても利用料が高額になりがちである。したがって，図書館が情報提供サービスとして実施する意義が大きいと言える。データベースの内容は多岐にわたるが，比較的多くの図書館で提供されているのは，新聞記事や百科事典，統計などの専門情報を検索できるものである。オンラインデータベースは内容が定期的に更新されるため，鮮度の高い情報を入手できるという利点があることから，ビジネス支援サービス等に組み込んで，有用性を高めることができる。

　利用者は，無料で利用することができるが，利用する場合は，図書館内に設置されたPCからアクセスすることが求められる。1回の利用は，1〜2時間までといったなんらかの制限が設けられている場合が多い。また，データベースで検索した情報を印刷することが認められている場合と認められていない場合があり，印刷に関しては，有料のことが少なくない。

●…………オンラインデータベースの事例

　図書館で提供されているオンラインデータベースの代表例には，新聞記事や雑誌記事を検索するタイプのものと，各種の事典に掲載されている事実情報を検索するタイプのものとがある。

　新聞記事データベースは，新聞社が法人向けに有料で提供しており，キーワードや掲載日，掲載面などで記事を検索できる。全国紙を発行する新聞社はいずれも，データベースを提供している。比較的古くから利用されているのは，日本経済新聞社の「日経テレコン」と朝日新聞社の「朝日新聞クロスサーチ」（旧・聞蔵Ⅱビジュアル）である。「日経テレコン」では，日本経済新聞をはじめとする全国主要紙やビジネス関連雑誌の記事に加えて，調査レポートや市場データなどを検索することができる。「朝日新聞クロスサーチ」では，朝日新聞の記事に加えて，雑誌『AERA』，『週刊朝日』の記事や「現代用語事典知恵蔵」のコンテンツなどを検索することができる。また，読売新聞社は「ヨミダス」，毎日新聞社は「毎索」を提供しており，それぞれのデータベースで，かなり古い時期までさかのぼって記事を検索できる。

　雑誌記事情報を検索できるものには，日外アソシエーツの「Magazine Plus」があり，一般誌や専門誌の掲載記事，大学紀要掲載の論文などまで幅広く情報が収録されている。大宅壮一文庫の「Web OYA-bunko」では，週刊誌等の大衆誌に掲載された記事の情報を幅広く検索できる。

　百科事典を収録しているデータベースとしては，『ブリタニカ国際大百科事典』と『ブリタニカ国際年鑑』を収録する「ブリタニカオンラインジャパン」がある。また，「ジャパンナレッジ」は，『日本大百科全書（ニッポニカ）』，『日本国語大辞典』，『国史大辞典』を収録している。

●電子図書館サービス

ネットワーク環境下での情報提供サービス

●‥‥‥‥‥インターネットを介した図書館サービス

情報通信技術

インターネットに代表される情報通信技術が普及したことで，利用者は，必ずしも来館することなく，さまざまな図書館サービスを受けることができるようになっている。このUNITでは，インターネットを利用した図書館サービスの特徴について，以下の三つに焦点を合わせて説明する。

Web OPAC

(1) 蔵書検索システム（Web OPAC）の提供

ウェブ情報源

(2) ウェブ情報源の活用

デジタルレファレンスサービス

(3) デジタルレファレンスサービス

背景にあるのは，図書館サービスに情報通信技術が導入されることによる変化である。インターネットは，図書館や出版文化と相反するものとして語られることも少なくないが，図書館にとっては，利用者の利便性を向上させ，サービスの質を上げるツールと位置付けることができる。インターネットが普及する以前は，図書館への問い合わせや図書館職員とのやりとりは，直接来館するか，もしくは，電話やファクスを用いて行うしかなかった。それが，電子メールやウェブフォームから比

ウェブフォーム

較的容易に行えるようになった。また，図書館の公式ウェブページを確認することで，多様な情報を入手できるようにもなった。

例えば，図書館内の新着図書コーナーで紹介していた新着資料を，ウェブページ上に掲載して案内することで，利用者は来館しなくてもそうした資料の情報を知ることができる。また，新着図書のコーナーはつぎの新着資料を受け入れたら入れ替えざるを得ないが，ウェブページ上では，過去の分をアーカイブとして，累積的に公開し続けることができる。こうした取り組みをしていれば，図書館が所蔵している資料のうち比較的最近収集したタイトルを，来館せずに随時眺めることができる。それによって，どこかで話題になっていた資料だと気付き，読んでみようかと思うことにつながる可能性が高まる。すなわち，読書のきっかけになり得るのである。

●⋯⋯⋯⋯蔵書検索システム（Web OPAC）の提供

　図書館では，1980年代前後から，館内に設置されているOPAC（蔵書検索システム）を使って，利用者が自分で図書館の所蔵資料を探すことができるサービスを提供してきた。これが現在では，Web OPACの提供に発展している。ウェブページ上で，タイトルや著者名，出版者，キーワード等から，自分の探している資料が図書館に所蔵されているかどうかを調べることができる。

　また，多くのWeb OPACが，同一地方自治体内の複数の図書館の所蔵資料をまとめて検索することができる機能，すなわち，横断検索機能を搭載している。電子書籍提供サービスを実施している図書館であれば，印刷資料としての所蔵資料と電子書籍等とを同時に検索することもできる。さらには，印刷資料としての所蔵資料が，利用可能か貸出中かといった状態がわかる機能も組み込まれ，予約または取り置きのサービスと連動していることも少なくない。

横断検索機能

　こうした機能を有するWeb OPACを使えば，利用者は，どの図書館に行けば自分の求める資料を入手できるか，あるいは，電子図書館サービスを受けられるかを来館前に知ることができる。予約や取り置きのサービスを利用すれば，資料を確実に入手することができる。ただし，Web OPACを経由して予約や取り置きの申込があった場合には，資料を実際に書架から取り出して利用者に渡すために準備する業務が発生する。利用者にとっては利便性が非常に高いが，図書館職員の業務量が増すため，その負荷を考慮しながら，サービスを設計する必要がある。

　各図書館が提供するWeb OPACの情報を統合すれば，全国規模で図書館の所蔵資料を検索することが可能になる。それを実現したシステムに，「国立国会図書館サーチ」と「カーリル」がある。「国立国会図書館サーチ」は，その名が示すとおり，国立国会図書館が提供するもので，総合目録としての性質を有する。国立国会図書館の所蔵資料すべてに加えて，全国の公共，大学，専門図書館や学術研究機関等が提供する資料とデジタルコンテンツとを統合的に検索できるシステムであり，それぞれの資料の所蔵館情報を入手することもできる。

国立国会図書館
サーチ

　「カーリル」は，株式会社カーリルが運営する蔵書検索システムで，全国の図書館7,400館の所蔵状況と資料の貸出状況とを調べることができる。読みたい資料を検索するときに自分の所在情報を入力すると，近隣の図書館で借りられるかどうかを提示してくれる。また，「お気に入り図書館」を登録しておくと，自分の読みたい資料がそれらの図書館にあるかどうかを，優先的に検索して表示してくれる。

　なお，Web OPACと関連して，多くの図書館の公式ウェブページで，「マイページ」もしくは「マイライブラリ」と呼ばれる機能が見られるようになった。この機能は，IDとパスワードを使ってログインした状態で公式ウェブページを利用した場合，自分が借り出している資料のタイトルや返却期限などの貸出利用状況を確認

マイページ

マイライブラリ

できるしくみである。また，図書館によってサービスの範囲は異なるが，貸出の延長手続ができるようにしたり，申し込んだ予約や取り置きの状況に関する連絡を受けられたりできる場合もある。

●…………ウェブ情報源の活用

　図書館がこれまで扱ってきた主な情報源は，図書や雑誌，新聞などの印刷資料であったが，現代社会では，インターネット上にのみ存在する各種資料が大量に存在する。これを，「ウェブ情報源」と言う。ウェブ情報源には，無料で公開されている情報が多数あり，Google などのサーチエンジンを用いれば，利用者自身が自由に検索することができる。ただし，しばしば指摘されるように，そこから得られる情報は玉石混交であり，正しくかつ十分なものが，すぐさま入手できるとは限らない。こうした状況では，図書館がウェブ情報源の情報も提供対象に含めることが有用である。図書館では，「リンク集」もしくは「ポータルサイト」などと呼ばれるウェブ情報源の提供サービスが，すでに行われている。これは，図書館職員がウェブ情報源の内容を吟味し，多くの人にとって有用と思われ，信頼できる機関等が作成しており，かつ，無料でアクセス可能な情報源を一覧にして提示するサービスである。

　このサービスで提供されるウェブ情報源は，どのような利用者を対象とするかによって，一覧に掲載するものが異なる。例えば，成人の利用者を想定した「新型コロナウイルス感染症」(COVID-19) というトピックのリンク集を作ろうとするなら，厚生労働省や経済産業省の関連ページや国立感染症予防センターの提供する専門情報のページにリンクを張ることが考えられる。一方，成人もしくは中高生を対象にした調べもののためのリンク集では，国立国会図書館等が提供する無料で利用できるデータベースや官公庁が発行する各種の報告書や統計などへのアクセス情報を提示している。これらのページは，利用者自身がサーチエンジンを使って検索しても，もちろん見つけられるが，使用する検索語によっては，ほかのさまざまなウェブページも検索結果として表示されてしまい，必要な情報に到達するまでに無駄な時間がかかってしまう。しかし，図書館が信頼できる情報源を一覧にして用意しておけば，利用者はリンク先を見さえすれば必要な情報を入手できる。

　インターネットが普及し始めた当初は，主題やウェブ情報源の網羅性を重視した大規模リンク集の作成が試みられる傾向にあった。しかし，現在は，ウェブ情報源の数が指数関数的に増大しており，人手による網羅的なリンク集の作成は現実的とは言えない。むしろ，より多くの人にとって有用な主題を扱った，信頼できる情報源を厳選して提示することの方が，利用者にとって役に立つ資料や情報の提供だと言える。また，ウェブ情報源は，時間が経つにつれて，該当ページが消滅したり，URLが変わったりする。それゆえ，リンク集を一度作って終わりとはならない。

サーチエンジン

リンク集
ポータルサイト

定期的にリンク先を確認し，リンク切れを起こしていないか，情報が古くなっていないかなどを点検するメンテナンス作業がきわめて重要となる。

●⋯⋯⋯デジタルレファレンスサービス

　デジタルレファレンスサービスとは，「インターネットを利用して提供するレファレンスサービス」（日本図書館情報学会編『図書館情報学用語辞典』第5版，丸善出版，2020年）のことを指す。「バーチャルレファレンス」と言う場合もある。これまで，直接来館するか，もしくは，電話やファクスを用いて行われていた図書館職員とのやりとりを，電子メール，ウェブページ上の問い合わせフォーム，チャットなどのネットワークを経由して行うものに変更しているという点で，ネットワーク環境下での特徴的な図書館サービスの一つと言えよう。

バーチャルレファレンス

　デジタルレファレンスサービスは，電話やファクスを使ったサービスよりも複雑なやりとりができ，また，そのやりとりすべてを容易に記録できるという利点がある。さらに，利用者から寄せられたレファレンス質問とそれに対する図書館からの回答を，図書館の公式ウェブページにおける「よくある質問」（FAQ）といった形で公開することで，ほかの利用者や潜在的利用者に対して，情報提供ないし情報共有ができるのも大きな利点である。図書館側としても，レファレンス質問と回答を，ほかの図書館と共有することで，図書館のレファレンスサービスの質の向上に寄与することも可能になる。国立国会図書館が提供するレファレンス協同データベース事業で構築されている「レファレンス事例データベース」では，参加館が自館で受けたレファレンス質問とそれに対する回答や回答プロセスなどの情報を一つのデータベースに登録し，ほかの図書館と共有し，図書館全体として，レファレンスサービスを有効に実施できるようにすることを目指している。

　デジタルレファレンスサービスにおいて注意しなければならないのは，その図書館の利用者ではない人も，レファレンス質問を寄せることができてしまう点である。問い合わせがあったものにはすべて答えるのは理想ではあるが，実際には，デジタルレファレンスサービスだけに注力するわけにはいかない。したがって，サービス対象地域以外の人へは，一定の制限を設ける図書館もある。例えば，寄せられた質問が，図書館の所在地もしくは周辺地域の郷土に関連する事項の場合のみ回答するといったやり方である。制限の対象となったレファレンス質問の場合は，質問者の身近の図書館に問い合わせてもらうか，「レファレンス事例データベース」で類似の事例がないかどうかを調べてもらうことを薦めるといった対応がなされる。このように，利用者が回答を入手できるか，あるいは，適切な問い合わせ先に関する情報を得ることができ，併せて，図書館職員の業務量が過剰にならないように工夫することが重要である。

コロナ禍に対応した非来館型サービスの展開

　新型コロナウイルス感染拡大に伴い，政府は2020年4月7日に最初の緊急事態宣言を発出した。その後，2021年9月末までにさらに3回同宣言が出され，そのたびに多くの公共施設や商業施設が閉鎖された。ほとんどの公共図書館も他の施設と同様休館し，サービスの提供を一時中止，または縮小している。一方で，来館できない利用者に資料や情報を届けるため，さまざまな非来館型サービスが模索された。非常時の図書館は，みずからの使命をまっとうするために，どのようにサービスを提供しようとしたのだろうか。

　2021年6月，国立国会図書館は日本図書館協会と協力し，国内の全公立図書館を対象としたアンケート調査を行なった。その結果を，新型コロナウイルス感染症への対応状況（閉館，感染拡大防止策，非来館型サービスの提供など）としてまとめ，報告書として公開している（『公立図書館における新型コロナウイルス感染症（COVID-19）への対応』2022年）。次ページの表は，この調査の中から非来館型の図書館サービスに関する項目を取り出し，コロナ禍直前の2020年1月と2021年6月時点の状況を比較したものである。調査の対象となったサービスは「郵送・宅配貸出サービス」，「インターネットを活用したレファレンスサービス」，「館外から利用できる商用コンテンツ」，「オンラインイベント」の四つである。

　調査結果によると，閉館を余儀なくされた公立図書館の多くは，感染防止対策をとって開館し，来館者へのサービスを再開することを優先した。この機会に，非来館型のサービスを拡充しようという方針はあまり採用されなかったようである。例外の一つは電子書籍・電子雑誌の提供で，一般社団法人電子出版制作・流通協議会による別の調査によると，図書館で電子書籍サービスを提供している自治体の数は，2020年1月時点では91であったが，2021年7月には229，さらに2023年7月には508に増加している。もう一つは，講演・セミナーやワークショップなどのイベントのオンライン化で，都道府県立図書館で積極的に取り組まれている。市区町村立図書館の一部でも，読み聞かせやおはなし会など，子ども向けの読書推進活動がオンラインで実施されている。

　来館できない利用者に対し資料や情報を届けるための取り組みは，感染が収束したからといって中止するのではなく，来館しにくい利用者へのサービスとして継続し，さらに拡張していくことが期待される。転んでもタダでは起きぬくらいの精神で，この辛い経験をサービス拡大の機会ととらえられるかどうか，図書館の姿勢が問われていると言えよう。

表：新型コロナウイルス感染拡大防止を目的とした非来館型サービスの提供状況

サービスの種類		市区町村立図書館 （中央館 989 館）		都道府県立図書館 （中央館 47 館）	
		2020 年 1 月以前	2021 年 6 月 1 日	2020 年 1 月以前	2021 年 6 月 1 日
A	郵送貸出（全利用者対象）	4.4%	8.8%	21.3%	31.9%
	郵送貸出（来館困難者のみ対象）	22.8%	24.7%	59.6%	59.6%
	図書館員・ボランティア等による宅配貸出（全利用者対象）	0.7%	2.1%	0.0%	0.0%
	図書館員・ボランティア等による宅配貸出（来館困難者のみ対象）	15.1%	16.9%	0.0%	0.0%
	上記以外の郵送・宅配貸出サービス	8.1%	10.0%	8.5%	12.8%
B	オンラインでの問い合わせフォームの活用による質問回答	21.8%	24.1%	93.6%	95.7%
	電子メールによる質問回答	49.9%	52.8%	85.1%	85.1%
	メール以外のチャット・SNSによる質問回答	1.4%	2.1%	0.0%	2.1%
	上記以外のインターネットを活用したレファレンスサービス	1.8%	2.5%	6.4%	8.5%
C	電子書籍・電子雑誌	7.7%	16.7%	8.5%	19.1%
	音楽配信サービス	5.2%	6.0%	10.6%	10.6%
D	講演・セミナー	2.9%	11.1%	17.0%	68.1%
	読み聞かせ・おはなし会	4.7%	9.5%	4.3%	8.5%
	読書会	1.7%	2.2%	0.0%	2.1%
	ビブリオバトル	0.4%	1.9%	2.1%	2.1%
	ワークショップ	2.1%	3.7%	6.4%	12.8%
	上記以外のその他の集会行事	1.7%	6.4%	8.5%	40.4%

※　A（郵送・宅配貸出サービスの実施率），B（インターネットを活用した質問回答型レファレンスサービスの実施率），C（館外から利用できる商用コンテンツ提供の実施率），D（オンラインイベント開催率）

国立国会図書館「公立図書館における新型コロナウイルス感染症（COVID-19）への対応」
https://dl.ndl.go.jp/info:ndljp/pid/12226706（2022年2月）p.31-34より作成

◉図書館サービスをとらえる視点

利用目的と利用対象への着目

●⋯⋯⋯⋯**図書館サービスの対象**

　図書館サービスは，サービス対象となる利用者によって，その内容が変わる。公立図書館の主たる利用者は，設置母体である地方自治体の住民であるが，近隣地方自治体の住民や，在勤・在学の人も利用者となり得る。また，利用資格があっても図書館を利用しない人も，潜在的な利用者（potential user）として認識しなければならない。すなわち，図書館の利用対象とされる人は，以下のように区分することができる。

潜在的な利用者

　　(1)　利用登録者

　　(2)　館内利用者

　　(3)　非利用者（潜在的利用者）

　(1)は，図書館で貸出サービスやデータベースを利用するために，利用登録を済ませている人である。図書館は，このような利用者の数を統計上把握することができる。また，登録をしていなくても，レファレンスサービスや複写サービスを利用したり，図書館行事に参加したりする利用者数も，統計数値として把握できる。(2)は，図書館に来館し，閲覧スペースで新聞や雑誌を読んだり，学習室を利用したりする人々である。入館者数として数えられることもあるが，統計数値となることは少ない。(3)の非利用者，あるいは潜在的利用者とは，サービス対象となる地域の住民であっても，図書館を利用していない人である。

●⋯⋯⋯⋯**サービス対象の構成**

　多くの図書館では，年齢別にサービス対象者を認識し，その特性に合わせて資料構成やサービス，集会・文化活動を実施している。具体的には，「乳幼児」，「児童」，「ヤングアダルト」，「成人」，「高齢者」に区分することができる。

乳幼児
児童
ヤングアダルト
成人
高齢者

　児童サービスの対象となるのは，0歳から11，12歳の小学生までとその保護者である。2，3歳までを乳幼児として別のグループとしたり，中学生ぐらいまで含めたりする場合もある。ヤングアダルトサービスの対象は中学生・高校生が中心で

あるが，10代（ティーンズ）全般，あるいは大学生を含むこともある。最も大きな年齢集団は，成人サービスの対象者であり，ヤングアダルト以降，高齢者サービスの対象集団までの間となる。なお，それぞれの対象に対するサービスの詳細は，UNIT 37からUNIT 39で扱う。

年齢別の集団とは別に，ニーズに合わせたサービス対象集団を認識する場合もある。これは主に，UNIT 26で説明したアウトリーチサービスの対象となる集団である。具体的には，図書館未設置地域の住民や，アクセス手段を持たない人，開館日や開館時間に利用することが難しい人，刑務所や少年院といった施設の収容者や，病院の入院患者などが考えられる。また，UNIT 41からUNIT 43で扱う合理的配慮を必要とする人々や，UNIT 40で扱う多文化サービスの対象となる日本語を使いこなせない外国人も，特有のニーズを持つサービス集団である。図書館は，利用上の困難があるこうした人々に対しても，サービスを届ける工夫と努力をしている。

アウトリーチサービス

●⋯⋯⋯⋯利用者ニーズ

利用対象に応じたサービスを考える際，利用者の年齢など，属性や特性を認識するだけではなく，利用者集団特有のニーズをとらえることも必要である。例えば，高齢者を含む成人へのサービスについて考えてみると，さまざまな利用目的を有する利用者層を挙げることができる。

ニーズ

(1) ビジネス情報を求める利用者層
(2) 地域情報を求める利用者層
(3) 生活情報を求める利用者層
(4) 生涯学習情報を求める利用者層

(1)には，ビジネスパーソン，特に，勤務先で資料室を持たない中小企業や個人経営，ベンチャービジネスなどに携わる人，起業を志す人，キャリア形成を目指す人などが含まれる。また農林水産業や伝統工芸など，地域産業に従事する人の情報収集を支援することも必要である。

(2)には，地域の文化や歴史，観光資源に関する調査・研究のために図書館を利用する人，あるいは，地域のコミュニティ活動のために自治体の行政資料を求める人などである。(3)には，さまざまなニーズを持つ人が考えられる。例えば，子育てや介護，福祉に関する情報，医療や健康に関する情報，学校教育に関する情報，日常のトラブルにまつわる法律情報などである。

(4)には，「高等学校卒業程度認定試験」（旧大学入学資格検定）の合格を目指す者や，通信教育の受講生，夜間学級に通う学生，諸資格や技術取得を目指す人々，

市民講座やカルチャースクールなどに通う成人などが含まれる。

●⋯⋯⋯利用目的に応じたサービス

特有のニーズを持つ利用者に対するサービスは，利用者一般に対して提供される
サービスとは異なる視点で組み立てることが必要である。それが，利用目的への着
目である。ある特定の目的や意図を持って来館する利用者に対し，図書館としてど
のような支援ができるかという発想で，サービスを構築するのである。すなわち，「利
用目的対応型サービス」という位置付けである。利用目的への対応を意図したサー
ビスには，以下のようなものがある。

利用目的対応型
サービス

 (1) 調査研究支援サービス

 (2) ビジネス利用支援サービス（ビジネス支援）

 (3) 行政・社会活動支援サービス

 (4) 日常的問題解決支援サービス

 (5) 特定資料利用支援サービス

 (6) 情報活用能力育成支援サービス

 (7) 施設利用支援サービス

(1)は，学術的な調査研究を目的とする利用者を支援するもので，UNIT 27 ほか
で解説したレファレンスサービスを基盤として展開するものである。しかし，レファ
レンスサービスは，資料を典拠として，そこに記載された情報を提供することを基
本としているのに対し，調査研究支援サービスには，多様な活動が含まれる。例え
ば，調査に必要な情報検索の講座を開催したり，地域の大学図書館と連携して，よ
り専門的な文献を探索したりする。レフェラルサービスとして，専門機関や専門家
への照会あるいは紹介も行われる。

(2)，(3)，(4)は，課題解決支援サービスとして，UNIT 35 で取り上げる。(5)は，
児童向け資料，ヤングアダルト向け資料，高齢者向け資料，障害者向け資料，外国
人向けの資料など，対象別サービスの内容と重なりがある。しかし，利用を支援す
る相手は，資料の対象者だけではない。

(6)は，情報リテラシー，あるいはメディアリテラシーの獲得や向上を目指す利
用者に対し，支援を行うことが基本となる。ただし，電子資料やPCを利用するだ
けではない。印刷資料とともに，ハイブリッドに活用するための能力を指すことに
留意する必要がある。(7)は，図書館という空間的な場を利用しようとする人に対
して，施設や設備の使用法，手続などを支援することである。

正しいこと，適していること

　レファレンスサービスにおいて，利用者からの質問に基づいて回答する場合，いくつかの「鉄則」がある。その代表は，複数の情報源のを確認である。俗に，「ウラをトル」と呼ばれる作業である。ただ，このように書くと，正しいかどうか（まちがっていないか）を確認するためと意識されやすいが，そればかりではない。ある人物の情報を求めて検索したとき，簡略な履歴情報のみを掲載している情報源もあれば，経歴や業績の詳細を確認できる情報源もある。いずれも情報としては正しいが，ニーズをふまえた場合，簡略なものでは適していないこともある。複数の情報源を確認することは，十分な情報を確認するためにも必要な作業である。

　また，利用者の置かれている環境や利用者自身の状況も関係する。例えば，健康のために減量の参考になる本を探しているとする。「ダイエット」のための本は，「ハウツーもの」の一つであり，複数の資料が確認できよう。ただし，「米飯を食べよう」を基本にしているものもあれば，「米飯は食べるな」を主張しているものもある。情報としては正反対とも言える内容であり，どのような人のどのような状態にふさわしいかによって，適するハウツーは異なる。

　UNIT 35 で取り上げる「医療関連情報提供」とも関係するが，病気の患者やその家族や介護者がその体験を記録したものとして「闘病記」がある。病気の経過や治療の様子に加えて，病気とどのように向き合い，どのように考えたかなど，さまざまな内容を見出すことができる。インフォームドコンセントやセカンドオピニオンの普及とともに，医師まかせではない治療に患者が臨むためにも，闘病記のコレクションである「闘病記文庫」を図書館が提供することには，大きな意義がある。

　ただし，闘病記を手に取る際にも，前述したように，適したものに留意する必要がある。「闘病記図書館パラメディカ」は，闘病記専門古書店「パラメディカ」店主・星野史雄氏が遺した資料を所蔵している。氏の記した「『闘病記を読む』7 か条」は，この option の趣旨と一致する（https://www.my-cancer.net/hoshino_paramedica/）。

1. 患者さんが 100 人いれば 100 通りの闘病生活があります。
2. 治療法は日々進歩しているので，闘病記中の特定の治療法にあまり目をうばわれないようにしましょう。
3. 闘病記が書かれた時期や住んでいる地域の特殊性に注意すること。
4. 同じ病気の闘病記をできるだけ何冊か読み比べるとよいでしょう。
5. 筆者が有名人か否かにこだわらないこと。
6. 主治医になったつもりで客観的に読んでみる必要も。
7. 宗教，健康食品がらみの PR 本には要注意。

●図書館サービスをとらえる視点

課題解決支援サービス

●············課題解決支援サービスの意義と目的

　課題解決支援サービスとは，住民が，地域にあるさまざまな資料や情報を有効に活用しながら，生活や仕事，文化的な活動における課題を解決できるよう支援することを目的としたサービスを指す。これらは，UNIT 34 で解説したように，利用者の利用目的や利用意図に沿ってサービスを構築する際の枠組であり，分野を問わず展開する性質を有している。

　多くの図書館で課題解決支援サービスが提供されるようになったきっかけは，2005 年に「図書館をハブとしたネットワークの在り方に関する研究会」が公開した『地域の情報ハブとしての図書館：課題解決型の図書館を目指して』である。また，2006 年には文部科学省が，『これからの図書館像：地域を支える情報拠点をめざして（報告）』を公表した。そこでは，図書館に対して「住民の読書を支援するだけでなく，地域の課題解決に向けた取組に必要な資料や情報を提供し，住民が日常生活をおくる上での問題解決に必要な資料や情報を提供するなど，地域や住民の課題解決を支援する機能の充実が求められる」と述べ，課題解決の例として「行政支援，学校教育支援，ビジネス（地場産業）支援，子育て支援」，「医療・健康，福祉，法務等に関する情報や地域資料など，地域の実情に応じた情報提供サービス」を挙げた。

　さらに，「図書館の設置及び運営上の望ましい基準」（2012 年）も，市町村立図書館に対して「利用者及び住民の生活や仕事に関する課題や地域の課題の解決に向けた活動を支援する」ことを求め，以下のようなサービスを提供するとしたことも，このサービスの展開に寄与している。

(1)　就職・転職，起業，職業能力開発，日常の仕事等に関する資料及び情報の整備・提供

(2)　子育て，教育，若者の自立支援，健康・医療，福祉，法律・司法手続等に関する資料及び情報の整備・提供

(3)　地方公共団体の政策決定，行政事務の執行・改善及びこれらに関する理解に必要な資料及び情報の整備・提供

●⋯⋯⋯課題解決支援サービスの種類と方法

　前述の『地域の情報ハブとしての図書館』が想定している地域課題は，以下の6項目である。

　　＜地域課題の解決支援＞

　　　(1)　ビジネス支援　　　　　　　　　　　　　　　　　　　　ビジネス支援

　　　(2)　行政情報提供　　　　　　　　　　　　　　　　　　　　行政情報提供

　　＜個人の自立化支援＞

　　　(3)　医療関連情報提供　　　　　　　　　　　　　　　　　　医療関連情報提供

　　　(4)　法務関連情報提供　　　　　　　　　　　　　　　　　　法務関連情報提供

　　＜地域の教育力向上支援＞

　　　(5)　学校教育支援（子育て支援含む）　　　　　　　　　　　学校教育支援

　　　(6)　地域情報提供・地域文化発信　　　　　　　　　　　　　地域情報提供
　　　　　　　　　　　　　　　　　　　　　　　　　　　　　　　　地域文化発信

　(1)は，ビジネスに必要な情報の提供をはじめ，個人の起業やキャリア形成の支援，地域産業の振興を目的として図書館が提供するサービスを指す。企業経営や経済動向など専門的な図書や新聞・雑誌の収集と提供，商用データベースの利用支援，経営や融資に関する相談窓口の紹介や図書館での相談会の実施，専門家による講演会や研修会の開催，地元産業の紹介や物産展の共催などが行われている。サービスの提供にあたっては，行政の関係各課や商工会議所，専門家と連携し，支援を必要としている人と情報を結び付ける取り組みが進められている。日本では，2000年に「ビジネス支援図書館推進協議会」が設立され，図書館がビジネス支援を行うための情報支援ツールの作成や研修会の開催，ビジネス支援に関する調査・研究，図書館や利用者への啓蒙活動などを行なっている。

　(2)は，政府機関や地方自治体とその類縁機関が刊行した資料を収集・保存し，地方自治体の行政職員や議会議員の政策立案に資するようにすることである。また，住民が地域の課題解決や自治的な活動のために利用できるよう，提供することである。対象となる行政資料としては，白書，年鑑，統計資料，例規集，財政関係資料，　　　行政資料
会議等の議事録や配布資料，地方自治体の各部署が作成している資料などがある。

　(3)は，医療や健康，介護，年金に関する情報を必要とする地域住民に提供するサービスである。医療関連情報コーナーの設置，医学図書館や病院図書館，あるいは患者図書室と連携した資料提供，闘病記の収集と提供，図書リストやパスファインダーの作成，各種パンフレットや診療ガイドラインの提供，講演会や講座の実施を通し　　インフォームドコ
て，関連情報を利用者に届けることが行われる。図書館がこうしたサービスを提供　　ンセント
　　　　　　　　　　　　　　　　　　　　　　　　　　　　　　　　　　　　セカンドオピニオ
する背景として，インフォームドコンセントやセカンドオピニオンなど，市民がさ　　ン

まざまな情報をもとに医療と向き合う機会が増えていることがある。2006年に制定された「がん対策基本法」では，がん対策推進計画策定を，都道府県に義務付けている。北海道，山形県，埼玉県，滋賀県，和歌山県などでは，拠点病院と図書館の連携を，それぞれの計画に中で謳っている。また，国立がん研究センターは，「がん情報普及のための医療・福祉・図書館の連携プロジェクト」を2015年に立ち上げ，信頼できるがん情報を入手できる場として，図書館を積極的に活用するようにしている。

法テラス
法情報

　(4)は，日常生活や仕事の上で法律に関する情報を必要とする市民に対して，資料を提供したり，相談窓口への橋渡しを行なったりするサービスである。司法制度改革のもと，法科大学院や「法テラス」の設置，裁判員制度の開始など，法をめぐる環境が変化し，法情報への身近なアクセス拠点として，図書館の役割が期待されている。例えば，関連資料を集めた専用スペースの設置，資料のダウンロードやリンク集の利用が可能なウェブページの開設，調べ方案内（パスファインダー）の作成・配布，データベースの利用支援，地方自治体の関係部署や専門機関に関する情報提供，弁護士や司法書士による法律相談会の開催などが行われている。

総合的な学習の時間

　(5)は，地域の学校における学習活動や読書活動に対して，児童・生徒に資料や情報を提供したり，教員の授業づくりや教材作成を支援したりするサービスのことである。特に，総合的な学習の時間（探究の時間）においては，地域に関する調査を行う機会が多く，そうした場合，公共図書館が所蔵する郷土資料が有効となる。なお，学校教育支援については，UNIT 46で取り上げる。(5)に含まれる子育て支援とは，乳幼児を持つ親が主なサービス対象となる。育児に関する資料の提供，公的機関や関連団体によるサポートについての情報，ボランティア団体と連携した相談会の開催などが行われている。

　(6)は，利用者が地域コミュニティの一員として，地域の文化について学んだり，地域の課題について調べたり，個人やグループで自治活動に参加したり，文化的な活動に取り組んだりする際に必要となる情報を提供することを指す。図書館みずからが，地域の文化に関する情報を発信し文化の振興に資するためのサービスも行われる。地域に関する情報は，一般に流通していない資料，文献としてまとめられていないデータも多い。それゆえ，公民館，生涯学習センター，博物館，文書館，行政各部署，学校，民間の関連団体と協力しながら，収集，整理，保存して，提供する必要がある。なお，地域情報の提供については，UNIT 44で取り上げる。

地域情報

新たな図書館サービスを生み出すコレクション

　外国語の本を所蔵している図書館はめずらしくないが，英語（多言語）の資料を収集し組織化して生まれたコレクションが，読書材のまとまりとして意味を持つだけではなく，新たな図書館サービスを生み出すまでに発展しているのが「図書館多読」という取り組みである。

　多読とは，絵本から始めて，やさしい言葉で書かれた本を大量に読むことによって，英語やそのほかの言語を習得しようとする学習法である。NPO多言語多読の初代理事長・酒井邦秀氏によって「英文多読」が提唱され（『快読100万語！　ペーパーバックへの道』筑摩書房，2002年），現在では，英語だけではなく，多言語多読，さらに，ドラマや映画など動画を数多く見たり，話したり書いたりする「tadoku」という言語活動として展開されている。

　多読は「辞書は引かない」，「分からないところは飛ばす」，「合わないと思ったら投げる」を三原則とし，好きなものを読むことで楽しみながら継続することを目指している。そのためには，何より素材探しと仲間探しが大切であり，これが，図書館の活用に結びついている。まず，素材探しについては，辞書をひかなくてもわかるやさしい言葉で書かれた本で，かつ，興味の持てる内容，おもしろいと思えるものを次々と手に取る必要があることから，身近に読む環境が整えられることが重要であった。読みたいものを選んで読むというのは，読もうという意欲とその維持に着目しているためであるが，このことは，多読仲間を探し，読んだ本について話したり，おもしろかった本を紹介しあったりするという点にも共通である。

　学校の英語教育に多読が取り入れられると，学校図書館で，英語教員と司書教諭・学校司書が連携し，コレクション形成や資料提供にあたる例が出てきた。そこで注目されるのは，単に多読用資料を置く場として図書館が使われるのではなく，図書館員による選書や生徒の本選びの支援まで，さまざまなサービスが提供されるということである。その後，大学図書館や公共図書館でも，多読に適した本を積極的に収集し，コレクションとして整備し，利用に供するところが増えた。また，電子書籍サービスでも，多読用の本が提供され始めている。

　公共図書館では，多読用のコレクションを学校教育への支援に用いたり，行事として多読の会のような講座を開催したりするなど，資料を活用したさまざまなサービスに発展している。また，多読クラブの立ち上げや子どもへの多言語読み聞かせボランティアグループの結成など，コミュニティの活動につながっている例もある。多読というコレクションによって，外国語を学ぶ場と機会を提供するだけではなく，新たな図書館サービスが生まれていることになる。

◉図書館サービスをとらえる視点

各種機関と連携したサービス

●⋯⋯⋯他機関と連携する意義

これまでのUNITで取り上げてきたような図書館サービスを提供するには，図書館同士が協力しあう「図書館ネットワーク」（UNIT 4）を構築するだけではなく，図書館以外の施設や行政部門との連携が不可欠になる。

図書館法第3条（図書館奉仕）第1号には，図書館は「郷土資料，地方行政資料，美術品，レコード及びフイルムの収集にも十分留意して，図書，記録，視聴覚教育の資料その他必要な資料（中略）を収集し，一般公衆の利用に供する」とある。しかし，ここに記された資料は，博物館，美術館，文書館，郷土資料館などでも収集・保存している。したがって，図書館と各種の施設が連携することによって，より広範囲に，かつ効率的に資料を提供することが可能になる。また，『これからの図書館像』（文部科学省，2006年）では，図書館が図書以外の多様な資料を提供したり，地域の課題解決を支援したりするために，博物館や郷土資料館などの社会教育施設のほか，行政の各部門や各種団体，機関と連携することを求めている。

図書館が，行政情報や医療関連情報，法務関連情報，地域情報などを提供する課題解決支援サービスは，さまざまな関係諸機関との連携によって成り立つと言える。

●⋯⋯⋯図書館が連携する機関の種類

図書館は従来，以下のような施設や団体と連携してきた。

(1)　社会教育施設
(2)　関連公共施設
(3)　文庫活動団体

公民館
青年の家
博物館
史料館
情報センター
視聴覚ライブラリー
児童館
地域文庫
家庭文庫

(1)は，「社会教育の奨励に必要な施設」（社会教育法第3条）で，公民館のほか，青年の家や博物館など，図書館と同様に地方自治体の教育委員会が設置し，管理している施設を指す。(2)は，資料や情報を扱う類縁機関で，各種研究機関，文書館，史料館，情報センター，視聴覚ライブラリー，児童館などが該当する。(3)には，地域文庫や家庭文庫が含まれる。

これらに加えて，近年では，図書館サービスの内容や目的に応じて，多様な施設・組織や行政部門との連携が模索されている。例えば，福祉関連施設である保健所，保育所，乳幼児施設，高齢者施設，医療・養護施設，さらに，商工会議所，消費生活センター，税務署，司法支援センター（法テラス），行政の関連部署などがある。

●⋯⋯⋯⋯社会教育施設と連携したサービス

教育基本法第12条は，「国及び地方公共団体は，図書館，博物館，公民館その他の社会教育施設の設置，学校の施設の利用，学習の機会及び情報の提供その他の適当な方法によって社会教育の振興に努めなければならない」と謳っている。すなわち，図書館，博物館，公民館などの社会教育施設は，幅広い年齢層に対して学習の場と機会を提供するという共通の任務を有している。この任務に基づいて，講座や講習会を開催したり，学習に資する教材や資料を収集または作製して利用に供したりしているのである。

博物館は，「実物，標本，模写，模型，文献，図表，写真，フィルム，レコード等の博物館資料」を収集し，保管し，展示することに加え，「博物館資料に関する講演会，講習会，映写会，研究会等を主催し，及びその開催を援助」（博物館法第3条）している。一方，公民館は，「住民の教養の向上，健康の増進，情操の純化を図り，生活文化の振興，社会福祉の増進に寄与すること」（社会教育法第20条）を目的とし，生活や学術および文化に関する定期講座のほか，討論会，講習会，講演会，実習会，展示会などを開催し，図書，記録，模型，資料などを備えて活用している（同法第22条）。これらをふまえると，図書館が博物館や公民館などの社会教育施設と連携する場合は，以下のような方法が考えられる。

(1)　各施設が開催する講座に関連するサービスを展開する。
(2)　各施設と行事等を共催する。
(3)　各施設が所蔵する資料を図書館利用者に提供・紹介する。

(1)は，博物館や公民館で開催される講座に有用な資料を貸し出したり，各館の講演会や講習会の案内を図書館に掲示し，関連資料を展示したりすることである。逆に，図書館が行う集会や文化活動に対して，博物館や公民館から資料を提供してもらったり，専門知識を持つ職員を講師として派遣してもらったりすることもできる。一方，(2)は，図書館と博物館が，展示会や講習会を共催することである。例えば，岐阜県図書館では，岐阜県博物館と「清流長良川：鮎を育む自然と文化」（2020年）を共催し，関連図書の展示，「川のお魚ワークショップ」の開催，博物館学芸員によるギャラリートークを実施している。博物館では，同テーマの特別展示のほ

か，「ぼくが川漁師になったわけ」と題した講演会を行い，両館を併せて楽しむことができるよう工夫している。(3)は，資料の相互貸借が可能な提携を交わしたり，

レフェラルサービス

レフェラルサービスを通して各施設を紹介したりすることによって，図書館の利用者が博物館や公民館が所蔵する資料にアクセスできるよう取り計らうことである。

●⋯⋯⋯関連公共施設と連携したサービス

図書館以外に資料や情報の収集・保存・提供を任務としている公共施設には，博物館，文書館（ぶんしょかん，もんじょかん），情報センターなどがある。文書館とは，公私の文書，記録類を保管して利用に供することを目的とした機関である。特に，国や地方自治体などの行政機関が職務上作成した文書類の原資料を取り扱う

公文書館

公的施設を公文書館という。

図書館と博物館，文書館は，ともに文化的，歴史的な情報源の収集・保存・提供を行う組織であり，これまでも施設の融合や連携を行なってきた。例えば，神奈川県では，県庁内の各部署が業務上作成した行政資料を県政情報センターが集約した上で，各地の県政情報スペースや公文書館，県立図書館に配置し，それぞれが保存ならびに提供に関する業務を分担している。これによって，図書館だけでは網羅的に収集しにくい議案書，計画書，予算・決算書，監査資料など，行政の活動を知るための資料を，地域住民に幅広く提供することができる。

近年では，それぞれの施設が所蔵する資料をデジタル化し，ネットワークを介して提供するようになったことから，これを施設横断的に展開するためのメタデータとデジタルアーカイブ構築に関する協働が進んでいる。2008 年に国際図書館連盟（IFLA）が発表した報告「公立図書館・文書館・博物館：共同と協力の動向」（https://repository.ifla.org/bitstream/123456789/784/1/ifla-professional-reports-nr-108-ja.pdf）では，これら 3 機関の連携について，プログラムの協同作成，電子資源での協同，協同利用施設と統合施設，という側面から各国の事例を紹介し，現状と課題を分析している。このような相互協力関係を，博物館（Museum），図書館（Library），文書館

MLA 連携

（Archives）の頭文字を組み合わせて MLA 連携と呼ぶ。

●⋯⋯⋯その他の諸機関と連携したサービス

課題解決支援サービスには，行政支援，学校教育支援，ビジネス支援，子育て支援のほか，医療，健康，福祉，法務等に関する情報や地域資料の提供が含まれる。図書館がこうした支援や情報提供を行うにあたっては，福祉関連施設，商工会議所，医療機関など，さまざまな機関との連携が不可欠になる。また，近年，図書館と他機関が同じ複合施設内に設けられる建築事例も増えており，行政機関やNPO法人，商業施設，第三セクターなどとの連携が模索されている。

例えば，一般的にビジネスに関する情報や支援を提供しているのは，経済関係団体が設置する専門施設，経済産業省や中小企業庁などの国の行政機関，地方自治体の関連部署，職業訓練施設，商工会議所などである。そこで図書館は，ビジネスに有益な資料を収集し情報を提供する一方，起業や経営，商品開発，特許などに関する具体的な相談に対しては，専門家による助言を受けられるよう関係機関の窓口を紹介したり（レフェラルサービス），図書館内にパンフレットやポスターを展示・掲示して案内したりすることになる。そのほかにも，金融や法務関係の機関や部署と連携し，各機関が有する相談機能と図書館資料を結び付けたサービスを提供することもある。例えば，札幌市図書・情報館では，日本政策金融公庫や中小企業庁の経営相談窓口の担当者，あるいは司法書士会の専門職員などが，図書館のカウンターで定期的に相談会を開催している。

　他機関と連携したサービスを提供するには，地域の情報拠点について知るとともに，担当者同士の情報交換や意思疎通が重要である。一つの複合施設の中に，図書館とほかの公共施設や行政部門が設けられていたとしても，運営組織が「タテ割り」のままでは，シームレスなサービスを提供することは難しい。効果的，効率的なサービスを目指すには，それぞれの職員の交流やサービスポイントの共有化など，意識改革と組織改革を進めることが求められる。

子育て支援センターと図書館児童サービスカウンターの併置（塩尻市民交流センター）

◉利用者の特性に配慮したサービス

児童サービス

●⋯⋯⋯⋯サービスの意義と対象

児童サービス　　　　　児童サービスは，子どもを対象として行うサービスであるが，年齢は必ずしも確定しているわけではない。一般的には，乳幼児から小学生，あるいは，義務教育就学年齢である中学生までと考えられている。さらに，高校進学率が90％を超えていることから，高校生もそのサービス対象とみなされている。特に0歳から3歳児

赤ちゃんサービス　　　を対象にした場合，「赤ちゃんサービス」とも称される。なお，中学生向けならびヤングアダルト　　　　に高校生向けの場合は，UNIT 38で扱う「ヤングアダルトサービス」となる。
サービス

　　　年齢層でグループ化して考えるのは，資料選択やプログラム実施において，発達心理学や社会学の面から適切と評価することが容易だからである。ただし，年齢層のみならず，置かれている状況も視野に入れると多様となる。例えば，学校に通学していない，あるいは在籍していても単位制高校の生徒であったり，夜間中学・高校の生徒であったり，フリースクールやコミュニティスクールで学ぶ児童・生徒であったり，とさまざまになる。外国人家庭の子どもであったり，病気で長期入院していたり，障害があって図書館利用に困難な状況にあったりする子どもも，サービス対象となる。さらに，子どもの保護者や学校の教員といったおとなも，児童サービスの副次的な対象者と考えられる。

　　　1970年代以降，新築あるいは改築される図書館では，児童室や子ども向けエリ
子ども図書館　　　　アが設置されてきた。子ども図書館も，開館している。こうした動向は，地域文庫
家庭文庫　　　　　　や家庭文庫の活動の成果であるとともに，子どもの読書離れに対する危機感を背景としたものと言えよう。また，子どもの人口減少から，図書館における児童サービスの沈滞化が懸念され始めたこともあり，乳児健診を行う保健所や小・中学校を訪問してサービスを提供することなども拡大している。

　　　児童サービスは，貸出サービスとともに重要な活動の一つである。発達段階に応じて，子どもが読書を楽しみながら想像性や創造性を豊かに育み，自分で考える力を身に付け，自己認識を高めて社会とのかかわりを持ちながら，さまざま知識や他者への見方を学ぶ機会となる。また，職業体験実習や図書館友の会などによって，地域の社会活動に体験的に参加する活動も，児童サービスの中で行われる。

●⋯⋯⋯環境整備：資料と選択

　乳幼児から学齢期の子ども向けの図書館資料は，絵本や児童書といった図書が中心である。学齢期対象の電子書籍は増加傾向にあるが，電子絵本の適否については検討段階である。このほか，紙芝居や人形，おもちゃ，布の絵本や点訳絵本あるいは点字付き絵本といった資料も活用される。動画や音楽などの子ども向け視聴覚資料もある。さらに，ゲーム類の収集に対する関心も高まっている。ただし，こうした多様な形態資料群の中でも，図書の提供の割合は大きい。

　子ども向け資料の選択・収集は，各図書館で選択基準や資料収集範囲などを含む資料形成方針を明文化して行われる。方針においては，資料利用の主体となるのはあくまで子どもたち自身であることを，明確にしておくべきである。選択・収集は子どものためのものであり，選択者のためのものでは決してないからである。

　1989年に国際連合総会で採択された「児童の権利に関する条約（子どもの権利条約）」の第13条には，子どもたちには「あらゆる種類の情報及び考えを求め，受け及び伝える自由」があると記されている。また，第17条では，「児童の福祉に有害な情報及び資料から児童を保護」するものとしており，第18条では"責任は父母または法定保護者にある"と明記している。それゆえ，図書館における児童サービスでは，こうした考え方に沿って配慮することが求められる。

児童の権利に関する条約

●⋯⋯⋯環境整備：施設・設備

　図書館では，乳幼児や学齢期児童のための資料を集め提供する独立した部屋やエリアを確保している。各種の集会・文化活動（行事）を実施するために「おはなしのへや」といった名称の施設を設けることも少なくない。一般に子どもの声は音域が高く，また大きな声で騒ぐことがあるので，図書館全体に響かないように，施設の配置や出入口からの動線に注意する必要がある。一方，不審者の行動を防ぐために，また，フロアワークをしやすいように，図書館職員の目が届く位置に児童スペースを置くことも求められる。

　児童室あるいは子ども向けエリア内では，サービス対象を考慮した書架や家具を配置する。乳幼児向けには，畳やじゅうたんを敷いている図書館も多い。書架や家具は子どもの身長に合わせた高さとし，怪我をしにくいように角が丸いものを採用するなどの配慮を行う。また，文字をまだ読めない子どももいることから，図書ラベルや書架のサインなどにイラストを用いることも考慮する。絵本をフェイスアウト（面出し）できる展示架や，表紙を見て探しやすい床置きの図書箱といった家具も用いられている。幼児向けトイレや水飲み場，乳児を連れた母親が授乳できる部屋，父親がオムツ交換できるようにする設備を整えることも課題となる。

37. 児童サービス　177

　サービス活動には，間接業務と直接業務がある。間接業務には，児童室やエリアの設計や構築などの環境整備，各種の資料の選択と収集，子どもがわかるイラストや言葉で検索できる「件名」を付与する資料組織の作業がある。また，対象年齢別（乳幼児の場合には月齢別）の資料リストの作成，学齢期の児童・生徒向けのパスファインダーの作成，テーマ別資料展示も含まれる。さらに，子ども向けの利用案内やウェブページの作成，子ども向けのブログによる情報発信もある。

　直接業務には，貸出・返却といったカウンター業務，質問回答サービスやフロアワークがある。フロアでは，子どもたちへの読書案内が求められ，課題解決支援や宿題・調べもの援助といった活動が行われる。こうした活動のためには，あらかじめ地域の小・中学校に連絡し，教職員との協力体制を整えておくことも必要となる。

　集会・文化活動も，児童サービスにおける直接業務として重視される。これにより，子どもたちに本を読む楽しみを伝える直接の機会となるからである。行事は「おはなし会」と称され，多様な活動が行われている。絵本の読み聞かせやストーリーテリング（おはなしの素語り），紙芝居の実演，人形劇やペープサートの上演などである。また，自然科学分野に興味関心を持ってもらうため，図書館内で実験を行う科学あそびや，図書館外での自然観察教室などが行われている。さらに，学校や学級を訪問してブックトークを実施することもある。子どもたちが読んで感動した内容を他者に伝える機会を設けることも，読書支援の一環となる。

おはなし会
読み聞かせ
ストーリーテリング
紙芝居
人形劇
ペープサート
科学あそび
ブックトーク

●⋯⋯⋯⋯担当者

　司書資格を有している図書館職員は，図書館業務全般の知識・技術を有した者，すなわち，ジェネラリストとみなすことができる。しかし，児童サービスを担当するためには，スペシャリストになることが求められる。

　まず，子ども向け資料を知っていることが重要となる。象徴的な説明をするならば，子どもが「何かおもしろい本はないか？」と尋ねてきた場合に，OPACやウェブページを検索して回答するのではなく，すぐさま適切なタイトルを示せるくらいに資料を知っている必要がある。そのためには，長年にわたって読み継がれてきた基礎的な定番の子ども向け資料をみずから読んで，評価できる力を身に付けていなければならない。資料のタイトルや著者といった書誌事項とともに，主題やあらすじ，登場するキャラクターといった内容面についての理解が求められる。しかも，印刷資料ばかりではなく，多様な形態の資料を知ることに努めなければならない。ほかの図書館職員や子どものまわりにいるおとなにも，資料の価値を伝えられるようにすることもある。新刊情報を確認するとともに，少子化に伴って児童書市場の縮小が進み，絶版や品切れなどが起こりやすい傾向にあることから，資料入手のため出

版流通についても視野に入れておくべきである。

　つぎに，サービス対象者である子どもに対する基礎理解が求められる。発達心理学や行動心理学，読書心理学を学ぶとともに，地域の子どもたちの行動や生活状況を把握しておく。その上で，図書館に実際にやって来るひとりひとりの子どもたちの個性や嗜好などをつかめば，コミュニケーションしやすくなり，資料提供に向けた重要な手がかりが得られる。資料の存在や価値を伝えるためのコミュニケーション技術は，資料と子どもを結び付けるためには不可欠である。

　さらに，集会・文化活動の企画における柔軟な発想，実施のための技法，ならびに評価能力が必要になる。言い方を換えれば，目的やねらいを明確にした上で，社会の変化に対応できる新しいプログラムを試行できる力が求められることになる。子どもは，新しい社会でこれから生きていく存在であるため，児童サービスを担当する図書館職員も，将来を見据えたサービスを考えるべきなのである。さらに，プログラムを担当するボランティアとの相互理解と協力が欠かせない。ボランティアにすべておまかせではなく，図書館側の主体的サービス活動としてプログラムを行わなくてはならない。したがって，人的管理の能力も必要となる。

表：児童サービス担当者の職務・役割

＜専門職としての責任＞	
○専門団体への参加　○研修　○研究　など	
館内	館外
＜運営に関する業務＞ ○児童サービスの目標，方針の決定 ○事業の優先順位の決定 ○予算の見積もり，コスト分析 ○サービスの評価　など	＜地域の機関・施設との連携・協力＞ ○保育園，幼稚園，学校，子ども文庫，公民館，児童館，保健所，病院，矯正施設　など ○貸出（長期・短期，団体・個人） ○出前（おはなし会など） ○行事への協力　○相談，情報提供 ○ブックモビル　など
＜資料に関する業務＞ ○選書，収集方針の決定 ○資料の選択，収集，整理，保存等 ○コレクションの形成と管理　など	＜自治体の子ども読書推進運動への協力＞ ○計画の策定・実施・評価 ○各種情報提供 ○他機関との連絡調整　など
＜利用者に対するサービス＞ ○閲覧，貸出　○フロアワーク　○レファレンス　○利用指導　○読書案内・指導・相談 ○集会・行事　○展示　○広報　など	＜子どもの読書・児童資料関連事項＞ ○書評や紹介（雑誌・新聞等） ○各種働きかけ　など
＜社会全般に対する貢献＞	
○書誌コントロール　○児童資料の質の向上　○児童資料の整備 ○読書環境の整備・拡充　○子どもの情報へのアクセス権の保障　など	

堀川照代編著『児童サービス論』新訂版，日本図書館協会，2020，p.255より作成

IFLA児童図書館サービスのためのガイドライン−0歳から18歳（改訂版）（抄）

(IFLA Guidelines for Library Services to Children aged 0-18 / revised version)

パートA　児童図書館の使命と目的

児童図書館の使命

　児童図書館は，情報・学習・文化の拠点として機能し，多文化社会の子どもやその家族，保育者や養育者にとって適切な言語で，年齢や能力に応じた適切な情報，プログラム，サービスを提供する。識字や学習，読書への支援が，この使命を達成するための核となることは，ひろく認められている。

児童図書館の目的

　児童図書館の目的は，あらゆる年齢や能力の子どもたちの教育，情報入手，人格形成のために，さまざまな情報伝達手段によって必要な資源やサービスを提供することである。子どもの自由時間での楽しみや，健康や幸福の実現を支えることも含まれる。児童図書館サービスは，子どもが多様な知識，考え，意見に触れることができるようにし，民主的な社会の発展と維持を図るという大変重要な役割を担っている。国連の「児童の権利に関する条約」は，子どもや若者への図書館サービス方針の立案や実践にとって大きな後ろ盾となる。54条からなるこの条約は子どもの生活に関するあらゆる側面について規定しており，世界の子どもたちに当然認められるべき，市民生活，政治，経済，社会，文化における権利を定めている。子どもは図書館を活用することで，情報や教育を享受する権利を行使できる。児童図書館員は，まさにその最前線に立ち，識字能力を高めると同時に，識字や読書の大切さを広く伝える重要な役割を担っている。「我々の世界を変革する：持続可能な開発のための2030アジェンダ」も世界中のだれもが識字能力を身につけることを目標としている。

　言語能力や識字，読書の能力を伸ばす機会の提供は大変重要である。児童図書館は，子どもやその家族に，図書館の資料やサービスを利用しやすくすることで，こうした能力を発展させるという重要な役割を担っている。

（略）

パートC　資料構築と管理*

*資料には，図書以外も含む。

　児童図書館は，子どもの発達を助けるのにふさわしく，どんな年齢の子どもの要

望にも応えられるような，幅広い資料を多様な形態で提供する必要がある。児童図書館の所蔵資料の量や内容についての普遍的な基準はない。資料とサービスには，本などの伝統的な資料と同様に，あらゆる種類の適切な媒体や最新の科学技術も含まれる。幅広い意見，価値観や視点を反映した蔵書や，インターネット上の資料を揃えておくことが大切である。また，その地域の特色が反映されているとよいだろう。子どもや家族が，資料の選択にかかわることもできる。資料は，子どもが手にとりやすいよう，魅力的で，常に更新され，整備された状態にしておきたい。

　資料の内容は多様で，地域に適したものでなくてはならない。
　（例）
　　・その地域で使われるすべての言語による作品
　　・地元の作家や画家による作品
　　・地元の学校の要望を支える資料
　多様性を表すのは次のような資料である。
　　・性別（ジェンダー），能力，社会的経済的背景，性的志向，家族構成等の多様性を包含するもの
　　・性別や人種の表現においてバランスがとれているもの

　資料構築の参考となるもののひとつが，IFLAのプロジェクトで，各国の図書館員が選んだ絵本のセット「絵本で知る世界の国々」である。

　地域のすべての子どもが，世界や地域の文化を反映した質の高い，新しい作品や情報資源を選べるよう，図書館の資料をたえず見直し，発展させていくことは重要である。多様性を映す資料には，多文化資料や，障害のある子どもや性的少数者（LGBTQ+）の子どものための資料，友だちをつくりいじめに立ち向かう勇気を与えてくれる資料などがある。障害のある登場人物が出てくる物語は，障害のある子どもに自信を与え，物事を前向きにとらえる助けとなったり，他の子どもには，自分が体験し得ない人生経験に目を向けたりするきっかけとなるだろう。

　一般的な図書館では，次の分野の資料を揃えることが望ましい。ただし，これがすべてを網羅しているわけではない。
　　・各年代に適したフィクションとノンフィクション
　　・レファレンスサービス資料
　　・地域の主要言語で書かれた資料
　　・地域の少数派言語で書かれた資料
　　・コンピューターゲーム
　　・おもちゃ

- ・ゲームやパズル
- ・楽器
- ・学習用資料
- ・オーディオブック
- ・触れたり匂いを嗅いだり音を聞いたりできる資料
- ・赤ちゃんのためのトレジャーバスケット
- ・メーカースペース活動でのプログラミング用機器，道具，材料
- ・地域の他機関との連携事業による，発展的な学びのための資料（たとえば手話のDVDや点字図書など）の相互貸借。

（略）

パートD　プログラムの立案と地域へのアウトリーチ活動

　効果的なプログラムや地域へのアウトリーチ活動には，変化する地域社会の人口構成や多様性を反映した計画が必要である。このために，地域社会の住民の構成，人口動態を把握しておく必要がある。児童図書館員は，その地域の声に耳を傾け，要望を満たすサービスやプログラム，資源を提供することで，多様性や包括性，社会の公平性に貢献することができる。

　図書館員には利用者を観察し，話を聞き，適切なサービスを計画することが求められる。

　公共図書館は，とくに，子どもが読書習慣を身につける過程で手助けし，本や他のメディアの利用をすすめる責任がある。児童図書館は，子どもに読書の喜びや，知識を発見し新しいことを知るおもしろさ，想像する楽しさを体験する機会を提供できる。図書館員は子どもと親や保護者が，図書館を上手に利用し，印刷された資料を活用する方法や，電子メディアを扱う技術を身につけるよう，支援すべきである。児童図書館員は仲介役となって子どもに自信をもたせ，読書の楽しみを体験し，子ども同士で読書体験を共有する機会をつくることで，読者としての成長を促す。

　児童図書館は，すべての子どもに向けて，ストーリーテリングや，自館のサービスや資料をもとにした活動などを行うとよいだろう。読書クラブで活動をしたり，互いに教えあう機会をもったり，インターネット上での共同作業を行うなど，子どもとヤングアダルトが一緒に何かを作り上げる活動に参加してもらうことも大切である。

　活動とプログラムには次のようなものがある。
- ・図書館利用案内
- ・情報リテラシーと家族を交えた関連の催し
- ・読書推進と読者の育成

・貸出サービス

・読書クラブ

・文化的プログラム

・宿題クラブ

・作家・画家の講演会や，おはなし会

・LGBTQ+プログラム（性的マイノリティの人を招いたおはなし会など）

・赤ちゃんや幼児のわらべうたの会

・手工芸の活動

・プログラミングイベント

・メーカースペース活動

・創造的遊び

・音楽や演劇のイベント

　地域へのアウトリーチを促進するために，図書館は地域のすべての住民へのサービスを保障しなくてはならない。この中には，障害のある子どもたち，移民，難民，差別されて生きてきた人たちも含まれる。図書館は障害者の団体などに，利用できる資料や図書館サービスの利用方法について情報を提供し，プログラムの開発や展開に協力してもらうことも検討するとよいだろう。図書館員が教育者と連携をとるのもよい。教育者が子どもたちのディスレクシア（識字障害）や自閉症などの学習障害に最初に気づく場合も多いからである。利用しやすさに関する情報は，図書館のウェブサイト，利用を呼びかけるチラシやパンフレットに掲載するとよい。プログラムや催しに参加する子どもが障害をもっているか否か，一見してわからないことも多いので，すべてのプログラムや活動は，包括的な内容にすることが望まれる。
（略）

国際図書館連盟児童・ヤングアダルト分科会作成　2018年　日本図書館協会児童青少年委員会訳　2020年
https://www.ifla.org/wp-content/uploads/2019/05/assets/libraries-for-children-and-ya/publications/ifla-guidelines-for-library-services-to-children_aged-0-18-ja.pdf

UNIT 38

●利用者の特性に配慮したサービス

ヤングアダルトサービス

●‥‥‥‥**意義と対象**

ヤングアダルト
サービス

　「ヤングアダルトサービス」という用語は，日本では，1970 年代ごろから使われ始めた。しかし，サービスそのものはそれ以前から行われている。すなわち，「青少年奉仕」と呼ばれ，「児童奉仕」の延長として位置付けられていた。サービス対象者は，自分のことをおとなであると思っているが，まだ成人ではないという意味で「若いおとな」，つまりヤングアダルトと認識され，図書館サービスが組み立てられた。中心となるのは，10 代の年齢層の者であり，「児童奉仕」と重なるところが多い。図書館によっては，「ティーンズサービス」と呼ぶこともある。

　自己啓発や自己学習などを行い，地域社会とのかかわりを通して自意識を形成していく 10 代の若者を対象とするサービス活動は，資料提供のみでは十分とは言えない。10 代の若者による参加型の図書館活動を企画し，実施していくことこそ，ヤングアダルトサービスの中心に据える必要がある。しかも，民法が改正され，2022 年 4 月からは，18 歳を成年とすることから，前段階の年齢層を対象とする図書館サービスをどのようにすべきかは，それぞれの地域社会の状況を踏まえて考える必要がある。

　1900 年代から，米国では，10 代の若者を対象とした図書館サービスが始まっていた。都市部を中心に，1920 年代から 30 年代にかけて，高校での学習の補完的内容を図書館で学べるようにした取り組みである。日本でも，1920 年代後半から都市部で，「成年と児童との間」の年齢者層を対象とした図書館活動が行われている。その時期から戦後にかけては，勤労青少年が図書館を利用して自己学習に取り組むことが多かった。それゆえ，学習の場所と資料を提供する活動と認識されてきた経緯がある。しかし，今日の活動内容は，資料提供に加えて，多岐にわたっている。すなわち，中学生の職業体験の機会提供，学校教育・学習活動や学校図書館の支援などにも広がっている。

　「YA サービスの現状　全国調査」（2014 年）によると，13 歳から 18 歳をヤングアダルトサービスの対象者と回答している図書館が最も多く，10 歳から 18 歳とする図書館がそれに続いている。米国図書館協会ヤングアダルトサービス部会（ALA/YALSA）では，発達段階に応じて，10 歳から 14 歳の年齢層および 15 歳から 18

歳の年齢層を設定し，それぞれに適切な資料とプログラムを提供することを示唆している。一方，国際図書館連盟の「IFLA児童図書館サービスのためのガイドライン－0歳から18歳（改訂版）」（2018年）では，対象者を区分していない。いずれにしても，おおまかには，「背伸び」をしたがる小学校高学年から，おとなになりたがらない20歳前後までを，視野に入れることになろう。

　この世代の若者は，身体的に成長が早く，見かけはおとなと変わらないこともある。しかし，スマートフォンを用いてSNSを使いこなし，各種の豊富な情報に接触できる一方で，地域社会でのかかわりが限定的であったり，社会生活への実感が伴っていなかったりする場合も少なくない。多くの情報に接することにより，おとなとしての自意識を形成しつつあるものの，経済的に自立しているわけでもない。また，家庭の生活環境や学校の学習環境によっては，そこから孤立していたり，環境に問題があるにもかかわらず，それを問題と認識していなかったりする場合もある。それゆえ，乳幼児や小学校学齢期の児童と同じ子どもとみなすのではなく，社会の一員となりつつある世代にどのように対応するのかを，図書館側が柔軟に考えることが求められる。

●……………サービスのための環境整備：資料

　毎年実施される「学校読書調査」から，中学生の読書冊数が減少し，不読者の数は増加している傾向を確認できる。中学校での授業科目数が増えたことによる学習課題の増加や，課外活動への参加，通学時間の伸長など，読書時間の減少につながる要因が背景にあると推測されている。また，スマートフォン等によるSNS利用の拡大や，読者支援活動の減退も影響している可能性がある。この世代の読書は，文字情報以外の視覚情報や聴覚情報といった多様な情報源の「読・書」にシフトしている。文字情報を読書手段として図書館が整備し提供していくことから，読むだけでなく，書くという自己表現と併せて「読・書」を行うための環境を整備する必要がある。

　資料種別としては，小学校学齢期向けのハードカバーから，文庫や新書といったソフトカバーの資料や雑誌，そして，視聴覚資料や電子資料といった多様な形態の資料を整備し提供することが必要である。内容としては，上述の調査では，多くの図書館が所蔵し提供しているのは，ライトノベル（ラノベ）に代表されるティーンズ向け文庫本が最も多い。また，コミックやマンガのノベライズ本，キャリア支援関係の資料や大学・専門学校の案内書，受験の小論文対策の新書やブックレットなどがといったものが続いている。硬軟おりまぜてのコレクション形成という状態である。自館で選定できない状況があると懸念されるのは，各種読書振興団体などの推薦図書を中心に所蔵している図書館が多いことである。ヤングアダルト向け資料

不読者

の選定を課題として回答している図書館も少なくない。

学校図書館　　　中学校の学校図書館では，専任の学校司書が配置されていないことが多い。そのため，公共図書館で探究型学習の調査課題に取り組んだり，進路進学情報や生活関連情報を入手したりせざるを得ないこともある。また，単位制通信高校やフリースクールで学ぶ生徒にとっては，公共図書館は重要な情報源である。それゆえ，公共図書館は，地域の中学校等と中学生の状況を把握した上で，支援できる情報資料を選定し提供する必要がある。

　資料に関する環境整備を進めるには，あらかじめ各図書館で資料形成方針を明文化し，柔軟な姿勢で資料を選定し提供することが求められる。出版社が設定した10代向け資料だけではなく，不読者や読書習慣が形成されていない利用者のために，読みやすい内容の文庫本や，成熟した10代読者向けの成人向け資料も組み込んだコレクション形成を目指すことが望まれる。また，資料を別置することで，手に取りやすい排架を試みる必要がある。ただし，ラノベの文庫本やコミックをただ別置するのではなく，内容に応じて細分したり，ほかの資料と混排したりして，幅広い興味と関心を引き出せるようにする必要がある。

●⋯⋯⋯⋯サービスのための環境整備：施設・設備

　「ヤングアダルトコーナー」，「ティーンズコーナー」，「中学生コーナー」といった見出しをつけ，資料を別置している図書館は，全体の8割にのぼる。学齢期児童向けや成人向けのコレクションに含めてしまうと，自分の求める資料を見つけにくくなることから，10代向けにわかりやすくする工夫とも言える。一方，ラノベばかりを集めたスペースにすると，それが固定化してしまい，10代の読書の広がりがかえって期待できない。

　図書館の中には，ヤングアダルト向けのスペースを，アクリル板などで仕切り，気兼ねなくおしゃべりできるようにしている図書館もある。東京都の武蔵野市立図書館（武蔵野プレイス）のように，フロア全体を10代向けに設計しているところもある。中学生は，グループで行動する傾向が強いため，図書館をある種の「たまり場」にすることを考慮した設計と言えよう。さらに，新潟県の新発田市立図書館のように，スタジオを設けて音楽活動ができるようにしている例もある。ほかの学校の生徒と交流したり，単位制高校やフリースクールで学ぶ若者の学びの場ともなっていたりするのは，青少年センターや公民館といった社会教育施設が担ってきた場としての役割を，図書館活動に取り入れたものと考えることもできる。

　欧米やニュージーランド，オーストラリア，シンガポールなどの公共図書館では，10代利用者の想像性・創造性を刺激し，活性化して，それぞれの個性を高めるための活動が盛んである。すなわち，ミシンや楽器，コンピュータや大画面のディス

プレイ，3DプリンターやVR（バーチャルリアリティ）などを設置し，自由に利用できるようにしたメイカースペースを設置することが広まっている。図書館で提供される資料と情報を活用して，自分なりの創作活動ができるようにしたものである。

メイカースペース

●⋯⋯⋯⋯サービスの実際

　推薦図書リスト等の資料情報に関する提供や，団体貸出による学校への資料提供，講演会や講座といった行事は，ほとんどの図書館で実施している。さらに，資料や情報の検索講座や学校と協働したビブリオバトル大会の開催，POP作成コンテストなどを実施している図書館もある。中学生を対象とした職業体験の受け入れや「一日図書館員」を行なっている図書館もあれば，中・高の図書委員会活動の成果を発表することを支援している事例もある。

ビブリオバトル
職業体験

　大阪市立図書館や福岡県立図書館のように，図書館のウェブページにヤングアダルトのための領域を設け，学習情報のみならず，さまざまな生活情報を提供している図書館もある。神奈川県の相模原市立図書館のように，X（旧Twitter）やFacebookによる活発な情報発信を行なっている例もある。少年院へのアウトリーチサービスとして，読書会を実施した広島県立図書館や資料提供を行う大阪府立図書館の事例は貴重である。

アウトリーチサービス

　さらに，読書会やゲーム大会といった参加型の活動を進展させた，大阪市立図書館の書評漫才という，読書における体験を表現してもらう行事を開催しているところもある。広島県立図書館や東京都の三鷹市立図書館などでは，「図書部！」を組織し，学校の垣根を越えた10代利用者による図書館行事への積極的な参加を促している。10代利用者自身に話し合ってもらい，行事の企画・実施を行う試みである。

●⋯⋯⋯⋯担当者

　ヤングアダルトサービスに携わる図書館職員は，図書という文字情報の読書に固執せず，自意識を有する10代に対応できるよう，資料や情報の選定に柔軟性を持つ必要がある。また，ヤングアダルトの興味関心を把握するように努め，迎合主義に陥ることなく，客観的にニーズを理解する姿勢を維持することが望まれる。

　また，地域の学校や学校図書館と情報交換を密にし，常に先を見据えたサービス計画と方針を立てられるようにすることが求められる。児童サービスの担当者と同じく，「定番」の資料を確認し，新刊資料を選定できるようになることは基本である。また，ウェブページ上の情報にも目を配り，視聴覚資料や電子資料も把握することも加わる。10代の利用者が，資料を読んだ後に何をどう表現するのかを考え，本を読まないヤングアダルトに向けて，図書館活動への参加を促す活動を企画して支援することも，担当者の業務となる。

乳幼児サービスの展開

　国際図書館連盟(IFLA)の児童・ヤングアダルト図書館分科会は,2018年に「IFLA児童図書館サービスのためのガイドライン─0歳から18歳まで」(改訂版)を公開した(option P)。このガイドラインでは,「児童」を国連の定義に則って,0〜18歳までとしているが,UNIT 36とUNIT 37で示したように,実際の図書館では,乳幼児から小学生までを児童サービスの対象,中高校生をヤングアダルトサービスの対象として,区別して扱うことが多い。実は,旧版の「Guidelines for Children's Libraries Services」(2003年)を改訂するにあたって,「乳幼児への図書館サービスのガイドライン」(Guidelines for Library Services to Babies and Toddlers)(2007年)と「ヤングアダルトへの図書館サービスのガイドライン」(Guidelines for Library Services for Young Adults)(2008年)が統合されているのである。すなわち,0歳から3歳までの乳幼児へのサービスは,児童と分けて考える場合もあるということがわかる。

　以下の項目は,図書館の乳幼児サービスの進展を評価するためのチェックリストで,「乳幼児への図書館サービスのガイドライン」に掲載されていたものである。各項目に対し,「未検討」,「計画中」,「実施中」,「達成・評価中」となった年度を記入するようになっている。乳幼児サービスに独自の観点を確認してほしい。

1. 大人へのサービスと同等かつ重要なサービスとして,質の高い児童サービスを提供し,初期の教育,家庭教育,生涯学習の支援に努めること。
2. 乳児(生後12か月まで)と幼児(生後12か月から3歳まで)へのサービスを図書館の任務に含めること。
3. 図書館カードや特典がたやすく得られるようにすること。
4. 利用者が独力で図書館へ来られるように,文字と絵文字を用いた目立つ案内表示をすること。
5. 移動図書館や出張サービスも含むすべてのサービスを行う場所で,乳幼児用資料に特化した場を確保すること。
6. 図書館利用に際し,乳母車,折りたたみ式ベビーカー,車椅子,歩行器などが通行できるようにすること。
7. 「未来の読者を育てる」という目標に資するような,乳幼児用資料を選択し,購入すること。
8. 発達や学習の初期段階において助けとなる,快適かつ安全で居心地がよい環境を用意すること。

9. 年齢にふさわしい，おもちゃ・印刷物・マルチメディア・情報機器や周辺機器など，さまざまな形態の，豊富な資料を用意すること。

10. 能力にかかわらず誰にでも利用可能な資料やサービスを用意すること。

11. プログラムを提供するだけでなく，レファレンスや読書案内ができる職員を確保すること。

12. 職員が最新の教育を受ける機会や研修プログラムを保証すること。

13. 資料を入手する際やサービスを計画する際には，図書館利用者の多様な言語と文化的要求を把握して取り組むこと。

14. 年齢にふさわしいプログラムや活動を，利用者の多様なスケジュールに合わせて日に複数回，週に数日の割で実施すること。

15. 地域社会の人々の注意を引くために，図書館サービスについての情報を載せたちらしを地域にくまなく配布すること。

16. 地域社会における最も若い住民のために最高の施設，サービス，機会を提供できるよう，地域団体や機関と協力関係を築くこと。

17. しつけや幼稚園への入園準備など，興味あるさまざまなテーマについて理解を深め，知識を広げるために，報告者や講師を招くこと。

18. 家族や保育者たちが，図書館を学習や楽しみのためによく足を運ぶ場所と捉えるように働きかけること。

19. 公共図書館が豊かで居心地がよい地域社会の財産として価値があることを，ウェブサイトや口伝えなどのさまざまな方法を通じてその地域社会の言語で広報を行うこと。

20. 両親や保育者に自信や問題解決能力が身につくように，気軽に参加できる集いや話し合いを勧めること。

21. 多様な文化的背景を持ったすべての利用者の要求に応えるために，地域の住民構成を反映した，有能かつ臨機応変に対応できる文化的に多様な職員の雇用に力を注ぐこと。

22. 社会全体に対して優れたサービスを保証するために，職員の責務を規定する適切な評価ツールや基準をもち，必要な専門的人材育成の機会を提供すること。

23. 公共図書館の利用が無料であるために，適切な主財源の確保に努めること。

24. 世界の優良事例に遅れをとることなく，優れた図書館となることに役立つ新しいアイデアがあれば，これを適用すること。

国際図書館連盟ヤングアダルト図書館分科会編，日本図書館協会青少年委員会訳『IFLA乳幼児への図書館サービスガイドライン』日本図書館協会，2009，p.42.

◉利用者の特性に配慮したサービス

高齢者サービス

●………**高齢者サービスの意義と対象**

　図書館では，1980年代後半あたりから，高齢の利用者へのサービスが注目されるようになった。その結果，現在では「高齢者サービス」と名付けて活動している例も，少しずつ増えている。

　『令和3年　高齢社会白書』（内閣府）によると，2019年10月1日現在，65歳以上の人口が総人口に占める割合は28.8％となっている。65〜74歳の人口は13.9％，75歳以上の人口は14.9％である。日本は，世界で最も高齢化率の高い国なのである。しかし，年齢だけでは，高齢者を定義したとは言えない。『高齢者に関する定義検討ワーキンググループ報告書』（日本老年学会・日本老年医学会，2017年）では，近年の高齢者の心身の老化現象に関するデータを検討した結果，特に64〜74歳では健康が保たれており，活発な社会活動ができる人が大多数を占めていることが確認されている。また，各種の意識調査から，65歳以上を高齢者とするのではなく，75歳以上を高齢者として再定義する必要性も提起されている。

　上記の『高齢社会白書』では，60〜69歳の約7割，70歳以上の5割弱が働いているか，ボランティア等でなんらかの活動を行なっているとの調査結果が示されている。「生涯学習に関する世論調査　平成30年」（内閣府）でも，過去1年程度の間に学習したことのある人は，60歳代で55.0％，70歳以上では42.5％となっており，70歳を越えてはじめて減少に転じる傾向が見られる。また，同じ調査で，60〜69歳で81.4％，70歳以上で62.6％が「学びたい」と回答している。健康とスポーツ，趣味的な内容に対する学習意欲があることがわかる。図書館が，こうした学習意欲を受けとめ，教材となる資料の提供や講習会の開催を行う余地は，大いにあると言ってよいであろう。

　情報社会が進む中でも，60歳以上の人にとっての情報収集手段は，テレビが最も多い。情報機器の利活用では，家族や友人と連絡をとるためのスマートフォン利用は，全体の44.5％となっているが，PC利用は1割台にとどまっている。ウェブページ上の情報収集やネットショッピングは31.7％であるが，SNS（ソーシャルメディア）の利用は12.6％にとどまる。同じ項目に関して，米国の場合は，ウェブページ上の情報収集は64.3％，SNS利用は44.0％となっており，大きな差がある。情報機

器を利用しない理由としては，「使い方がわからない」という回答が50.3％と半数に達している。「令和3年　通信利用動向調査」（総務省）でも，過去1年間にウェブページを利用した割合は，65歳以上だと51.4％であるが，75歳以上では34.5％，80歳以上では26.4％と減少する。公的な情報に関して，電子政府化が加速するにつれ，生活に必要な情報提供がウェブページ主体となりつつある現状において，高齢者が情報弱者（information poor）となる可能性が危惧される。

情報弱者

　さらに，高齢化が進んで，60歳以上の単独世帯数が増加する傾向にあり，全体の3割弱を占めている。「相談ごとがあったとき，相談をしたり，相談されたりする」といった回答の割合は，他国と比べて低くなっている。高齢者が地域社会から孤立しないよう，ICTの利用促進と併せて，社会活動への参加の入口（ゲートウェイ）を果たす役割を担う機関が必要になることから，この点に関する図書館の支援が求められる。

●…………サービスのための環境整備：資料収集・提供

　高齢者を対象にする場合，視力や体力の衰えに対して，資料面での配慮を行う必要がある。また，社会との接触機会の減少などの生活環境の変化に伴い，情報要求や資料要求に応える資料の形態や内容が異なることになる。特徴的な資料形態としては，大活字本や朗読CD，映像DVDがある。新聞や雑誌の利用に対するニーズも高いことから，そうした資料の収集と提供も欠かせない。

大活字本

　資料収集にあたっては，まず高齢者のニーズを明らかにすることが求められる。前述のように，60歳～70歳代において，社会参加や学習に対する意欲が強いことから，その状況を踏まえて，関連する資料や情報を収集し，提供することになる。サービス地域内の公民館や社会教育関係団体が実施している事業や，高齢者が多く参加している地域活動の状況を把握することも大切である。その上で，ニーズに応じた資料リストを作成し，図書館内，ならびに社会教育施設や関係団体の協力を得て配布することを進める。また，高齢者からのリクエストの内容を分析し，資料収集に活かすことも必要となる。

●…………サービスのための環境整備：施設・設備

　身体面での衰えを感じることの多い高齢者には，エレベーターやエスカレーターの設置，スロープの増設，階段の手すりの高さの調整などが必要となる。また，書架のサインを大きくして鮮明な色にしたり，ピクトグラムにしたりすると，見やすくなる。図書館職員に尋ねないと，どこに何があるのかわからないような施設は，高齢者のみならず，一般利用者にとっても使いにくい図書館となることから，こうした面に対して入念な点検が求められる。これらに加えて，突発的な発作等が起き

たときに備えて，AED（自動体外式除細動器）を設置するとともに，近隣の病院等の緊急連絡先を把握しておくことも重要である。児童スペースやヤングアダルトスペースと同じように，シニア向けスペースを設置し，高齢者の興味関心の高いテーマの図書や大活字本などを別置している図書館もある。ただし，高齢者とは思われたくない利用者の場合は，敬遠してしまうおそれもあることから，名称に留意する必要がある。

拡大読書器
拡大鏡

　また，資料を実際に読むために必要となる用具を準備することも望まれる。拡大読書器，老眼鏡や拡大鏡を用意するのは，その好例である。図書館では，午前中に高齢の男性利用者が長時間滞在する傾向があるため，座る場所が少ないと利用者同士のトラブルの元にもなるので，注意を要する。畳エリアを好む高齢者もいるが，膝や足に痛みを感じる者も少なくないため，好評とは必ずしもなっていない場合もある。

●……… サービスの実態

　高齢者サービスにおいて着目されているのは，利用者に対応させた効果的なプログラムの企画である。すなわち，資料提供を行う際に，なんらかの講座や講習，ワークショップなど，参加型の行事と連動させたものである。ウェブページやOPACの検索に関する講習の開催などが，盛んに行われている。昔の写真やかつて使われていた道具などを用意し，それを見て当時を思い出しながら語ってもらったり，参

回想法

加者同士で会話をしたりすることで，記憶の活性化を図る「回想法」も実践されている。高齢者が若かったころに人気のあった映画を上映し，上映後にそれを題材とした話を行う鑑賞会を実施している図書館もある。年齢が上がるにつれ，スマートフォンやPCの利用率は低下するが，講座や講習への参加を促し，電子書籍の利用方法を知ってもらったり，図書館や行政の電子サービスを使えるようになってもらったりすることも，役割として大切である。

　東京都の八王子市図書館では，「千人塾」という講座を実施している。これは，60歳以上を対象にしたもので，参加者がみずからテーマを選んで図書館の資料を調べてレポートにまとめ，発表し，その内容を冊子として印刷・製本して配布するという講座である。学習意欲の高い高齢者の要望に応える好例と言えよう。

　施設・設備に関係して指摘したことであるが，「高齢者サービス」と表示すると，かえって敬遠する者がいることにも配慮する。例えば，視覚障害者へのサービスと併せて，「印刷物を読むのに困難がある人へのサービス」と名付け，実質的には同じ活動を行なっている図書館もある。

アウトリーチサービス

　また，身体面での衰えにより，図書館へ来られない高齢者のために，アウトリーチサービスの一環で，配送サービスや高齢者施設への団体貸出が行われている。ま

た，高齢者施設を図書館職員が訪問し，読み聞かせや朗読，紙芝居の実演など，「シニア向けおはなし会」を実施している図書館もある。

●⋯⋯⋯図書館職員

　資料の選択・収集・提供のみならず，高齢者向けの集会・文化活動を企画し，実施していくためには，図書館職員だけでは十分に対処できないことも多い。そのために，社会参加の機会を求めている高齢者自身にボランティアになってもらい，そうした活動を支援してもらうことも考えられている。その場合，図書館職員によるオリエンテーションを受けたり，ボランティア養成講座に参加したりすることが，活動にかかわってもらう際の条件となる。

　企画するプログラムの内容によっては，病院や保健所，社会福祉関係部局やその関連団体と協働とした方がよい場合もある。それゆえ，日頃からそうした機関等と連絡を密にし，調整できるようにしておくことが望ましい。堺市立図書館や川崎市宮前図書館のように，図書館職員が研修の一環として「認知症サポーター養成講座」を受講して，高齢者支援のプログラムを展開している事例もある。

　高齢社会が拡大していくと，図書館の昼間の利用者の多くが高齢者となり，図書館の滞在時間が長くなる傾向が生まれる。これに伴い，ほかの世代の利用者とは異なる事情や行動様式から，利用者間のもめごとや図書館職員に対するハラスメントなども起こる可能性が高まる。それゆえ，各図書館で高齢者サービス用のマニュアルを整備し，どの図書館職員が対応した場合でも，差が生じないように準備することが，いっそう重要となる。

◉利用者の特性に配慮したサービス

多文化サービス

●⋯⋯⋯**多文化社会における図書館サービス**

　2022年7月にユネスコと国際図書館連盟（IFLA）が共同で改訂した「公共図書館宣言」では，「情報，識字，教育，包摂性，市民参加，および文化に関連した以下の基本的使命を公共図書館サービスの核にしなければならない。これらの基本的使命を通じて，公共図書館は持続可能な開発目標（SDGs）と，より公平で人道的な持続できる社会の建設に貢献する」としている。その活動内容の一つとして，「地域と先住民に関するデータ，知識，遺産（口頭伝承を含む）を保存し，利用できるようにする。人々の希望に沿って，確保し，保存し，共用する資料を特定する際に地域社会が積極的な役割を果せる環境を整備する」としている。その実施を国際的なレベルで行おうとしているのが，IFLA多文化社会図書館サービス分科会である。

多文化社会　　それでは，多文化社会における図書館サービスとはどのようなものであろうか。この分科会が公表した「多文化コミュニティ：図書館サービスのためのガイドライン」（第3版，2012年）によれば，「グローバル社会では一人一人が，すべての図書館・情報サービスを受ける権利を持っている」とし，そのために図書館がなすべきこととして，以下の内容を挙げている。

　　（1）　その人が受け継いだ文化や言語によって差別することなく，コミュニティの全構成員にサービスする。
　　（2）　利用者にとって適切な言語と文字で情報を提供する。
　　（3）　すべてのコミュニティとあらゆるニーズを反映した，幅広い資料やサービスを利用する手段を提供する。
　　（4）　コミュニティの多様性を反映した職員を採用し，協力して多様なコミュニティにサービスできるよう訓練を施す。

多文化サービス　　2021年現在，日本社会に居住している外国人の在留資格別内訳は，次ページの図のとおりである。しかし，多文化サービスの対象者は，外国籍の在住者だけではない。上記のガイドラインによれば，「先住民，移民のコミュニティ，混在した文化的背景を持つ人々，多国籍者，ディアスポラ（注：歴史的にはユダヤ人を意味し

たが，現在は広く本拠地や先住地を離れて移動している人々を指す），保護を求めている人，難民，短期滞在許可資格の住民，移住労働者，ナショナル・マイノリティなど，そのコミュニティでの文化的に多様な集団」となる。

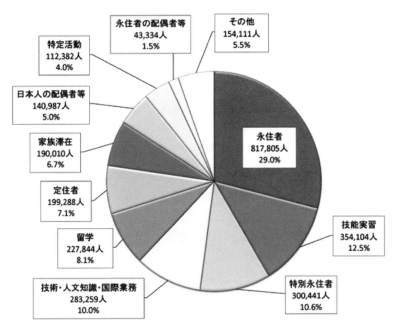

図：在留外国人の構成比（出典：出入国在留管理センター「令和3年6月末現在における在留外国人数について」　https://www.moj.go.jp/isa/publications/press/13_00017.html）

また，総務省が公表した「地域における多文化共生推進プラン」（改訂版，2020年）でも，「多様性と包摂性のある社会の実現による『新たな日常』の構築や外国人住民による地域の活性化やグローバル化への貢献」が挙げられており，多様な住民へのコミュニケーション支援や生活支援などが目指されている。

● ………… 多文化サービスのための環境整備
　円滑な図書館サービスを行うために必要なのは，そのための資料と情報であり，それを所蔵・提供するための施設・設備である。また，ターゲットとするサービス対象者と資料や情報とを結び付けるためのプログラムなどの企画・実施である。もちろん，こうした活動を効果的にするためのマネージメントが的確になされる必要があり，そのためには，財政・法律面の整備も課題となる。図書館以外の団体やボランティアとの連携・協力も不可欠となる。
　多文化サービスで求められる資料や情報とは，どのようなものであろうか。基本となるのは，ターゲットとなる利用者のニーズに合った言語や内容の資料と情報で

ある。これには，多文化サービス用のコレクションを形成するための方針と収集基準を設定する必要がある。資料種別も図書に限定せず，新聞や雑誌，電子媒体に広げることが求められる。とりわけ，読字に困難がある者や非識字レベルの者がサービス対象者に含まれることがあるため，視聴覚資料，日本語学習資料としての教材やマンガ，ゲームなども収集範囲として考慮することになる。サービス対象者も，子どもから成人と幅広い年齢層を考えて選択する。分類や目録記入においても，その資料の言語を用いたり，やさしい日本語で表したりする配慮が求められる。すなわち，OPACにおいて多言語表示が必要となるため，図書館情報システムの導入に際しては，この点を留意しておくことが望ましい。

多言語表示

多言語資料
　図書館内では，多言語資料を別置した方がわかりやすい。また，多言語での電子資料や視聴覚資料の利用に関して，専用端末を提供することも一つの方法である。

やさしい日本語
広報資料では，サービス対象が主に使用する日本語以外の言語や，やさしい日本語を用いることも大切である。日本語の語学学習教材を収集しているのであれば，併せて，日本語学習や生活情報の獲得のための講座やワークショップを開催することも視野に入れるとよい。書架等の設備にピクトグラムやイラスト等を多用したサインを付け，日本語が読めない利用者にもわかりやすくする必要がある。

　管理運営面では，サービス対象者のニーズを把握すると同時に，資料や情報とサービス対象者とを結び付けるためのマーケティングも必要となる。公共図書館利用が無料ではない国や地域から来た人もいるため，資料利用が無料であることを案内することも欠かせない。また，図書館職員として，サービス対象の母語に理解があり，その国や地域の文化的知識を有する者を雇用し配置することが重要になる。さらに，図書館のサービス地域内にある関係団体や個人，地方自治体の関連部署などと連携を図り，かつ，情報を共有することが求められる。

●⋯⋯⋯⋯サービスの実際

　図書館のウェブページを閲覧すると，「多文化サービス」，「外国語コーナー」，「多文化共生サービス」などの名称で活動している例を，数多く確認できる。その多くは，特定のスペースや書架を設け，外国語資料のコレクションを排架したり，ディスプレイしたりする形態となっている。例えば，栃木県の宇都宮市立図書館では，「外国語コーナー」として，4千冊程度の外国語資料を別置している。ウェブページでは，Google翻訳を活用して，英語，中国語，簡体中国語，韓国朝鮮語，タイ語，ベトナム語，ポルトガル語，スペイン語による多言語表示ができるようにしている。

　埼玉県立図書館が，2021年6月に県内の公共図書館を対象に実施した「外国語資料サービス実態調査」によると，63館からの回答のうち，多文化サービスのニーズを把握するためのはたらきかけを実施した図書館は1館もなく，サービス担当者

がいる図書館は5館のみとなっている。また，外国語で簡単な対応ができる図書館職員がいる図書館は，19館と少ない。ただし，外国語資料を所蔵している図書館は51館あり，その内容は小説あるいは絵本となっている。実施されているプログラムも，多くは日本人対象の幼児早期英語教育を目的とする外国語絵本の読み聞かせであり，外国人対象のプログラムを実施したことがあるのは，わずか3館であった。ここから，サービス対象者のニーズが把握されていない実態が浮き彫りとなる（https://www.lib.pref.saitama.jp/collection/docs/市町村立図書館外国語資料サービス実態調査.pdf）。

　新宿区立大久保図書館のように，英語・中国語・韓国朝鮮語ができる図書館職員を配置している例もあるが，実状として，外国語に通じている図書館職員が多いとは考えにくい。そのため，利用者とのコミュニケーションが困難であるといった状況を鑑み，埼玉県立図書館では「図書館向け多文化サービスツール」を提供している。例えば，多言語による「指差しコミュニケーションツール」があり，日本語以外の言語が不得意でも，利用者となんらかのコミュニケーションが行えるようになっている。下図は，その一例である。また，同館では，多文化サービスの研修も実施している。

　なお，日本図書館協会の多文化サービス委員会や，図書館職員などによる活動団体である「むすびめの会」では，多文化サービスを支援するためのQ&Aを用意している。

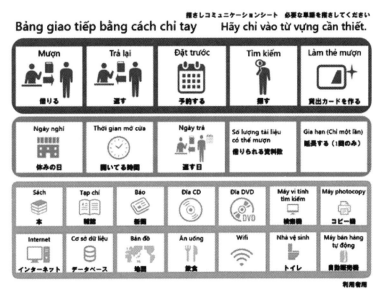

図：埼玉県立図書館提供　ベトナム語の指差しコミュニケーションシート
https://www.lib.pref.saitama.jp/collection/mcult/tabunkatool.html#tabunka

◉利用に障害を持つ人へのサービス

合理的配慮への対応

●⋯⋯⋯**障害児・障害者の認識**

障害者基本法

「障害者基本法」（昭和 45 年法律第 84 号）では，障害者を「身体障害，知的障害，精神障害（発達障害を含む。）その他の心身の機能の障害（中略）がある者であつて，障害及び社会的障壁により継続的に日常生活又は社会生活に相当な制限を受ける状態にあるものをいう」としている。『令和 4 年版　障害者白書』（内閣府）には，厚生労働省の「生活のしづらさなどに関する調査」（2016 年）に基づき，障害者・障害児の推計数が示されている。

障害者・障害児

表：障害者・障害児数（推計）　　　　　　　　　　　　　　　　　　　（単位：万人）

		総数	在宅者数	施設入所者数
身体障害児・者	18 歳未満	7.2	6.8	0.4
	18 歳以上	419.5	412.5	7.0
	年齢不詳	9.3	9.3	−
	総計	436.0	428.7	7.3
知的障害児・者	18 歳未満	22.5	21.4	1.1
	18 歳以上	85.1	72.9	12.2
	年齢不詳	1.8	1.8	−
	総計	109.4	6.2	13.2

		総数	外来患者	入院患者
精神障害者	20 歳未満	27.6	27.3	0.3
	20 歳以上	391.6	361.8	29.8
	年齢不詳	0.7	0.7	0.0
	総計	419.3	389.1	30.2

●⋯⋯⋯**図書館サービスにおける配慮の必要性**

障害を理由とする
差別の解消の推進
に関する法律

上記の「障害者基本法」では，「社会的障壁」を「障害がある者にとつて日常生活又は社会生活を営む上で障壁となるような社会における事物，制度，慣行，観念その他一切のものをいう」としている。また，「障害を理由とする差別の解消の推進

に関する法律」（障害者差別解消法，平成 25 年法律第 65 号）では，第 7 条におい
て「行政機関等における障害を理由とする差別の禁止」を，第 8 条において「事業

者における障害を理由とする差別の禁止」を規定している。「合理的配慮」と呼ば
れる考え方は，第 7 条第 2 項と第 8 条第 2 項で定められている。前者は，「行政機関等は，その事務又は事業を行うに当たり，障害者から現に社会的障壁の除去を必要としている旨の意思の表明があった場合において，その実施に伴う負担が過重でないときは，障害者の権利利益を侵害することとならないよう，当該障害者の性別，年齢及び障害の状態に応じて，社会的障壁の除去の実施について必要かつ合理的な配慮をしなければならない」とされている。後者は，同内容を努力義務としている。

　図書館は，多様な資料と情報を収集し，誰に対しても提供している。しかし，平等に資料や情報を提供しているように思われても，そのままでは資料を読めないならば，あるいは，情報をそのままでは理解できないならば，公平とは言えない。図書館が資料と情報を提供する場であるからには，利用者すべてが公平にその内容を受け取り，理解できる環境が整えられていなければならない。そのためには，利用者の状況に合わせた資料や情報を収集し，提供することが必要である。また，利用者から個別の要望として，なんらかの配慮を求められたならば，それに応じた環境を整備・拡充していくことが求められる。さらに，そうした要望を出しやすくするための工夫も必要となる。

●⋯⋯⋯⋯法律とガイドライン

　合理的配慮への対応を考える際には，関連する法律とガイドラインの概要を知ることから始めるとよい。まず，基本的な法律として，「障害者基本法」がある。これは，「心身障害者対策基本法」（昭和 45 年法律第 84 号）を改称して整備したものである。「心身障害者対策基本法」そのものは，「身体障害者福祉法」（昭和 24 年法律第 283 号）で定めていた身体障害と，「知的障害者福祉法」（昭和 35 年法律第 37 号）で定めていた心的障害とを包括して位置付けたという経緯を有している。

　「心身障害者対策基本法」が制定された 1970 年には，視覚障害者読書権保障協議会が発足した。また，同年に日本図書館協会は『市民の図書館』を刊行し，誰にでも求める資料を提供する考え方が，障害者サービスにおいても意識されるようになった。1975 年には，国立国会図書館が学術図書の録音サービスを開始し，1982 年には，『点字図書・録音図書全国総合目録』の刊行を開始している。1981 年には「国際障害者年」が定められ，1983〜1992 年には，国連の「障害者に関する世界行動計画」に基づいて「障害者の 10 年」が進められた。1986 年には，国際図書館連盟（IFLA）東京大会が開催され，視覚障害者のためのデジタル録音図書標準化が議論されるなど，「読み」に関する障害者への図書館サービスが議論された。ただし，こうした議

合理的配慮

録音サービス

国際障害者年

論の成果が，図書館サービスに反映するのには，その後多くの時間を要した。

2004 年になって，「発達障害者支援法」（平成 16 年法律第 167 号）が成立し，文部科学省から「小・中学校における LD（学習障害），ADHD（注意欠陥／多動性障害）高機能自閉症の児童生徒への教育支援体制の整備のためのガイドライン（試案）」が公表された。また，2005 年に，中央教育審議会は「特別支援教育を推進するための制度の在り方について」を答申し，障害の範囲を広くとらえることが進められ，子どもの障害についても目が向けられるようになった。また，2006 年の国連総会では，「障害者の権利に関する条約」が採択された。日本もこの条約には 2007 年に署名しているが，国内の法整備に時間がかかり，条約の発効は，2014 年 12 月を待たねばならなかった。

障害者の権利に関する条約

こうした動きと並行して，「著作権法」（昭和 45 年法律第 48 号）が 2009 年に一部改正された。この改正に沿って，図書館関連団体は「著作権者の権利に留意しつつ図書館利用者の便宜を図るために」，「権利者団体と協議を行い，権利者団体の理解の下に」，2010 年「図書館の障害者サービスにおける著作権法第 37 条第 3 項に基づく著作物の複製等に関するガイドライン」を作成した。このガイドラインは，「著作権法施行令」の第 2 条第 1 項に定める図書館を対象としており，「視覚障害・聴覚障害・肢体障害・精神障害・知的障害・内部障害・発達障害・学習障害・いわゆる『寝たきり』の状態・一過性の障害・入院患者・その他図書館が認めた障害」を持つ者に，サービスを提供するための指針となる。なお，2019 年の著作権法の一部改正を受けて，ガイドラインは改訂されている。

著作権法

一方，日本政府は，ユニバーサル社会の推進のために，複数の所管部署を統合して施策を行えるよう，「ユニバーサル社会の実現に向けた諸施策の総合的かつ一体的な推進に関する法律」（ユニバーサル社会実現推進法，平成 30 年法律第 100 号）を制定し，「ユニバーサルデザイン 2020 行動計画」を策定した。

図書館に関係しては，「視覚障害者等の読書環境の整備の推進に関する法律」（読書バリアフリー法，令和元年法律第 49 号）と「障害者による情報の取得及び利用並びに意思疎通に係る施策の推進に関する法律」（障害者情報アクセシビリティ・コミュニケーション施策推進法，または障害者情報アクセス法，令和 4 年法律第 50 号）がある。前者では，文部科学省が「図書館における障害者利用の促進」事業を立ち上げ，公共図書館をはじめとする各種の図書館ならびに行政組織等が連携する「読書バリアフリーコンソーシアム」を設置し，障害者の読書環境の整備に向けた活動を推進した。後者では，障害者による情報取得等に資する機器等（第 11 条）や防災・防犯及び緊急の通報（第 12 条）に関する条項が含まれている。公共図書館では，障害者が利用できる情報機器を設置し，また，利用促進のための講習を開くとともに，図書館の危機管理の一環として障害者にもわかりやすい避難路の確保や掲示の見直しが求められたことになる。

視覚障害者等の読書環境の整備の推進に関する法律

読書バリアフリーコンソーシアム

移動図書館はいずこへ

　図書館を舞台にした小説や物語は数々あるが，移動図書館を主題にしたものとなると，そう多くはないようである。大崎梢著『本バスめぐりん』（東京創元社，2016 年）は，数少ない例の一つであろうか。この「めぐりん」という呼び方は，移動図書館の本質を表している。すなわち，図書館を利用しにくい地域の人々へのサービスを行うことが移動図書館の役割であり，図書館が設置されていない空白地域を「巡る」活動をしているからである。現在では，さらに柔軟かつ積極的に移動図書館を活用しようとする動きが見られる。過疎地や限界集落に住む高齢者の生活を考えた場合，移動図書館の果たす役割は大きい。図書館空白地域への「巡回型」に加え，諸外国のように，高齢者施設や障害者施設などへの「訪問型」の可能性も模索されている。コロナ禍や自然災害による図書館の休館時に，移動図書館によって図書館サービスを後退させないようにする事例も存在する。

　さて，話は変わって，瀬戸内しまなみ海道を本州側から車で 30 分ほど走ると，生口島に着く。瀬戸田町（現在の尾道市瀬戸田町）の穏やかな景色が広がる。ここに，広島県立図書館が 1960 年代から 1980 年代にかけて運航していた，移動図書館船「文化船ひまわり」が原型保存されている。2021 年には，日本船舶海洋工学会の「ふね遺産」に認定され，文化遺産としての価値も認められている。地域団体の「文化船ひまわり B.B（ブックボート）プロジェクト」による保存活動への協力と関連資料による展示活動の開催など，この文化遺産を継承するための努力も見逃せない。瀬戸内海の離島で暮らしていた人々は，この船が港に入って来るのをわくわくしながら待っていたのだろうと，船の外側から窓を覗き込むときに想像してしまう。2023 年 6 月 12 日の『産経新聞』の記事によると，建築家の安藤忠雄氏が「水先案内人」となって図書館仕様に改造した船を香川県に寄贈し，離島を巡る「船の図書館」として運航させるプロジェクトが計画されているとのことである。移動図書館船が再び注目されるきっかけになることを期待したい。

　移動図書館の一般的なイメージは自動車である。しかし，mobile library の本質は「動く」ことであるから，移動の手段は多様となる。自動車や船以外では，馬車，自転車，リヤカー，鉄道，ヘリコプターがあると，『図書館情報学用語辞典』（第 5 版，丸善出版，2020 年）が示している。『図書館ラクダがやってくる』（ルアーズ，マーグリート，さ・え・ら書房，2010 年）に描かれているように，駱駝も象も手段となる。飛行機も，もちろん選択肢の一つであるが，空港からの移動手段も求められる。例えば，沖縄県立図書館の「空飛ぶ図書館」は，空路・海路・陸路を組み合わせ，県内の離島を含む各地域へサービスを提供する移動図書館である。

●利用に障害を持つ人へのサービス

視覚障害者へのサービス

●………視覚障害の認識

身体障害者福祉法

　視覚障害には，色覚障害と光覚障害とがあり，「身体障害者福祉法」（昭和24年法律第283号）により，身体障害者手帳が交付される対象者とされる。「身体障害者福祉法施行規則」の別表第5号には，その障害の程度の級別も示されている。文部科学省では，視覚障害を，「視機能の永続的な低下により，学習や生活に支障がある状態」で，「学習では，動作の模倣，文字の読み書き，事物の確認の困難等があり」，「生活では，慣れない場所においては，物の位置や人の動きを即時的に把握することが困難であったり，他者の存在に気付いたり，顔の表情を察したりするのが困難であり，単独で移動することや相手の意図や感情の変化を読み取ったりすることが難しい等があ」ることとしている。なお，視覚障害者として障害者手帳を交付されている人の数は，減少しているものの横ばい状態となっている。

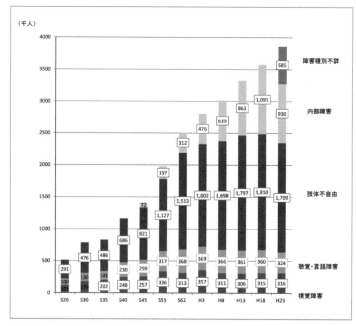

図：「平成23年生活のしづらさなどに関する調査（全国在宅障害児・者等実態調査）結果の概要」
（単位は千人）

●⋯⋯⋯視覚障害児・者への図書館サービス

　「読む」という環境を整えることが，利用の主たる行為として重要になる図書館サービスにおいては，暗黙のうちに，健常者の読める文字（墨字）で書かれた図書資料を提供し，図書館に来館できる人々だけを図書館利用者とすると認識してきた。明治後期から大正期にかけて，各地で「盲人図書館」が設立され，公共図書館内でも資料を提供することが行われたが，一般的とはならず，点字図書館に図書資料が移管されたり，活動規模が縮小されたりした。視覚障害児についても，「盲学校，聾学校及び養護学校への修学奨励に関する法律」（昭和 29 年法律 144 号）によって，「盲学校」への修学奨励がなされ，2006 年に定められた「学校教育法等の一部を改正する法律」（平成 18 年法律第 80 号）に基づく，特別支援学校の設立へと続いている。

　1970 年に「障害者基本法」（昭和 45 年法律第 84 号）が成立し，同じ年に「視覚障害者読書権保障協議会」が発足した。これは，基本的人権として「読書権」を位置付け，健常者中心の図書館サービスの転換を求めた活動の成果でもある。1975 年には，国立国会図書館が学術図書の録音サービスを開始し，1982 年には『点字図書・録音図書全国総合目録』刊行を開始している。1981 年は「国際障害者年」とされ，国連では 1982 年に「障害者に関する世界行動計画」を公表し，併せて 1983 年から 1992 年を「障害者の 10 年」と位置付けて，視覚障害者を含めた障害者の学習・生活環境改善を目指した。

　1986 年には，東京で国際図書館連盟（IFLA）の年次大会が開催され，視覚障害者のためのデジタル録音図書の標準化や，障害者の読書権について活発に議論された。社会貢献を目的として IBM 社が「てんやく広場」を公開し，電子的に点訳を拡大する試みもなされた。これはその後，日本ライトハウスが運営するインターネット版「点字図書情報ネットワーク」（ないーぶネット）に引き継がれ，2010 年からは「サピエ」に移行している。こうした取り組みにより，インターネット上から全国の点字図書館の所蔵資料や製作中の点字資料の検索，貸出予約等が可能となっている。

　1996 年には日本やスウェーデン，英国，スイス，オランダ，スペインが共同で「デイジー・コンソーシアム」を結成し，コンピュータの朗読アプリケーションを用いた自動朗読機能である DAISY（デジタル音声情報システム）の拡大につながった。日本では 2001 年に，著作権法が一部改正されて点訳データが，また，2007 年には視覚障害者向け録音データの公衆送信が可能となり，その後，インターネットを通じての視覚障害者向け資料の配信が広まっていった。DAISY も 2011 年以降，オンラインで提供されるようになった。

　2008 年には，「障害のある児童及び生徒のための教科用特定図書等の普及の促進

盲人図書館

点字図書館

読書権

サピエ

DAISY

等に関する法律」（平成 20 年法律第 81 号）が成立し，視覚障害の児童・生徒のために作られていた「拡大教科書」や「点訳教科書」が教科書として認められた。さらに 2019 年の改正により，電磁的記録による教科書も認められるようになった。

2009 年の「著作権法の一部を改正する法律」（平成 21 年法律第 53 号）を受け，日本図書館協会など図書館関連団体は，「図書館の障害者サービスにおける著作権法第 37 条第 3 項に基づく著作物の複製等に関するガイドライン」を公表した。そこでは，視覚障害者等が利用するために必要な方式として，「録音，拡大文字，テキストデータ，マルチメディアデイジー，布の絵本，触図・触地図，ピクトグラム，リライト（録音に伴うもの，拡大に伴うもの），各種コード化（SP コードなど），映像資料のサウンドを映像の音声解説とともに録音すること等」を挙げている。このガイドラインは，さらに 2018 年の著作権法の一部改正に沿って，2019 年に修正されている。

2006 年には，国連総会で「障害者の権利に関する条約」が採択された。日本国内では，国内法整備に時間がかかり，批准・発効したのは 2014 年 12 月であった。この後，国内でさらに推進していくことを目的として，2018 年に「ユニバーサル社会の実現に向けた諸施策の総合的かつ一体的な推進に関する法律」（ユニバーサル社会実現推進法，平成 30 年法律第 100 号）が，2019 年に「視覚障害者等の読書環境の整備の推進に関する法律」（読書バリアフリー法，令和元年法律第 49 号）が，2022 年に「障害者による情報の取得および利用並びに意思疎通に係る施策の推進に関する法律」（障害者情報アクセシビリティ・コミュニケーション施策推進法，または障害者情報アクセス法，令和 4 年法律第 50 号）が公布されている。

●⋯⋯⋯サービス内容：資料・人的支援・施設設備

公共図書館は，視覚障害者を含め障害児・者のために，特定メディア資料を作成したり，市販の資料を収集したりしている。視覚障害児・者向けには，点字資料（点訳資料）や録音図書，弱視者向けの大型活字本や拡大写本，子ども向けのさわる絵本（点字付き絵本，点訳絵本，布の絵本など）を収集，あるいは製作提供している。

また，図書資料等を利用するための機器として，拡大読書器，DAISY 資料を読むための機器や PC を準備している。最新の PC には読み上げアプリケーションが標準装備されていることも多いため，電子化された図書資料を音声として読む場合に有効である。

しかし，すべての図書資料等が電子化されているわけではないので，人的支援としての対面朗読が欠かせない。対面朗読を行うには，図書館内に対面朗読室を設置し，朗読ボランティアを養成することも必要となる。録音図書を製作する場合には録音室が必要であり，録音ボランティアに吹き込んで録音してもらうことも求めら

拡大教科書
点訳教科書

点字資料
録音図書
大型活字本
拡大写本
さわる絵本
点字付き絵本
点訳絵本
布の絵本
拡大読書器
DAISY 資料
読み上げアプリケーション

対面朗読

れる。点訳された市販資料数はかなり少ないので，点訳ボランティアの支援が不可欠となる。このように，ボランティアの養成講座や講習の実施は，人的支援体制を拡充する上で核となる活動と言えよう。

　さらに，視覚障害児・者がニーズや要望を図書館に寄せやすくするための工夫，点字や音声あるいは電子コードによる利用案内ならびに資料リスト等の作成も，基本的な活動となる。そうした活動に基づいて，ニーズの多い資料を見出し，点訳や音声化，電子化を効率よく行うことができる。

　施設・設備面でも，独自の配慮が必要である。ユニバーサルデザインとしては，視覚で情報を受け取りやすくする設備（拡大読書器など），聴覚で情報を受け取りやすくする設備（読み上げアプリケーションなど），触覚で情報を受け取りやすくする設備（点字案内を手すりなどにつけておくなど）がある。これらに加えて，来館できない利用者向けに，図書資料の配送サービス，あるいはインターネット上からアクセスできる情報資料への案内なども行う。

拡大読書器

配送サービス

●⋯⋯⋯⋯視覚障害者サービスの課題

　公共図書館で所蔵・提供できる視覚障害児・者向けの図書資料は，現時点で多いとは言えない。各地の点字図書館やライトハウス，サピエ図書館，特別支援学校の図書館などと連携し，総合目録を整備し，図書館間相互貸借を拡充していくことが求められる。そのためには，所在情報に基づいて迅速に資料を送付・受領できるよう，物流を含めたネットワークの構築が必要である。

　また，点訳資料や録音資料などの市販数は少ないが，著作権法上は，ボランティア団体でも，一定の条件を満たせば，資料を作成することは可能である。それゆえ，特に視覚障害児向けの絵本を作成している団体は多い。しかし，そうした資料の作成が進んだ場合，所在が把握できないという問題が現れる。また，人気のあるタイトルの点訳化は重複して進められる一方で，どこの団体も点訳に携わらないタイトルが生まれる。点訳や音声訳，電子化などは時間がかかり，また質的に課題のある資料も登場する。原著から逸脱した資料を製作してしまう可能性もあるし，点訳を行う担当者の能力ならびに技術面の向上も視野に入れる必要がある。公共図書館がボランティア団体と連携・協力して視覚障害者サービス向けの資料を製作する際には，こうした諸課題を認識し，改善を図ることが肝要となる。

◉利用に障害を持つ人へのサービス

多様な障害への対応

●‥‥‥‥**多様な障害の認識**

　「障害者基本法」（昭和 45（1970）年制定，平成 25（2013）年最終改正）によれば，「障害者」は「身体障害，知的障害，精神障害（発達障害を含む。），その他の心身の機能の障害（中略）がある者であつて，障害及び社会的障壁により継続的に日常生活又は社会生活に相当な制限を受ける状態にあるものをいう」となる。また，「社会的障壁」とは，「障害がある者にとつて日常生活又は社会生活を営む上で障壁となるような社会における事物，制度，慣行，観念その他一切のものをいう」とされている。これは，2006 年に国連で採択された「障害者の権利に関する条約」（障害者権利条約）が，日本では 2014 年に批准したこととも関係しており，障害者の置かれている環境を改善するための是正が進んだと言える。

障害者の権利に関する条約

　さらに，2013 年には，すべての国民が障害の有無によって分け隔てられることなく，相互に人格と個性を尊重し合いながら共生する社会（共生社会）の実現に資することを目的として，「障害を理由とする差別の解消の推進に関する法律」（障害者差別解消法）が成立し，2016 年から施行されている。この法律では，心身の機能障害にのみ起因するだけではないということ，言い換えれば，障害者手帳を持っている者だけが対象ではないことに目を向ける必要がある。すなわち，社会におけるさまざまな障壁に対応する環境を整えることが，社会モデルとして目指されている点が重要となる。

障害を理由とする差別の解消の推進に関する法律

　この「障害者差別解消法」では，行政機関のほか，事業者（商業その他事業を行うもの，地方公共団体が経営する企業や公営企業，地方独立行政法人を含む）で，障害を理由とする差別を解消するための措置を行うこととされている。対象となる者からの申し出があった場合には，社会的障壁を取り除くための合理的配慮を行うことが求められているのである。図書館も，この措置を行う必要がある。

合理的配慮

　また，2018 年には「ユニバーサル社会の実現に向けた諸政策の総合的かつ一体的な推進に関する法律」（ユニバーサル社会実現推進法）により，各省庁ごとに実施されていた諸政策を総合し，連携して対処することとなった。図書館においては，2019 年に成立・施行された「視覚障害者等の読書環境の整備の推進に関する法律」（読書バリアフリー法）により，資料の収集・提供，施設設備の充実，専門職員の

視覚障害者等の読書環境の整備の推進に関する法律

雇用などによって，読書環境の整備を進めなければならないとされている。

　障害には，下表に示すように，視覚障害や聴覚・言語障害，肢体不自由，内部障害，知的障害など，さまざまな種類がある。また，このほかに，LD（学習障害），ADHD（注意欠陥多動性障害），PDD（広汎性発達障害（自閉症やアスペルガー症候群））などもある。特に，「読む」ことに障害があるLDの中には，ディスレクシア（識字障害）やディスグラフィア（書字障害）もあり，図書館が支援を行う対象者として認識する必要がある。

視覚障害
聴覚・言語障害
肢体不自由
内部障害
知的障害
LD
ADHD
PDD
ディスレクシア

ディスグラフィア

表：心身障害児・者　障害別・年齢別数（2016年12月１日現在　単位：千人）

障害の種類	身体障害（総数）	視覚障害	聴覚言語障害	肢体不自由	内部障害	不詳	重複障害（再掲）	知的障害（総数）
総数	4,287（100%）	312（7.3%）	341（8.0%）	1,983（45.0%）	1,241（28.9%）	462（10.8%）	761（17.7%）	962（100%）
0～9歳	31（0.7%）	1	4	21	5	－	8	97（10.0%）
10～17歳	37（0.9%）	4	1	15	10	6	15	117（12.1%）
18～69歳	1,589（37.1%）	128	98	839	375	150	353	611（63.5%）
70歳以上	2,537（59.2%）	175	228	1,019	821	293	369	118（12.3%）
年齢不詳	93（2.2%）	5	9	37	29	14	15	18（1.9%）

『厚生統計要覧』第3-28表「身体障害児・者（在宅）の全国推計数　障害の種類×年齢階級別」，第3-32表「知的障害児・者（在宅）の全国推計数　性・障害の程度×年齢階級別」より作成

●…………聴覚障害，肢体不自由

　聴覚障害は，自分自身の声を聞きとることに困難があるため，言語発話によるコミュニケーションに問題が生じやすい。そうした場合，手話を用いたり，筆記による対話（筆談）をしたりすることになる。読めるからという理由で，図書館による対応は遅れがちであるが，視聴覚資料の利用やウェブページ上での動画の視聴配信一つとっても，字幕やキャプションが付いていなければ内容を理解することはまったくできないため，なんらかの配慮が必要となる。

　肢体不自由児・者の場合，障害の程度により，図書館での収集・提供する資料や情報は異なってくる。来館が可能であれば，図書館の施設・設備に対する配慮が中心となる。エレベーターの設置は，その基本となる。来館できない場合には，自宅

への配本，電子書籍やDAISY図書ならびに利用機器の貸出などが必要となる。届出を行えば，郵便局の「心身障害者用低料第三種郵便物制度」に基づいて，図書館と障害者の間の図書の送受ができる「心身障害者用ゆうメール」を活用することもできる。ただし，安価な設定となってはいるが，費用負担が課題となる。

●⋯⋯⋯サービスの内容

障害児・者向けの図書館資料を充実させるためには，日本図書館協会と図書館関係団体が公表した「図書館の障害者サービスにおける著作権法第37条第3項に基づく著作物の複製等に関するガイドライン」（2010年制定，2013年と2019年に一部改訂）で例示されているものを，収集あるいは製作することが基本と考えられる。

従来は，著作権法第37条において，視覚障害児・者向けに「点字による」複製等として点字資料のみを対象としていた文言が，「視覚障害者等」に改められた。すなわち，「専ら視覚障害者等で当該方式によつては当該視覚著作物を利用することが困難な者の用に供するために必要と認められる限度において，当該著作物に係る文字を音声にすることその他当該視覚障害者等が利用するために必要な方式により，複製し，又は自動公衆送信を行うことができる」となった。点字資料や録音図書のみを図書館資料の対象とせず，多様な形態の資料を障害児・者向けに収集・製作することが可能となったのである。それゆえ，図書館は，サービス対象者の状況やニーズに合わせ，積極的に資料を提供することが求められる。

ガイドラインでは，資料種別として，「録音，拡大文字，テキストデータ，マルチメディアデイジー，布の絵本，触図・触地図，ピクトグラム，リライト（録音に伴うもの，拡大に伴うもの），各種コード化（SPコードなど），映像資料のサウンドを映像の音声解説とともに録音すること等」を挙げている。なお，海外の図書館では，LDの子どもたちのために，ぬいぐるみやおもちゃなども図書館資料として提供している。

図書館に来館可能な障害児・者のためには，点字やピクトグラムによる誘導支援体制を徹底させるとともに，館内設備を充実させることが求められる。例えば，多様な状況で資料や情報を「読む」ために，PCやタブレット端末に読字支援のため音声読み上げ機能を設定したり，点字PCや点字プリンターを導入したりすることが必要である。また設備の拡充とともに，手話や指文字でコミュニケーションが図れる図書館職員を配置したり，対面朗読や代読サービスを行うボランティアの活用が求められる。

●⋯⋯⋯課題

障害者サービスは，図書館だけでは解決が難しい課題が少なくない。障害児・者

心身障害者用低料
第三種郵便物制度

図書館の障害者
サービスにおける
著作権法第37条第
3項に基づく著作
物の複製等に関す
るガイドライン

点字
ピクトグラム

音声読み上げ機能

対面朗読
代読サービス

向け資料の市販点数は限られている。そのため，サービス対象者の状況やニーズに沿って資料をオーダーメイドで製作することも必要となり，そうした資料を製作できるボランティアの養成や関係団体との協働が不可欠となる。また，資料の製作技術のみならず，著作権法に対する理解を広めることも重要である。

　インターネット利用が拡大し，障害児・者がアクセスしやすくはなりつつあるが，それでも利用に困難をきたしている者も多い。多様な資料や情報源にアクセスできるようになるにはどうしたらよいか，支援の一環となる講習や講座を開催するといった対応も求められる。

　図書館の広報活動も見逃せない。図書館が，多様な障害児・者のために資料と情報を提供していることを広め，活用してもらうための工夫が必要となる。また，来館できない障害児・者のためにも，アウトリーチサービスを整えて実施することも課題となる。

読みやすい本のコーナー，下段はLLブック（境港市民図書館）

地域情報の提供

●⋯⋯⋯地域の情報拠点の意義

生涯学習審議会社会教育分科審議会計画部会図書館専門委員会は，1999 年 10 月
27 日付で，『図書館の情報化の必要性とその推進方策について：地域の情報化推進
拠点として』と題する報告書を公表した。この報告書に示された提言は，その後発
表された『2005 年の図書館像』，『これからの図書館像』へと展開している。

2005年の図書館像
これからの図書館像

一連の政策提言文書においてとりわけ着目すべきは，公立図書館が地域における
情報の拠点となるよう提案し，そのための基本的なシナリオを示していることにあ
る。象徴的な表現としては，地域における情報通信基盤の整備に基づき，それぞれ
の図書館が「地域電子図書館」として機能する構想を掲げている。具体的には，資
料の電子化の促進，電子メディアを利用した情報サービスの展開，デジタル情報へ
のアクセスの便宜の提供，地域住民の情報活用能力の育成といった内容が含まれて
いる。

地域電子図書館

言い方を換えれば，地域住民が，何か知りたいことが生じたとき，あるいは解決
しなければならないなんらかの問題が生じたときには，まず図書館を訪れ，あるい
は図書館のウェブページにアクセスし，情報の入手にかかわる支援を受けられるよ
うにする体制を整えることを提言しているのである。しかも，印刷メディア，電子
メディアといったメディアの別を問わず，多様な形態で，さまざまな手段で発信さ
れている情報を取り扱う場に，図書館が発展することを目指している。すなわち，
図書館が情報世界の窓口，現代的な言い方をすれば，情報入手の「ポータル」とな
ることを構想していると言えよう。前述のシナリオに基づくこうした活動は，その
後，取り組みが進んでいる。

ポータル

●⋯⋯⋯地域資料の種類

地域資料

郷土資料

地域に関する資料は，多岐にわたる。かつては，「郷土資料」と呼ばれる地域の
史料や地誌が関心の的であったが，現在では，歴史的な観点で記されたそうした資
料ばかりではない。

まず，地域社会の状況を知ることができる資料がある。これには，地域生活にか
かわる資料，地域の風俗や民俗に関する資料，地域の産業（地場産業）に関係する

資料などが含まれる。資料形態もさまざまで，図書として刊行されるものもあれば，簡便な冊子形態のものもある。びらやちらし，ポスターや街路地図といった一枚物の資料，リーフレット形態の資料なども少なくない。また，地方紙やタウン誌に掲載された地域関連の記事も対象となる。さらに，印刷資料ばかりではなく，地域の写真や風景画，録画された地域の映像なども，地域の様子を知る上での貴重な資料となる。

　こうした資料は，その時点では些細なものと思われがちであるが，時間が経てば，その地域の実状を知る上での貴重な材料になる。また，他の地域から，その地域の現状を知るための情報として見逃せないものになる。例えば，地域のホールや集会場での催し物を案内するちらしや宣伝用のびらも，それぞれの地域における社会実態を確認する資料なのである。実際に，図書館の中には，毎日ではないものの，新聞の折り込み広告を捨てずに残し，地域資料の一部として保存して閲覧できるようにしているところもある。

　つぎに，地方行政ならびに地方議会に関連した資料や情報，すなわち地方政府資料がある。これには，行政公報その他の広報資料，行政の各部局で作成される報告書や統計集などの文書，地方議会の議事録や条例集などが含まれる。多くのものは公にされているにもかかわらず，その存在さえも知られていなかったり，閲覧できる場も少なかったりする。それゆえ，図書館の果たす役割はきわめて大きい。

　さらに，地域における出版物がある。これには地方出版社が刊行したものも含まれるが，見逃してはならないのは，同人誌や個人出版物，ミニコミ誌などである。したがって，地域の同人グループに協力を求め，同人誌の寄贈を依頼する必要がある。また，地域の寺社や博物館，種々の観光施設では，各種のパンフレットや冊子を製作していることが多いことから，継続して入手できるように，協力を呼びかけることが大切である。

　なお，地域資料とは地域で生産された資料ばかりを意味するのではない。地域の主たる課題や産業が共通する他の地域の資料もまた，地域資料の一部として扱わなくてはならない。例えば，温泉地においては，その地域の温泉関係の資料ばかりではなく，他の温泉地に関する資料もまた，視野に入れることになる。また，その地域から輩出した著名人の資料や著作物についても，地域資料として扱う。

●──────コミュニティ情報サービス

　地域生活にかかわる情報のことを，欧米では「コミュニティ情報」（community information）と称し，そうした情報を収集して組織化し，適宜提供するサービスを，「コミュニティ情報サービス」と呼んでいる。「日々の情報」（everyday information）と呼ばれることもある。ただし，「コミュニティ情報」といった場合，地域に関係

地方政府資料

コミュニティ情報

コミュニティ情報
サービス

する一般的な情報というよりは，生活上の課題や問題の解決に直結する情報のことを指す場合が多い。例えば，「街路樹が嵐で倒れてしまったときに，どうすれば撤去してもらえるか」，「新種のスポーツを指導してくれる人や機関が近くで見つけられるか」といった問題に対して，それを解決することができる情報を提供するのである。それゆえ，このサービスを展開するには，地域における種々の団体，企業，機関に関する情報をあらかじめ収集し，対応できる体制を整える必要がある。

　日本では，こうした問題については，行政機関（市役所や役場など）が，問い合わせの窓口として意識されるのが一般的であるが，欧米では図書館が対応していることが少なくない。日本においても，地域の情報を取り扱う機関として図書館が積極的にかかわっていくことは，地域に根ざした図書館サービスを指向する上で重要と考えられる。

　なお，コミュニティ情報サービスは，個人の家庭生活に関係するものだけを対象にしているのではない。地域における企業活動や起業を支援する図書館活動を「ビジネス支援」と呼び，近年着目されている。しかし，こうした名称こそ用いられていないものの，企業活動や起業を支援することは，レファレンスサービスの中で以前から行われてきていた。そこで提供される多くの情報は，「コミュニティ情報」と位置付けることができるものである。

　また，生涯学習を支援する行政機関が図書館とは別に設置され，「学習情報提供」と呼ばれるサービスを実施していることがある。「学習情報」には，学習の機会に関する情報，学習団体に関する情報，学習教材に関する情報，講師や指導者に関する情報などが含まれるが，地域住民が学習する場は基本的には地域であることから，これらの多くは「コミュニティ情報」と重なる。したがって，図書館が「コミュニティ情報サービス」を提供する場合には，他機関で実施されているこうした情報サービスとの関係に配慮し，調整することが求められる。

●………地域資料・情報の組織化

　上述してきたように，地域資料は，一枚物やリーフレットの形態が多く，図書として刊行されるものはむしろ少ない。したがって，図書館では，収集した後に，散逸しないように，また定型的な扱いが可能なように整理しなければならない。通常，各種のファイルを使用して綴じ込んだり，ホルダーに挟み込んだりすることが多い。それゆえ，こうした整理を行なった資料のことを「ファイル資料」と呼ぶ。また，こうした資料は情報の提供に活用することから，「インフォメーションファイル」と呼ばれることもある。また，新聞や雑誌に掲載された地域関係の記事は，切り抜いたり，当該箇所を複写したりして整理する。この切り抜き資料は，「クリッピング資料」と呼ばれる。

上記の組織化は，「もの」としての資料を対象にしているが，資料の点数が増加するに伴い，これらの資料に関するデータを組織化して，効果的に検索できるしくみを整える必要が生じてくる。すなわち，データベースの作成や記事索引の作成が必要となるのである。例えば，新聞記事のクリッピング資料を編成したならば，同時に，記事の主題，見出しやリード，掲載紙名と掲載日時などのデータを確認して入力し，「記事索引データベース」を作成することが望ましい。他のコミュニティ情報に関しても，データ項目を取捨選択して入力し，データベース化することによって，多様な検索が可能になる。

記事索引データベース

●⋯⋯⋯地域資料・情報の発信

現在，図書館においても独自のウェブページが作成され，さまざまな情報が発信されている。ただし，発信されている情報は，利用の案内（開館日，開館時間，来館手段など），行事の開催案内，OPACが大半を占めており，地域資料や地域情報を扱ったものは多いとは言えない。

しかし，中には地域資料・情報を掲載している図書館もある。すなわち，OPACとは別にデータベース化した独自の地域情報を検索できるようにしたり，デジタル化した地域資料を画像ファイルで閲覧できるようにしたりしている。また，地域機関が作成しているウェブページへのリンク集を作成している例もある。地域資料や地域情報は，どのようなものが作成され存在しているか，他の地域からはわかりにくいものであることから，ウェブページを活用して遠隔地からも閲覧したり検索したりできることは，効果的と考えられている。

●⋯⋯⋯地域資料・情報のアーカイブ

地域資料・情報の組織化と発信に関係して，テータベースの形成とは別に，アーカイブの構築も進められている。すなわち，地域情報アーカイブの形成である。具体的には，地域の資料や写真をデジタル化し，それをウェブページ上で発信する取り組みが，各地の図書館で見出すことができる。

地域情報アーカイブ

また，そうした取り組みの中には，地域住民に協力を求めて地域の情報を収集してアーカイブにしている事例もある。大阪市立図書館の「思い出のこしプロジェクト」はその好例であり，地域住民から写真やエピソードを提供してもらい，ウェブページに掲載して閲覧できるようにしている。

これからの図書館像－地域を支える情報拠点をめざして（抄）

これからの図書館の在り方検討協力者会議　平成18年3月

2. これからの図書館サービスに求められる新たな視点

　図書館法（昭和25年法律第118号）第2条では，図書館は，図書等の必要な資料を収集，整理，保存し，一般公衆の利用に供し，その教養，調査研究，レクリエーション等に資することを目的とする施設とされている。また，第3条では，これらを実現するための具体的な「図書館奉仕」（図書館サービス）の内容が定められており，職員が「図書館資料の利用のための相談」に応じ（レファレンスサービス），「時事に関する情報及び参考資料」を紹介・提供すること等についても定められている。

　1960年代後半に始まった貸出重視の図書館サービスにより，図書館の数と規模，所蔵資料の蓄積と職員数の増加，図書館利用の飛躍的な増大等がもたらされた。しかし，図書館法で掲げられている調査研究への支援やレファレンスサービス，時事情報の提供等は未だ十分とはいえない。これからの図書館は，従来のサービスに加えて，これらを始めとするサービスや情報提供を行うことによって，地域の課題解決や地域の振興を図る必要がある。それが，社会教育施設としての図書館の新たな役割であり，この役割を果たすため，これからの図書館サービスに求められる新たな視点を順次以下に述べていく。

(1)　図書館活動の意義の理解促進

　図書館は，出版物に発表された正確で体系的な知識や情報を提供するとともに，インターネット上の多様な情報源の利用の機会を提供することができる。図書館はこれらの様々な資料や情報を分類・整理・保管し，案内・提供するとともに，あらゆる情報を一箇所で提供しうる「ワンストップサービス」機関であり，職員がそれを求めに応じて案内する点に大きな特徴がある。あわせて，これらの情報を利用するための情報リテラシーを育成する役割を持っている。

　図書館は様々な主題に関する資料を収集しているため，課題解決や調査研究に際して，どのような課題にも対応でき，どのような分野の人々にも役立つ施設であり，また，関連する主題も含めて広い範囲でとらえ，多面的な観点から情報を提供することができる。

　ところが，住民や地方公共団体関係者には，図書館は「本を借りるところ」，図書館職員は「本の貸出手続きをする人」，図書館では「本は自分で探すもの」と考えている人が少なくない。小規模な図書館では，小説や実用書が中心で専門書は少

ないところもあることから，図書館一般をそのような施設だと考える人もあり，図書館の持つ力や効用はあまり理解されていない。

　図書館サービスの内容や，図書館の存在意義についてまだ理解が進んでいないのは，図書館関係者による努力が必ずしも十分でなかったためと考えられる。広く理解を得られるよう，図書館のサービスと活動の内容を見直し，そのことを周知することが必要である。

　具体的な取組としては，まず，地域社会の現状を把握し，生活や仕事の上で様々な課題があることを認識した上で，図書館がどのように役に立つのかをわかりやすい形で明らかにする。そして，図書館が地域の課題解決や調査研究を支援できるようサービスや運営を改革し，地域の人々に図書館の利用を働きかけていくことが必要である。その際には，図書館を利用していない住民に対しても積極的に働きかけを行うことや，身体的，距離的，時間的などの様々な理由により図書館の利用が困難な人々を対象としたサービスも積極的に行うことが重要である。

　あわせて，地方公共団体関係者をはじめとして，広く関係者に図書館の意義について積極的にアピールを行うことが必要である。特に，時々の行政課題に図書館がどう役に立つのかを検討し，地方公共団体の行政部局に対して図書館側から積極的に提案していくことが求められる。「行政にも役立つ図書館」としてアピールすることにより，図書館政策が自治体行政の基本的な政策体系に位置づけられるよう，努力していく必要がある。

　こういった取組の実績をもとに，例えば，「困ったときには図書館へ」，「分からなければ司書に訊け」というようなキャッチフレーズを広めて，それが住民や地方公共団体関係者の意識に浮かぶように，また，「役に立つ図書館」として認知してもらうよう努めていく必要がある。

(2)　レファレンスサービスの充実と利用促進

　利用者が，求めている資料を的確に探し出し，あるいは短時間で調査の回答を得るためには，レファレンスサービスの活用が不可欠である。特に調査研究においては，レファレンスサービスを通じた雑誌記事や新聞記事の検索と提供が必要である。

　しかしながら，レファレンスサービスを図書館が提供していることはあまり知られていない。その原因として，レファレンスサービスの提供体制が不十分な図書館が多いことが考えられる。全国の公立図書館のうちの中心館でも，独立した専用カウンターを設置している図書館が13％，貸出カウンター内に窓口を設けている図書館が10％にとどまっている。市立図書館では，これらのカウンターや窓口がない図書館が65％にのぼっている。また，専用カウンターや窓口を設置している図書館でも，市立では2割（20％），町村立では7割（66％）近くが職員を配置していない。（数値は「2004年度公立図書館におけるレファレンスサービスの実態に関する研究報告書（全国公共図書館協議会）」による。）

このように，専用カウンターを設置している図書館が少なく，設置している場合でも，2階の参考図書室や奥まった位置にあることが多い。レファレンスサービスの存在を知る利用者が少なく，実際の利用も少なかった原因の一つはここにあると考えられる。

　レファレンスサービスが十分に行われてこなかった理由としては，このほか，図書館サービスが貸出冊数や利用者数等で評価されてきたことや，参考図書や雑誌が少なく図書中心の蔵書構成であること，すべての職員があらゆる業務を一律に行わなければならないという意識があり，レファレンスサービス担当者を置くことに対する消極的な姿勢があったこと等が考えられる。

　今後は，貸出サービスのみを優先することなく，レファレンスサービスを不可欠のサービスと位置づけ，その利用を促進するような体制と環境を用意することが必要である。そのためには，専用デスクを設置して，確実に職員を確保することにより，職員の能力の向上を図るとともに，利用状況やサービスの質の評価を行い，改善を図っていくことが求められる。

　実際に行われているレファレンスサービスの改善例として，「本の案内」等の専用デスクを入口付近に設けて気軽に質問できるようにし，わかりやすい表現やサインを用いるなどの取組がある。また，レファレンスサービスがどう実生活に役立つかが分かりにくいため，行政支援，学校教育支援，ビジネス支援等のサービスの中でレファレンスサービスを実施し，利用を促進することも考えられる。

　また，図書館に来館しにくい人や勤務時間後に図書館の利用を望む人のために，電話，ファックス，電子メールでレファレンス質問を受け付け，学校，行政部局，市民団体，商工団体等の組織に対して広報することも必要である。

　レファレンスサービスを効率的に行うには，インターネット上で公開されている図書，雑誌記事や新聞記事等のデータベースのほか，各種の機関や団体が公開している情報源の活用が不可欠である。利用者が文献を調べたり調査を進めたりできるようにするための手引き（パスファインダー）を作成し，講習会を開催することも必要である。

(3)　課題解決支援機能の充実

　これからの図書館には，住民の読書を支援するだけでなく，地域の課題解決に向けた取組に必要な資料や情報を提供し，住民が日常生活をおくる上での問題解決に必要な資料や情報を提供するなど，地域や住民の課題解決を支援する機能の充実が求められる。課題解決支援には，行政支援，学校教育支援，ビジネス（地場産業）支援，子育て支援等が考えられる。そのほか，医療・健康，福祉，法務等に関する情報や地域資料など，地域の実情に応じた情報提供サービスが必要である。

　課題解決支援機能を充実させるためには，利用者が直面する課題や問題を的確に捉え，市販の図書や雑誌だけでなく，地域資料や行政資料等も含め，その解決に必

要な資料や情報を広範囲にわたって調査し，確実に収集することが重要である。サービス面では，基礎的なサービスとして，貸出，リクエストサービスのほか，レファレンスサービスの充実が必要である。課題解決支援において特に重要なのは，資料や情報をそのまま提供するだけでなく，利用者が有効活用できるよう分類，目録，排架，展示等の組織化に配慮し，付加価値を高める工夫をすることである。具体的には，関連資料の案内図やサインの整備，テーマ別資料コーナーや展示コーナーの設置，文献探索・調査案内（パスファインダー）やリンク集の作成などがある。関係機関や団体との連携によって講座や相談会等も開催できる。これらの活動についてホームページを用いて情報発信すると効果的である。

　また，図書館が持つこうした機能を広く周知し，地域や住民の課題解決に役立つ機関であることをアピールすることも重要である。受け身で利用者の来館を待っているだけでなく，積極的に情報発信を行う必要がある。これらの課題解決支援を効果的に実施するには，地域の関係機関や団体との連携・協力が不可欠である。

（以下の各項目の詳細など，略）

(4)　紙媒体と電子媒体の組合せによるハイブリッド図書館の整備

(5)　多様な資料の提供

(6)　児童・青少年サービスの充実

(7)　他の図書館や関係機関との連携・協力

(8)　学校との連携・協力

(9)　著作権制度の理解と配慮

https://warp.da.ndl.go.jp/info:ndljp/pid/286184/www.mext.go.jp/b_menu/houdou/18/04/06032701/009.pdf

◉地域に根ざした図書館サービス

集会・文化活動

●⋯⋯⋯⋯**集会・文化活動の意義**

行事

集会

文化活動

　図書館では，一年を通して，さまざまな行事（プログラム）が開催されている。それらは，地域住民を対象とした「集会」の形式をとることが多く，地域文化の育成や伝達を目的とした「文化活動」としての側面も併せ持っている。

　図書館が提供するサービスについて例示している図書館法第3条第6号は，「読書会，研究会，鑑賞会，映写会，資料展示会等を主催し，及びこれらの開催を奨励すること」と定めている。また，社会教育法第5条第6号は，図書館などの社会教育施設が「講座の開設及び討論会，講習会，講演会，展示会その他の集会の開催並びにこれらの奨励に関する」事務を行うこととしている。図書館は，利用者に資料や情報を直接提供するだけではなく，さまざまな行事（プログラム）を通して資料への関心を高め，実際にそれを利用して生活や仕事に役立てる機会を設けることが求められているのである。

●⋯⋯⋯⋯**集会・文化活動の視点**

　公共図書館が開催する集会・文化活動は，次の視点からとらえることができる。

(1)　形式
(2)　主催
(3)　開催の場
(4)　対象
(5)　目的

　(1)については，三つの異なる形態が認められる。第一は，利用者に広く案内し，参加者を集めて実施される形式である。例えば，映画会，コンサート，講演会，講座，おはなし会，紙芝居上演などがこれに相当する。第二は，図書館で特定の活動に取り組むグループが定期的に催しを開催する形式である。例えば，読書会や研究会，学習会などである。類似の形式として，地域のグループが図書館の施設や資料を利用して活動したり，イベントを開催したりすることもある。第三は，特定のテー

マに関する資料展示会や展覧会のように，館内で一定期間継続して開催される形式である。

（2）に目を向けると，図書館が主催するもの，利用者や「図書館友の会」，地方自治体の諸部門や民間団体・機関が企画・開催し，図書館がそれを後援したり共催したりするものに分けることができる。

（3）については，図書館の施設を利用する場合が多いが，それ以外にも，UNIT 37，UNIT 38，UNIT 46 で取り上げた活動もある。すなわち，学校へ出向いて行うおはなし会や講座，商工会議所や公民館など地域の施設を利用して開催される講演会や出張講座（出前講座），街歩きや野外観察など屋外で行われるプログラムなどがある。

（4）は，特定の利用者集団を想定しているかどうかである。例えば，読書推進に関する行事としては，乳幼児とその保護者，あるいは児童を対象にしたものが活発に行われている。また，ビジネスパーソンへの支援を目的として，専門家の講演会やデータベース利用講座が開催されたり，高齢者向けのデジタル情報源活用講座が開かれたりしている。

（5）について，『中小都市における公共図書館の運営』では，「図書館資料の利用を促進する」，「地域の文化活動を活発にし，発展させる」，「個人の知識を広め，教養を高め，技能を伸ばす」の三つを挙げている。これらに加えて，近年は利用者同士の交流，「居場所」の創出，地域産業の振興，他機関・部門との連携強化などを目指して開催される行事（プログラム）も増えている。

●⋯⋯⋯⋯**集会・文化活動の種類**

図書館で行われる集会・文化活動は，前述したように，図書館法や社会教育法においても多様な形態が示されている。ここでは，集会・文化活動の目的に沿って，特徴的な例を紹介する。

まず，多くの図書館で開催されている集会・文化活動として，子どもの図書館利用を促し，読書への関心を高めることを目的としたプログラムがある。絵本の読み聞かせやストーリーテリング，ブックトークなどは，「おはなし会」と総称される行事における定番である。そのほかにも，ビブリオバトル（書評合戦），絵本作家による講演会やワークショップ，絵本の原画展や写真展が開催されることもある。また，子どもの預けたぬいぐるみが夜の図書館を探検したり，持ち主の子どものために本を選んだりするという想像を育む「ぬいぐるみのお泊り会」や，友だちに読書の楽しさを伝える「子ども司書」養成講座など，新しい取り組みもある。一方，子どもの読書推進に携わるおとなを対象とした読み聞かせ講座や絵本の研究会なども，盛んに開催されている。

資料展示会
展覧会

図書館友の会

出張講座

読み聞かせ

ストーリーテリング
ブックトーク
ビブリオバトル

ぬいぐるみのお泊り会
子ども司書

つぎに，図書館が所蔵する資料への関心を高め，利用を促進することを目指した集会・文化活動がある。例えば，地域出身の作家やその作品を読み解く研究会や学習会が行われたり，映画の鑑賞会が開催されたりしている。特定のテーマに沿った資料の展示会や展覧会も，所蔵資料への関心を高めることに役立っている。テーマには，時事的なもの，地域の文化や産業に焦点を合わせたもの，図書館のコレクションを紹介するものなどがある。

　地域の文化活動を活発にすることを目的とした行事としては，工芸品や郷土料理などの伝統文化を体験できるものや，音楽や絵画に取り組むグループが，演奏会や展覧会などで日ごろの成果を公開できる場や機会を提供したりするものがある。

　さらに，利用者が資料や情報を活用する能力を身に付けることを目的としたプログラムも開催されている。データベースの利用講座，子ども向けの調べ学習講座，学校教員向けの著作権講座などはこれにあたる。成人を対象にしている場合には，仕事を持つ利用者が参加しやすいよう，週末や休日，あるいは平日の夜の時間帯に開催されることも少なくない。

　図書館の集会・文化活動は，館内の掲示や配布物だけではなく，図書館のウェブページに掲載されている案内やSNSを活用して告知・広報されている。例えば，岩手県の紫波町図書館のウェブページを見ると，読み聞かせボランティアの研修会や鳥獣被害に関する出張講座，夜の時間帯に介護者の経験を聞くプログラムなどが案内されている。

図：紫波町図書館の「イベント・行事」案内ページ（2022年4月現在）

●⋯⋯⋯集会・文化活動の進展

　近年，多くの公共図書館が取り組み始めた課題解決支援サービスの一環として，専門家による講演や講座がしばしば行われる。その際，行政の他部門や民間施設や団体と連携することも多い。例えば，札幌市の図書・情報館では，札幌市男女共同参画センターと「女性のためのワーク・ライフカフェ」を共催し，女性の働き方について考える機会を提供している。また，企業支援機関連携講座として，さっぽろ産業振興財団と「企業実現に向けた上手な相談のしかた」を開いている。また，埼玉県立図書館では，健康・医療情報サービスとして，県立がんセンター，埼玉県疾病対策課，地域の患者会などと協力しながら，がんに関する講演会や相談会，資料展示会を開催している。

　このほかにも，資料と利用者を結び付けるだけではなく，講師と参加者，あるいは参加者同士の交流の機会を作り出し，地域における継続的かつ自主的な活動を促進することを目指したプログラムや，地域住民が最新技術や芸術活動に触れる機会を設けている行事もある。例えば，大阪市立図書館は，VR（バーチャルリアリティ）技術を体験し，ビジネス活動に活かすための講座を開催している。また，宮崎県の都城市立図書館では，図書館のYAスペースの近くに「ラボ」を設置し，中高校生を対象に，Tシャツの型染めをしたり洋服をデザインしたりするイベントを定期的に開催している。

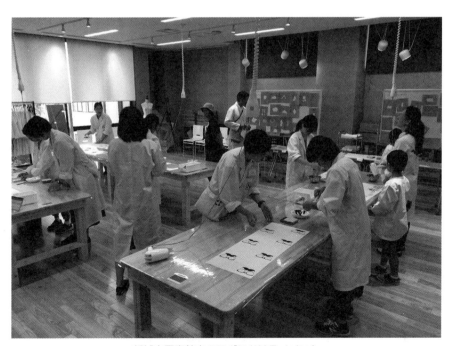

都城市図書館内のラボにおけるイベント

●地域に根ざした図書館サービス

学校図書館との連携・協力

●⋯⋯⋯**学校教育との連携**

学校図書館

図書館が社会教育の施設であるのに対し，学校教育に資する図書館として学校図書館がある。図書館法第3条の図書館奉仕の項目を見ると，図書館は「他の図書館，国立国会図書館，地方公共団体の議会に附置する図書室及び学校に附属する図書館又は図書室と緊密に連絡し，協力し，図書館資料の相互貸借を行うこと」（第4号）とあり，学校図書館と協力することが求められている。さらに「学校，博物館，公民館，研究所等と緊密に連絡し，協力すること」（第9号）とされ，地域の小・中・高等学校とつながり，その教育活動を支援するよう定められている。また，「図書館の設置及び運営上の望ましい基準」にも「図書館相互の連携のみならず，国立国会図書館，地方公共団体の議会に附置する図書室，学校図書館及び大学図書館等の図書施設，学校，博物館及び公民館等の社会教育施設，関係行政機関並びに民間の調査研究施設及び民間団体等との連携にも努めるものとする」と記されている。

図書館にとって学校はサービスを提供する地域の一施設であり，児童・生徒や教職員は地域の図書館利用者であると言えるが，制度的にも，学校教育への支援は，図書館が提供するサービスの一つと位置付けられているのである。

学校教育の側からも，これは確認できる。例えば，小学校学習指導要領には「地域の図書館や博物館，美術館，劇場，音楽堂等の施設の活用を積極的に図り，資料を活用した情報の収集や鑑賞等の学習活動を充実すること」（総則）や，「学校図書館や公共図書館，コンピュータなどを活用して，情報の収集やまとめなどを行うようにすること」（社会），「学校図書館の活用，他の学校との連携，公民館，図書館，博物館等の社会教育施設や社会教育関係団体等の各種団体との連携，地域の教材や学習環境の積極的な活用などの工夫を行うこと」（総合的な学習の時間）といった記述がある。教育課程の展開において，学校図書館のみならず，公共図書館を活用することが必要であることがわかる。

●⋯⋯⋯**学校図書館とのネットワーク**

公共図書館による学校教育への支援は，学校図書館との連携を通して行われることが多い。1947年に制定された「学校教育法施行規則」第1条に基づき，学校に

は「学校図書館」が必置となっている。1954年制定の「学校図書館法」には，「学校の教育課程の展開に寄与するとともに，児童又は生徒の健全な教養を育成する」という学校図書館の目的のほか，学校図書館の運営，専門的職員の配置などが定められており，その中に「他の学校の学校図書館，図書館，博物館，公民館等と緊密に連絡し，及び協力すること」という規定がある。

しかし，学校図書館法には，専門的職員である司書教諭を置くことに猶予期間が設けられていたため，制定から半世紀が経過しても，学校図書館を運営する「人」の配置が進まず，ほかの図書館と連携できる状況に至るまでには時間がかかった。その後，同法は1997年の改正で，12学級以上の学校に司書教諭を置くことが義務となり，2014年の改正で学校司書に関する項目が新設された。ただし，実態としては学級担任や教科担当と兼務している司書教諭が多く，学校司書の配置状況や雇用形態も地方自治体あるいは学校ごとの差が大きい状況が続いている。しかし，公共図書館と学校図書館をつなぐ基盤は，整えられつつあると言えよう。

公共図書館と学校図書館の連携や協力は，両者の情報交換や情報共有，資源共有を可能にするネットワークを形成することから始まる。例えば，自治体内の公立図書館の司書と学校図書館の司書教諭・学校司書による連絡会を開催したり，それぞれの所蔵資料を相互に検索できる総合目録データベースや横断検索のしくみを作ったり，相互貸借のための物流ネットワークを構築したりすることが重要となる。

地方自治体によっては，学校図書館支援センターが公立図書館と学校図書館をつなぐ役割を果たしているところもある。文部科学省は，「学校図書館情報化・活性化推進モデル地域事業」（1995〜2000年度），「学校図書館資源共有型モデル地域事業」（2001〜2003年度），「学校図書館資源共有ネットワーク推進事業」（2004〜2006年度），「学校図書館支援センター推進事業」（2006〜2008年度）を実施し，学校図書館のネットワーク化や蔵書の共有，公立図書館と学校図書館の連携を推進してきた。特に「学校図書館支援センター推進事業」では，59のモデル地域を指定し，教育センターや公立図書館の中に学校図書館支援センターを置いて，学校図書館同士，あるいは学校図書館と公立図書館の連携，学校図書館の地域開放，学校司書の研修等が行われた。この事業の終了後，学校図書館支援センターの運営を継続しなかった地方自治体も多いが，いっそう発展的に取り組んだり，公立図書館にその機能を組み込んだりした事例も現れている。

●⋯⋯⋯⋯学校図書館へのサービス

文部科学省が行なっている「学校図書館の現状に関する調査（令和2年度）」（https://www.mext.go.jp/content/20220124-mxt_chisui01-000016869-1.pdf）によると，公共図書館と連携していると回答した学校図書館は，小学校で86.0%，中学校で65.4%，

（欄外注）
学校図書館法

司書教諭

学校司書

総合目録データベース

学校図書館支援センター

高等学校で 54.5％であり，特別支援学校や義務教育学校，中等教育学校の図書館も含めると全体の 73.7％となっている。連携の内容としては，公共図書館から学校図書館への資料の貸出が 93.2％と大半を占め，ついで，両館の連絡会の実施（24.2％），公共図書館の司書等による学校訪問（24.1％）が挙がっている。

●⋯⋯⋯教員へのサービス

公共図書館は，学校図書館に対してだけではなく，学校や，学校教育に携わる教員に対して直接的な支援も行なっている。

学校教育においては，小・中学校では 2002 年，高等学校では 2003 年に導入された「総合的な学習（探究学習）の時間」などで，問題解決的な学習やプロジェクト型の学習を行う機会が増えている。そのため，教科書以外のさまざまな資料や情報を授業で活用する必要があり，公共図書館の蔵書やウェブページ上の有益な情報源に対するニーズが高まっている。また，児童・生徒の情報活用能力や言語能力を育成することを目的とした教育活動も，盛んに行われている。したがって，公共図書館が学校や教員に対して提供するサービスとして，学校教育に資する資料や情報を提供することと，教員が児童・生徒に対して情報の利用や読書に関する指導を行うための支援を重視する必要がある。

教員への資料や情報の提供とは，例えば，団体貸出に準じて，教科書の単元や探究学習のテーマに応じた資料や読書活動のための図書をまとめて学校や学級へ貸し出したり，学習に役立つウェブページへのリンク集を作成して公開したりすることである。また，電子化された郷土資料や特別支援教育に役立つ資料を紹介したり，ブックリストやパスファインダーを作成して配布したりすることもできる。

一方，教員が情報の利用に関する指導や読書指導を行うための支援には，図書館職員が児童・生徒向けのプログラムを実施する場合と，教員が指導方法を学ぶ機会を提供する場合があり，図書館内で行うだけではなく，図書館職員が学校へ出向く「学校訪問」というやり方もある。例えば，学級・学年単位の図書館見学や職場体験の受け入れ，利用案内，児童・生徒に対するおはなし会，読み聞かせ，ストーリーテリング，ブックトークの実施，教員向けのデータベースの利用法，著作権や読書活動に関する講習会やワークショップが行われている。

学校や教員に対する支援を行う場合は，教科書や学習指導要領を参照して学校教育に対する理解を深めるとともに，教員や学校図書館担当者との情報共有に努めることが重要である。また，サービスを紹介した冊子を作成して配布したり，図書館のウェブページに掲載したりするなどして，サービスの存在を教員に知ってもらう工夫も必要となる。

●⋯⋯⋯児童・生徒へのサービス

公共図書館は，来館した地域の児童・生徒に対して，学習活動や読書活動を支援することを目的としたサービスを提供している。従来，児童サービスやヤングアダルトサービスの一環として，利用案内やレファレンスサービス，読書支援をはじめ，グループや個人に対する学習スペースの提供が行われてきた。また，総合的な学習（探究学習）の時間で行われる問題解決的な学習で，教科書以外の資料や情報を利用する機会が増えていることから，公共図書館を利用して調べたり読んだりする児童・生徒への直接的な支援が，図書館職員に期待されている。

また，2019年に文部科学省が打ち出した「GIGAスクール構想」によって，小・中学生に対するひとり一台の端末配布と高速通信ネットワークの整備が進み，授業や家庭学習での活用が求められている。その結果，児童・生徒がウェブページ上の情報だけではなく，公共図書館が提供する電子書籍やリンク集，図書の紹介，調べ方案内などを読書や学習で利用する例も見られるようになった。

児童・生徒の学習活動や読書活動へのサービスとしては，資料や情報を提供することに加え，情報活用能力や読解力の育成を目指した支援が必要である。例えば，読書感想文等の課題図書を提供するだけではなく，教科書や学校教材に沿った資料や，問題解決型の学習テーマに応じた資料をそろえることが求められる。また，インターネット上の情報源やデータベースを紹介したリンク集を作成したり，ブックリストやパスファインダーを配布したりすることもある。さらに，児童・生徒が主体的に資料や情報を利用できるよう，図書館利用案内，OPACやデータベース，電子書籍の利用案内も必要となる。調べ方の講座を開いたり，著作権の知識を伝えたりすることも考えられる。

児童・生徒に，公共図書館サービスの利用を促すためには，成長段階に応じた広報のしかたを工夫しなければならない。公共図書館を利用したことがない小学生や中・高校生もいることから，館内での掲示や図書館のウェブページで案内するだけではなく，学校と連携して公共図書館を利用する機会を設けたり，SNS等を活用して情報を伝達したりすることが必要である。

（欄外）
GIGAスクール構想

情報活用能力
読解力

学校司書とモデルカリキュラム

　UNIT 46 で述べたように，多くの学校図書館は，司書教諭と学校司書の連携によって運営されている。1953 年に制定された学校図書館法には，当初，学校図書館の専門的職務を掌る職員として「司書教諭」だけが記述されていた（第5条）。しかし，2014 年の改正により，「学校には，前条第1項の司書教諭のほか，学校図書館の運営の改善及び向上を図り，児童又は生徒及び教員による学校図書館の利用の一層の促進に資するため，専ら学校図書館の職務に従事する職員（次項において「学校司書」という。）を置くよう努めなければならない」（第6条）と追記された。ただし，「学校司書」は学校図書館の職務に従事する職員の呼称であり，資格を指すものではないという点で「司書教諭」とは異なる。法改正の附則に「国は，学校司書の職務の内容が専門的知識及び技能を必要とするものであることに鑑み，（中略）学校司書としての資格の在り方，その養成の在り方等について検討を行い，その結果に基づいて必要な措置を講ずる」とあるように，学校司書の養成と資格については今なお検討課題となっている。

　文部科学省の「学校図書館の現状に関する調査」によると，2020 年度の時点で「学校司書」を配置している小・中・高等学校は，それぞれ 68.8％，64.1％，63.0％である。学校司書の雇用条件や求められる能力は，地方自治体によってさまざまであるが，司書資格が必要となる場合も多い。例えば，神奈川県の「県立の図書館及び県立学校図書館等における司書業務」に従事する職員募集を見ると（2023 年6月），応募条件として「司書の資格を有する人又は令和6（2024）年3月までに取得見込みの人」が挙げられている（https://www.pref.kanagawa.jp/documents/5004/r5_mennkyoshikaku.txt）。また，大阪府の豊中市立学校図書館（臨時）会計年度任用職員の勤務条件（2022 年4月）には，募集の対象は「司書資格のある人」と記されている（https://www.lib.toyonaka.osaka.jp/kaikeinendo_gakkou_202204.pdf）。

　しかし，司書の資格を取得するための科目は，公共図書館における業務を前提にしたものであり，学校図書館の運営に必要な知識や技能が取り扱われることは，本来は想定されていない。そのため，司書の資格を有して学校図書館で仕事を始めたときに，公共図書館とは異なる対応を迫られたり，業務内容にとまどったりすることも考えられる。

　文部科学省は，学校図書館法を改正した後に，「学校図書館の整備充実に関する調査研究協力者会議」を設置し，同会議による「これからの学校図書館の整備充実について（報告）」を公開した（2016 年10 月）。また，この報告を踏まえ，同年11月29日に「『学校司書のモデルカリキュラム』について（通知）」を発出し（https://

www.mext.go.jp/a_menu/shotou/dokusho/link/1380587.htm），下表の科目で構成される「学校司書のモデルカリキュラム」を示した。

	科目名	司書	教職	司書教諭	単位数
学校図書館の運営・管理・サービスに関する科目	学校図書館概論			※1	2
	図書館情報技術論	○			2
	図書館情報資源概論	○			2
	情報資源組織論	○			2
	情報資源組織演習	○			2
	学校図書館サービス論				2
	学校図書館情報サービス論	※2			2
児童生徒に対する教育支援に関する科目	学校教育概論		※3		2
	学習指導と学校図書館			○	2
	読書と豊かな人間性			○	2

※1：司書教諭資格の科目「学校経営と学校図書館」と読み替え可能
※2：司書資格の科目「情報サービス論」または「情報サービス演習」と読み替え可能
※3：教職の免許に関する科目のうち，「教育の理念並びに教育に関する歴史及び思想」，「幼児，児童及び生徒の心身の発達及び学習の過程」，「教育課程の意義及び編成の方法」の事項を含む科目と読み替え可能

文部科学省「学校司書のモデルカリキュラム」より作成

　このカリキュラムは，ほとんどの科目に司書，司書教諭，教職課程の科目を充て，「読み替え」による実施が可能である。しかし，独自に開講しなければならない唯一の科目として「学校図書館サービス論」がある。この科目は，「学校図書館における児童生徒及び教職員へのサービスの考え方や各種サービス活動についての理解を図る」ことを目的とし，「学校図書館サービスの考え方と構造」，「学校図書館の環境整備」，「学校図書館の運営」，「学校図書館利用のガイダンス」，「資料・情報の提供」，「児童生徒への学習支援」，「特別の支援を必要とする児童生徒に対する支援」，「教職員への支援」，「広報・渉外活動」といった項目で構成されている。

　これらは，司書資格のための科目である「図書館サービス概論」，すなわち本書で取り扱う内容と重なる部分もあるが，「学校の教育課程の展開に寄与する」，「児童又は生徒の健全な教養を育成する」（学校図書館法第2条）という学校図書館の目的を踏まえれば，公共図書館でのサービスを学ぶ科目では読み替えることができないということである。小・中・高校生という同じ学齢の子どもに図書館サービスを提供していても，学校図書館に勤める司書（学校司書）には，公共図書館の司書とは異なる知識や技能が求められる。学校図書館での資料提供サービスや情報サービスは，公共図書館のサービスとどのように違うか，具体的な場面を浮かべ，考えてみてほしい。

◉図書館サービスをめぐる課題

図書館サービスと著作権

●⋯⋯⋯⋯**注目すべき著作権法の改正**

著作権法　　　　著作権法は，1990年前後から，ほぼ毎年と言ってもよいくらい頻繁に改正され
ている。その趣旨は多岐にわたるが，図書館サービスとの関係では，2018年改正
と2021年改正の理解から始めるとよい。いずれも，現代の図書館サービスを実施
する上で欠かせないからである。

　　　　2018年改正は，障害者サービスの充実につながるもので，「平成の大改正」とも
録音図書　　　　呼ばれる2009年改正と関係する。2009年改正までは，点字図書館を除くと，録音
ディスレクシア　　図書の製作は，著作者の許諾が必要であった。また，ディスレクシアといった視覚
障害以外の状態にある者の場合，印刷物上の情報を入手することは難しいにもかか
わらず，録音図書を用いることはできなかった。2009年の改正では，こうした面
が改善された。それにより，印刷資料の情報にアクセスすることに困難を抱えてい
た人に対する図書館サービスは，大きく前進した。

　　　　2018年改正は，第37条第3項が焦点となるが，2009年改正の趣旨をさらに進め
たものとなる。二つの改正により，図書館をはじめとする政令で定めた施設で，自
由に多様な障害者サービス用の資料を製作できるようになった。利用できる人も，
「視覚による表現の認識が困難なもの」と拡大した。「視覚障害者」から「視覚障害
者等」と広がったと言ってもよい。また，一定の条件のもとで，対象となる資料の
公衆送信　　　　貸出，公衆送信（インターネット配信，メール配信），譲渡，ならびに，諸施設で
の複製もできるようになった。

　　　　2021年改正は，図書館サービスに関係する条項として，一定の条件のもとで，
公衆送信権　　　著作者の公衆送信権を制限する内容が追加された。改正の着眼点は，主に二つとな
る。一つは，国立国会図書館が，絶版等資料の電子データを，図書館等だけでなく，
直接利用者に対しても送信できるようになったことである。ここで重要な要素とな
るのは「絶版等資料」，すなわち，絶版あるいは絶版に準ずる理由によって，「入手
困難な資料」である。したがって，通常の流通経路では入手することがもはや難し
い資料を，国立国会図書館が電子データとして，人々に直接提供することに関して，
著作者の権利が制限されたことになる。

複写サービス　　　もう一つは，図書館等が，これまでの複写サービスに加え，一定の条件のもとで，

調査研究のためであれば，著作物の一部分を電子メールなどでデジタル送信できる
ようにしたことである。ただし，こうした活動を行う際には，図書館等の設置者が，
著作物の権利者に補償金を支払うことを求めている。また，正規の電子出版物等の
市場を阻害しないことや，電子データの流出を防止する措置を講じることなどが条
件として設定されている。

デジタル送信

補償金

● ……………著作権法に基づく図書館サービスの提供

　著作権ならびに著作権法は，図書館のサービス活動と密接な関係を持っている。
しかも，メディアの多様化と利用形態の複雑化に伴い，前述したように，著作権法
の改正が頻繁になされているので，注意しなくてはならない。基本となるのは，著
作権法第31条であり，複写サービス，すなわち，図書館における複製物の作製に
関して規定されている。

著作権法第31条

　この規定は，図書館の公共性に基づき，著作権者の権利を一定程度制限すること
に相当の理由があると認識した上での特例的な措置である。したがって，図書館に
おいては，この法律の精神に則って，規定を遵守し，利用者に著作権についての注
意を喚起しながら，法の範囲内で複写サービスを実施する必要がある。

　複写の結果作製された複製物は，提供にあたって，その方法を検討する必要があ
る。とりわけ，複製物の「譲渡」の可・不可といった点と，複製物の送信にかかわ
る点に着目する必要がある。譲渡の可・不可とは，複製物をそのまま利用者に渡し
てしまい，利用者の所有とすることが認められるかどうかということである。一般
に，複写サービスといった場合，この意味での提供を指していることが多い。しか
し，資料の種別によっては，あるいは，資料の状態によっては，複製物を作製する
ことまでは認められるものの，それを利用者には譲渡することができない場合もあ
る。その場合には，複製物の貸出，もしくは，閲覧にとどめることが必要となる。

　図書館サービスにおける著作権の尊重と記した場合，上述の複製物の作成が強く
意識される。しかし，ほかの図書館サービスにおいても，著作者の権利を尊重して
行わなくてはならないものがある。例えば，貸出サービスにおける公共貸与権（公
貸権）や，読み聞かせや朗読会における口述権などがある。また，複製物を他館や
遠隔地の利用者に送付する場合については，公衆送信権との関係が生じる。

公共貸与権

口述権

● …………複写サービスの意義

　複写サービス（duplication service）とは，図書館資料の複製物を作製して利用
者に提供するサービスを指す。日本語では，コピーサービスとも呼ばれている。図
書館において行われている複写サービスには，下記のものがあり，それぞれ著作権
法の適用の範囲内で，実施されている。

（1）　来館者への資料の複製

（2）　他館への提供に使用するための複製

（3）　マイクロ資料の複製

（4）　電子資料の複製

（5）　ウェブページの複製

（6）　視覚障害者等のための複製

　（1）は，図書館で所蔵している資料を，来館者の希望に従い，複写して提供するサービスである。複写サービスは，調査目的のために利用されることが多く，対象となる資料も，貸出が認められていないレファレンス資料や雑誌・新聞，貴重書などが一般的である。なお，複製物の作製という意味では，印刷資料ばかりではなく，視聴覚資料や電子資料も含めることになる。ただし，資料形態に応じて，適用される著作権法の規定が異なることから，図書館サービスとしては，印刷資料の複写が圧倒的に多い。

　（2）は，他館からの要請に応じて，特定資料を複写して送付する場合である。貸出が可能な資料であれば，図書館間相互貸借の対象となるが，雑誌や新聞，貴重書，あるいは，保存の状態によって貸し出すことが難しい資料の場合には，複写した上で，それを提供することになる。

マイクロフィッシュ
マイクロリール

　（3）は，マイクロフィッシュやマイクロリールの形態で保存している資料を，紙にプリントアウトする場合である。所蔵資料の複写という意味では，（1）と共通する。また，利用にあたって機器を必要とするという点では，視聴覚資料や電子資料と共通する面がある。しかし，マイクロ資料を閲覧するためのマイクロリーダーは，図

マイクロリーダー

書館以外の場で利用できることがきわめて少ないことから，複写の持つ意義は大きい。また，印刷資料の複写の場合，複製物がオリジナルと同一のメディアタイプとなるのに対し，異なるタイプのメディアに「変換」されている点が特徴となる。

　（4）は，CD-ROMやDVD形態の資料を検索し，ディスプレイ上に表示された結

プリントアウト

果をプリントアウトする場合が中心となる。また，それらの資料に記録されている

ダウンロード

内容やプログラムを，ダウンロードする場合も含まれる。ただし，プリントアウトあるいはダウンロードの対象となる資料は，図書館が所蔵しているか，あるいは，

ライセンス契約

図書館でライセンス契約しているものである。

　（5）は，ウェブページを，ブラウザでディスプレイ上に表示し，その画面をプリントアウトする場合を指す。また，ウェブページに収められているコンテンツをダウンロードする場合も含まれる。ただし，ウェブページは，図書館で所蔵している資料ではないことから，同じ複写といっても，著作権法における適用が，（4）とはまったく異なり，制約条件も大きい。

(6)は，前述した著作権法の 2018 年改正で説明した内容となる。

●⋯⋯⋯複写サービスへの課金

　図書館法第 17 条は，公立図書館において，資料利用の対価を徴収してはならないと規定している。多くの図書館サービスは，資料を利用することをその基本にしていることから，無料で提供されている。しかし，複写サービスに関しては，無料で行なっている図書館は皆無といってよく，複写料金が定められている。この現実を論理的に整理するならば，複写サービスは，図書館法で定めている資料利用には相当しないことになる。それでは，どのような点が資料利用にあたらないのか，それを理解するには，つぎのような場合を考えてみるとよい。

　まず，ある資料がその図書館にとって貴重な資料であり，保存の観点から，取り扱いを慎重にしなければならなかったとする。この資料を読みたいという強い要求が，利用者から寄せられたとする。利用者の要求は，あくまで内容を読んでみたいということであり，元の資料に直接触れられなくてもかまわないというものであった。そこで，図書館では，その資料を複写し，複写したものを元の資料の代わりとして利用者に提供することにした。つぎに，利用者は，その資料を一度読めれば十分で，手元に置いておきたいわけではなかったことから，複製物を貸し出して，読み終わった後に返却してもらうことにした。そうすれば，後々，同じような要求にも対応できるとも考えたからである。

　この場合，複写をしているにもかかわらず，利用者に料金を請求することは，およそ考えられない。しかし，もし利用者が複写したものを，手元にずっと置きたいと求めたならばどうであろうか。そのときは，利用者から複写料金を徴収することが一般的となる。すなわち，図書館資料は，「共用」されることを前提にしているのである。図書館法の資料利用とは，共用という前提を維持できる範囲でのサービスということになる。複製物をそのまま譲渡してしまうサービス，すなわち，特定の利用者の所有となり共用されなくなる便宜は，資料利用にあたらないという解釈が成り立つのである。

共用

●図書館サービスをめぐる課題

プライバシーの尊重

●………個人情報の必要性

個人情報

　図書館では，サービスを行う上で，利用者の個人情報が必要となる場合がある。貸出サービスは，その代表例である。すなわち，資料が借り出されている間は，誰がそれを借り出しているのかがわかるようにしておく必要がある。そのために，貸出サービスのための利用登録の際に，氏名ならびに連絡先等の情報を把握することになる。これは，資料管理の点から求められたことである。例えば，資料が延滞となっているときは，この情報に基づいて督促が行われる。資料を予約したり，リクエストしたりした利用者に，当該資料が取り置かれていることを連絡する際にも用いられる。資料の配送サービスを展開している図書館では，配送先の情報ともなる。

　貸出サービス以外でも，いくつかのサービスでは，利用者の個人情報を取り扱う。レファレンス質問を電子メールで受け付ける場合は，回答の送信先となる電子メールアドレスを，個人情報として取り扱うことになる。集会・行事において，参加を予約制にするときにも，同様である。

●………個人情報の取り扱いに関する課題

　図書館で個人情報を取り扱うことには，いくつかの課題が伴う。一つは，継続的に情報が保持されることである。すなわち，集会・行事の参加申込をしたときに確認された利用者情報であれば，その集会・行事の終了後に破棄しても問題は生じない。しかし，貸出サービスの場合には，利用のたびごとに利用者情報を確認していたのでは，かえって，作業効率が低くなってしまう。そこで，あらかじめ利用登録を行い，利用者の個人情報を保持している。一定の期間，貸出サービスを利用しない場合は情報を抹消するが，その期間に達するまでは，登録されている情報を持ち続けていることになる。したがって，その取り扱いについては，登録システム上の

セキュリティ

セキュリティの問題を含め，慎重に対応しなくてはならない。

　もう一つは，資料情報との関係である。貸出サービスでは，利用者の個人情報と資料情報の二つが扱われることなるが，両者がセット（組み合わせ）になっていることが重要になる。すなわち，資料が借り出されている間は，誰がという情報と，何をという情報が組み合わされ，これに，いつまでといった付随する情報を加えて

管理されているのである。貸出記録と呼ばれているのは，こうした複数の情報がセットになっているものを指す。見方を換えれば，誰が何を読んだのか，あるいは，誰が何を読もうとしたかという読書記録に相当するものでもあり，利用者個人の思想や嗜好といった内面にかかわる記録と位置付けることも可能になる。しかも，この記録が蓄積されるとなると，利用者の考え方の傾向を表す情報ともなり得る。

貸出記録

読書記録

　こうした認識から，貸出記録は，プライバシーの尊重という点で最も慎重に取り扱うべきものとなる。そこで，図書館では，資料が返却されたときに，貸出記録における利用者の個人情報と貸出情報の組み合わせを解除し，誰が何を借り出したのかが確認できないようにしている。同様の対応は，予約やリクエストについても行われる。誰が何を予約したかという予約の記録，誰が何をリクエストしたかというリクエストの記録に関しても，業務が終了したときに，利用者の個人情報と資料情報との組み合わせを解除することになる。また，複写サービスの際に行う手続においても，同様の対応を行う必要がある。

プライバシー

●…………個人情報保護法の理解

　2005 年 4 月から，「個人情報の保護に関する法律」（個人情報保護法）が施行され，図書館サービスにおいても，この法律の考え方に基づく対応が必要になった。ただし，この法律の基本は，民間事業者における個人情報の取り扱いを規定したものである。したがって，公立図書館は，この法律の直接の対象とはなっていない。しかし，第 11 条において，地方公共団体が保有する個人情報の適正な取り扱いの確保に必要な措置を講じることを求めている。それゆえ，この規定に基づいて，各地方自治体では，個人情報を保護するための条例整備が進んだ。その結果，公立図書館が保有する個人情報もまた，この法律で定めている取り扱いに沿って保護されるところとなった。

個人情報の保護に関する法律

　個人情報保護法が施行されたときに，地域の自治会や学校の同窓会における会員名簿の作成に関して，誤った認識が示されたことがあった。「個人情報なので，名簿作成が禁止された」といったものである。しかし，この法律は，個人情報そのものを収集することを全面的に禁止してはいない。この法律が個人情報を取り扱う者に求めているのは，個人情報を収集するに際しての条件である。すなわち，収集する目的を明示すること，本人の同意の下に収集して保有すること，明示した目的に基づいて使用すること，漏洩や不適切な利用がされないように責任を持つこと，である。

　この法律が施行されるまでは，図書館における利用者のプライバシー尊重と言った場合，前述した貸出記録の適正な管理が主たる課題であった。しかし，制定後は，何のために個人情報を収集するのか，また，どのように活用するのかを利用者に示

し，同意を得た上で収集して管理しなくてはならない点が加わったことを重んじなくてはならない。

●⋯⋯⋯プライバシー尊重に向けた配慮

　プライバシーを尊重するための対応は，貸出記録あるいはそれに類する記録の管理にとどまらず，さまざまな配慮が求められる。例えば，督促のために，利用者の自宅に電話連絡した際に，本人が不在で家族が電話口に出たときに，どのように伝達するのが望ましいだろうか。「○○という図書が返却されていない」と伝えたのでは，その利用者が何を借り出したのかが，家族にわかることになる。家族だからよい，保護者であれば知っていて当然，といった考え方が当たり前だった時代もあるが，現在では，こうしたとらえ方を標準にすることは難しい。ただし，図書館が設置されている地域によって，プライバシーへの共通認識が異なることもあり得るので，注意する必要がある。

　また，プライバシーは，利用者の個人情報だけではない。図書館で所蔵する資料には，名簿類も含まれていることから，対象となる人の個人情報が記載されていることになる。個人情報保護法は，こうした資料を図書館が提供することに制限を設けていないが，利用者等から疑問視する声が寄せられることもある。それゆえ，コレクション形成方針に則って選書されていることを確実にする必要がある。「図書館の自由に関する宣言」に謳われている「図書館は資料提供の自由を有する」とも，これは一致する。

図書館の自由に関する宣言

　一方，実名が示されていなくても，個人を特定できる記載が含まれており，個人の利益や名誉に影響を及ぶ可能性を有する資料もあり得る。特定の個人や集団を差別することにつながる資料も存在する。こうした人権やプライバシーを侵害するおそれのある資料については，無制限の公開や貸出をせずに，資料提供に制限を設けるという選択肢を検討する。「図書館の自由に関する宣言」においても，「図書館は資料提供の自由を有する」の記載のもとに，そうした資料の提供を制限することがある旨を記している。ただし，その制限は，「極力限定して適用し，時期を経て再検討されるべきものである」としていることの意義に留意する必要がある。

図書館サービスとその対価

「公立図書館のサービスは無料」と言われることも少なくない。図書館サービスの無料原則とも呼ばれている。この認識は，「図書館法」第17条の規定に基づくものであるが，条文は，「入館料その他図書館資料の利用に対するいかなる対価をも徴収してはならない」であり，無料とされるのは，入館料ならびに図書館資料の利用である。言い換えれば，すべての図書館サービスが無料ということではない。このことは，複写サービスへの課金を考えれば明らかである。複写サービスは，図書館で提供している便宜であるが，多くの図書館では有料で提供されている。

図書館において，利用者に求められる金銭には，利用料金，手数料，実費徴収，違反金，弁済金など，いくつかの種類がある。利用料金は，特定の図書館サービスを受ける際に納める費用である。日本の場合，会議室や展示スペースの利用の対価を徴収している例がある。また，千代田区立日比谷図書文化館のように，一般の閲覧席は無料であるが，付加価値の高い特別研究室の利用に関しては有料にしている例もある。海外では，国によって事情は異なるが，図書館利用の登録料金，資料のリクエスト料金，図書以外の視聴覚資料や電子資料の利用料金など，さまざまなものがある。手数料は，貸出カードを再発行するような場合の経費である。資料の配送サービスの経費を利用者に求める場合には，実費徴収という考え方になる。資料を延滞したときに違反金は，大学図書館においては事例がある。紛失した資料の弁済は，UNIT 21で触れているとおりである。

ここで重要なことが二つある。一つは，金銭が求められるサービスの多くは，図書館の基本的で活動ではなかったり，特定の利用者の受益に供する付加価値が高かったりする活動である。例えば，海外では，「ラッシュ料金」を設定している図書館がある。予約が集中した資料に関して，無料で利用するには順番待ちをすればよいが，早く利用したい者には，この料金を徴収して，一部の複本を提供するというものである。遊園地の人気アトラクションで，割り増し料金を払えば，長い列のうしろではなく先頭に入り込めるという考え方と同じであろうか。

もう一つは，求められる金銭は，活動に必要とされた経費の回収が目的ではなく，利用のコントロールが目指されていることである。例えば，海外において資料のリクエストを有料にしている図書館では，その処理に必要となった金額ではなく，それよりも少ない「名目的な経費」（nominal fee）を利用者に求めている。無料にしてしまうと，必要とは限らない資料までリクエストされるおそれがあるため，必要なものだけリクエストしてもらうようコントロールするための経費となる。多くの利用料金や手数料には，この考え方が適用されている。

●図書館サービスをめぐる課題

利用者モラルとトラブル対策

● ………図書館における利用者に関するトラブル

　図書館は，年齢や性別，職業などが異なるさまざまな人が利用する場所である。それゆえ，利用者に関するトラブルが起きやすい場所だとも言える。トラブルには，いわゆる「招かれざる客」である「問題利用者」が起こす問題行動や迷惑行為にとどまらない多種多様なものが含まれる。いろいろな属性を持った人々が集まる場所であるがゆえに，それだけを単独で見たときにはそれほど問題とはならないはずのものが，結果的に問題行動や迷惑行為となってしまう場合もあり得る。例えば，館内での友人との会話が，それである。

問題利用者

　このような問題行動・迷惑行為を抑止することは，親しみやすい，気軽に利用できる図書館のあり方と,「トレードオフ」の関係にある。図書館としては悩ましいが，それでも，適切に対処していく必要がある。

● ………多種多様な問題行動の類型化

　図書館におけるさまざまなトラブルに適切に対処していくためには，まず，トラブルにはどのようなものがあるのかを知ることが重要である。その上で，図書館のトラブルのうち，自館が実際に直面しているのはどのようなものなのかを明確にすれば，それらへの適切な対応策を検討することができるようになる。

リスク評価

　千錫烈は，図書館におけるトラブル対応策を考えるためには，リスク評価が必要であると述べている（千錫烈「図書館における問題利用者への抑止策：リスクマネジメント・利用規則・ホスピタリティ」『情報の科学と技術』67 巻 3 号，p.113 ～120，2017 年）。ここでいうリスク評価とは，問題となっているトラブルがどのようなものかという概要を把握し，このトラブルが図書館に対して与える影響を明らかにすることを指す。具体的には，問題が発生する頻度と発生した場合の被害の大きさという二つの側面から自館が直面しているトラブルを整理することで，それらへの対応策および優先順位をどう考えたらよいかが検討しやすくなる。

● ………問題利用者への対応策

　利用者による問題行動・迷惑行為を整理したならば，つぎは，それらへの具体的

な対応策を検討することになる。このとき，対応策は，「保有」，「削減」，「移転」，「排除」の4種類に分類される（千錫烈．前掲）。

「保有」とは，対応策をとらず，リスクをそのまま受け入れることである。図書館資料を使わずに行う学習など，図書館に対する被害が比較的小さいものに対しては，「保有」が最適な場合もある。保有

「削減」とは，問題行動の発生頻度を少なくするための対策を講じることである。例えば，盗難を防ぐための防犯カメラの設置や，座席の占有を防ぐための座席予約・利用システムの導入などがこれにあたる。ただし，こうした対策は有効でも，追加コストが発生することに注意が必要である。削減

「移転」とは，リスクの一部または全部を組織の外部に転嫁することである。例えば，北米の公共図書館で行われている警備員による館内警備などがこれにあたる。北米の公共図書館では，アルコールやドラッグの過剰摂取による酩酊状態にある利用者が，椅子や机などを振り回してほかの利用者に危害を加えようとしたり，館内で発砲したりする事件が発生したことを受け，民間警備会社から派遣された専門の警備員が常駐している。これは，図書館職員では対処が難しいという判断の下に「移転」が行われた事例だが，「削減」と同じく追加コストが発生する点に注意が必要である。移転

「排除」とは，リスクの原因となることがらを中止することである。例えば，破損行為のあった雑誌の購入を中止したり，座席の占有が行われた場合に座席利用をすべて予約制にしたりすることである。ただし，問題行動の解消という点からは効果的だが，一方で，ほかの利用者の利用を制限することにつながるおそれが高いことに留意する必要がある。排除

実際には，現在問題となっている問題行動や迷惑行為の被害の大きさを整理した上で，利用者の権利をなるべく制限せずに，図書館の費用負担の面から実現可能な対応策を考え，実行していくことが必要となる。また，問題行動や迷惑行為と言っても，その実態はさまざまである。明らかな問題行動や迷惑行為に対して具体的な対策を講じるのは当然であるが，「一つまちがえると迷惑行為になる」といった次元の行為に対してどのように対処するかも課題となる。各図書館の事情をふまえた上で，一定の指針を策定し，その指針に基づいた対応が求められる。

●………盗難・破損

図書館資料に関する代表的な問題行動として挙げられるのは，盗難と破損行為である。図書が貴重だった時代には，利用者がこれらの行為を行わないように，利用者の求めに応じて閉架書庫から必要な資料のみを出納する形式のサービスが行われていた。しかし，日本においても第二次世界大戦後は，「親しみやすく，気軽に利盗難
破損行為

用できる」図書館の実現に向けて，利用者が資料を自由に閲覧でき，借りることができるようにサービスが組み立てられている。そこで問題となったのが，盗難と破損行為である。盗難とは，貸出手続をしないまま，図書館資料を故意に館外に持ち出してしまうことである。破損行為とは，図書館資料に書き込みをしたり，ページを切りとったりすることである。

BDS 盗難を防止するためには，BDS（盗難防止システム）を設置するのが最も効果的だとされている。ただし，設置費用がかかることに加えて，BDSのデザインや設置方法を慎重に検討しないと，利用者に建物への入りづらさを感じさせてしまうおそれがある。また，破損行為に関しては，BDSのような有効な防止手段が存在しない。図書館によっては，破損した図書館資料を展示した上で，こうしたことをやらないでほしいと訴えているところもあるが，そのように利用者の良識に訴えかけるしか手立てがないのが現状である。

なお，利用者が意識していないところにも，問題となる行為は潜んでいる。例えば，延滞に対して繰り返し督促しても無視し，長期間にわたって資料が返却されない場合は，盗難と等しい迷惑行為となる。また，書店等では，販売している書籍の表紙や内容を写真撮影することは「デジタル万引き」と呼ばれている。図書館においては，資料の撮影そのものは窃盗とは言えないが，携帯電話等で資料を撮影することを禁止している図書館においては，やはり問題行動となる。

●⋯⋯⋯⋯音環境

図書館は，「音」に敏感な施設である。古くは「静けさ」を重視し，すべての利用者に，館内では静かに過ごすことを求める図書館が多かった。しかし，「静けさ」の重視は，一方で，図書館に近寄りがたいというイメージを利用者に与えてしまう。現在では，「気軽に利用できる」というイメージを重視する図書館が増えているため，以前のように，厳密な「静けさ」を求めることはなくなりつつある。しかし，それでも，「音」に関する問題は，利用者同士のトラブルに発展する危険をはらんでいるため，注意する必要がある。

ゾーニング 図書館による対応策として比較的よく見られるのは，新しい図書館を建設する，あるいは，改築する際に行われる「ゾーニング」である。児童が本を読んだり，遊んだりすることができるスペースを，閲覧席や学習席から離れたところに設置するのは，その代表例である。パーティションや防音壁を設置することで音を吸収するようにしたり，グループで活動できるスペースを別に設けてそこでは自由に会話できるようにしたりする工夫も行われている。逆に，学習席の方を隔離して，そこだけは静けさを保つという形でゾーニングを行なっている図書館もある。

問題は，建物の構造上，ゾーニングが難しい図書館において，利用者が満足する

音環境を実現したいときの対策である。残念ながら，完璧な対応策は存在しないため，基本的には利用者の良識にゆだねることになる。少人数での小声での会話はある程度許容し，集団で来館して騒がしい行為をしている人や，携帯電話等で通話をしている人については問題利用者と認定し，図書館職員が注意するといった指針を，各図書館で定めて対応することが求められる。

●………座席の利用

　1990年代までの図書館では，閲覧席は図書館資料を利用するためのものであり，自習のためといった，それ以外の用途での利用は極力排除するという考え方が存在した。この考え方に基づけば，資格試験の勉強のために図書館に来る利用者は，ある種の問題利用者とみなされ，場合によっては，図書館職員が声をかけて座席の利用をやめてもらっていた。しかし，2000年代に入って，館内で比較的長時間過ごすことを想定した「滞在型図書館」の考え方が広まるにつれて，閲覧席を多く設ける図書館が増えてきた。これらの図書館では，図書館資料を使わない座席の利用を許容する傾向にある。例えば，今日では多くの図書館が，電源コンセント付きの座席やWi-Fi環境を整えることによって，利用者が自分のPCを持ち込んで，調べものや情報収集ができるようにしている。こうした図書館では，座席の使用目的が何であるかは問題にされない。一方，ひとりの利用者が長時間座席を利用するという状況が問題となり得る。これもまた，従来は「居座り」，「占有」という問題行動に含まれていたが，現在では，どこまで許容するかの問題となっている。

滞在型図書館

居座り
占有

　この座席利用への対応は，札幌市図書・情報館などのように，座席予約システムを設けて対応する図書館と，杉並区立中央図書館のように，空いている席に自由に座ることを許容する図書館とに分かれる。前者の場合は，1回の利用時間を90〜120分程度に制限することで，多くの利用者が座席を利用できるように配慮することができる。一方で，この方式ではウェブ予約等を使いこなせる人のみが座席を利用できることになり，一部の利用者が優遇される結果となる。したがって，さまざまな状況にある利用者に平等に利用してもらうために，座席予約ができる座席を限り，当日空いていれば利用できる座席も設けるといった配慮が必要となる。実際に，座席予約システムを導入している図書館の多くは，このような配慮をしている。

　後者の場合は，座席利用に関して利用者の良識にゆだねていることになる。ただし，そうした図書館であっても，図書館職員には，座席利用が原因で利用者同士のトラブルが発生しないよう目を配る必要がある。例えば，館内が混雑している時間帯には，座席を長時間利用している利用者に対して，ほかの利用者に譲るように声かけをするなどの対応が求められる。

●図書館サービスをめぐる課題

利用促進活動

●·········利用促進活動の意義

　図書館は，積極的な利用者，すなわち，なんらかの資料や情報を求めて来館するか，または，問い合わせをしてくる人に対して，その求めに応じて資料や情報を提供すればよいだけではない。潜在的利用者も含めたより多くの人に，図書館とはどのような存在か，図書館を利用するとどのようなことができるのか，図書館の効果的な活用法とはどのようなものかなどを知ってもらい，日常，学校生活，仕事などのさまざまな場面で有効に活用してもらうことが重要である。そうした状況を実現するために行うのが，利用促進活動である。

潜在的利用者

　図書館の利用促進活動は，長年にわたり，来館者を主たる対象としてきた。また，パンフレット，リーフレット，ポスターといった紙媒体の資料が一般的であった。しかし，現在では，インターネットやSNS（ソーシャルネットワーキングサービス）の利用が普及したことで，来館者だけではない多くの人々を対象とした活動が可能になっている。それゆえ，図書館には，これまで以上に効果的な利用促進を行うよう努力することが求められる。

パンフレット
リーフレット
ポスター
インターネット
SNS

●·········利用案内資料

　利用案内資料とは，図書館の利用者もしくは潜在的利用者に対して，図書館のサービスを有効に使いこなしてもらうことを目的として，図書館サービスや機能について説明するために作成した各種資料のことを指す。図書館全体について扱うものから，個別のサービスの利用法を詳しく取り上げるものまで，さまざまなものが含まれる。パンフレットやリーフレット，ちらしといった紙媒体で作成され，館内の目につきやすいところに置かれることが多かったが，近年では，公式ウェブページ上で同様の情報が得られるようにしている図書館も多い。

ちらし

　図書館全体について説明する利用案内資料には，「図書館案内」，「図書館の概要」などと呼ばれるものがある。掲載されている情報は図書館ごとに異なるが，一般的には，開館時間やフロアマップ，利用の条件，提供されているサービスの概要などである。

　一方，フロアやスペースごとに，提供されているサービスについて詳述する利用

案内資料もある。どのサービスについて作らなければならないという共通認識はないが，利用のしかたについて説明が必要という意味では，情報検索サービスに関する資料は，作成される典型例と言えよう。比較的規模の大きい図書館では，各種データベースを提供していることが多く，利用可能なデータベースの一覧とともに，データベースの検索方法を説明した資料を用意している。また，いくつかの具体的なトピックについて，調べるときに有効な資料や情報源を示し，調べ方を案内する調べ方ガイドやパスファインダーを作っている図書館もある。こうしたものも，利用案内資料の一種と考えられる。

調べ方ガイド
パスファインダー

　上述の資料は，常時配布することを想定しているが，期間限定で作成されるものもある。代表的なものは，館内展示や各種行事等に関する利用案内資料で，扱われる特定のテーマを「入口」として，利用者を図書館利用へいざなう役割を担っている。例えば，館内展示に合わせて作成される資料では，展示で使用した図書の一覧や，展示されなかったものの関係する所蔵資料を紹介する。これにより，展示を観た利用者に，ほかの資料にも興味を持ってもらうようにしている。また，図書館に併設されているホールや会議室で市民を対象にした講演会等の行事が開催されるときには，その行事で扱われるテーマに関連する資料を紹介したり，調べ方ガイドを作成したりして配布することも行われている。講演会をきっかけに，さらに知りたい，学びたいと望む人を，図書館の「常連」にする役割を果たすことになる。

●⋯⋯⋯利用者とのコミュニケーション

　図書館の歴史をひも解けば，人々が簡単には近づくことを許されないような貴重な書物を図書館が所蔵し，それらを守る門番もしくは金庫番の役割を司書が担うという時代があった。しかし，現代では，そうした図書館はきわめて少ない。図書館はサービス業の一種であり，図書館職員が円滑なコミュニケーションを通して利用者との良好な関係を築くことではじめて，質の高いサービスを提供することが可能になる，という考え方が一般的と言えよう。すなわち，図書館職員には，資料に対する豊富な知識と情報検索の技術とを身に付けて，利用者からの問い合わせに回答できるとともに，利用者と積極的にコミュニケーションを図り，それ以降も気軽に来館してもらえるよう，親しみを感じさせる雰囲気作りを行うことが求められる。

　もちろん，サービス業の一種であっても，図書館職員が利用者にコミュニケーションを強制することや，過剰な対応をすることがあってはならない。例えば，本を読んだり，調べものをしているときなど，利用者がコミュニケーションを求めていないときに話しかけたり，会話を長引かせたりするのは慎むべきである。また，一部の顔なじみの利用者とだけ親しく会話することがないよう注意する必要がある。

　図書館がサービス業の一種であることを強調し，図書館職員に気軽に話しかけら

れる雰囲気を作り出すために考案されたのが，「図書館コンシェルジュ」である。
これは，百貨店やホテルなどの「案内係」や「コンシェルジュ」の考え方を図書館
に応用したもので，図書館の総合案内，館内のガイドツアー，資料探しの手伝いな
どを担当する。千代田区立図書館が実施している「図書館コンシェルジュ」サービ
スでは，上記に加えて，千代田区に関する各種情報提供も行なっており，図書館職
員が行う質問回答サービス（調べものに関する相談）とは別の活動として位置付け
られている。

●………図書館からの情報発信

　インターネットおよびSNSが普及する以前の図書館では，各種の案内を利用者
に知らせる手段は限られており，そうした案内を得ることができるのは，結果的に
主として来館者であった。しかし，インターネットおよびSNSが一般に広く普及
した現在では，図書館は，以前よりずっと多くの人に各種の情報を届けることがで
きるようになった。近年では，X（旧Twitter）やFacebookなどのアカウントを図
書館として取得し，情報を積極的に発信する取り組みが増加しつつある。

　saveMLAKが2021年4月に行なった調査によれば，調査対象となった約1,730
の図書館のうち，当時，Twitterのアカウントを持っているのは197館，Facebook
のアカウントを持っているのは200館で，いずれも約11％であった（saveMLAK「公
共図書館でのSNS活用状況の調査」）。これらのアカウントでは，図書館で開催さ
れるイベントや館内展示の案内，新刊図書などの紹介が発信されている。従来は来
館者しか知り得なかったこうした情報が，SNSを活用することでより多くの人に届
くようになり，図書館への来館を促す役割を果たしている。

　SNSを使った情報発信には，非来館者をターゲットにしたものもある。公共図書
館ではないが，国立国会図書館ならびに同館の「レファレンス協同データベース事
業」の公式アカウントによる情報発信は，典型的な事例と言えよう。どちらも，フォ
ロワー数が数万を誇る有名アカウントである。来館者を対象としたお知らせなども
発信されるが，主たる内容は，国立国会図書館の所蔵資料の案内や，レファレンス
事例データベースに登録されたレファレンス質問に対する解答例の紹介である。こ
の事例は，SNSで発信される情報そのものが利用者の興味をひくという意味で情報
提供サービスの一つと位置付けられる。また，図書館が所蔵するデジタルコレクショ
ンの利用促進を意図した活動とも言える。

　さらに，若年層にアプローチするために，YouTube等の動画共有サービスの利
用が有効だとする考え方がある。図書館でも，動画を用いたプロモーションを行う
ところが現れている。ほかの利用案内資料にもあてはまるが，制作会社に作成を依
頼する場合とは別に，図書館職員や市民の中から希望者を募って自作する場合があ

るのが特徴的である。

● ………… **図書館ツアー**

　UNIT 30 で述べたように，「図書館ツアー」は従来「図書館の利用案内を目的と
して実施されるもの」と考えられてきた。したがって，その中心は，図書館内の各
スペースに排架されている資料を紹介し，サービスの利用のしかたを伝えることで
あった。しかし，最近では，図書館の利用案内を目的とした「図書館ガイド」と呼
ぶべきものではなく，むしろ，図書館職員の日常業務を体験することを目的とした
イベント型の図書館見学ツアーが盛んに行われるようになっている。こうしたイベ
ント型のツアーでは，単に使い方を知ってもらうというよりも，図書館に興味を持っ
てもらい，気軽に来られるよう親近感を抱いてもらうことを目指している。

　都道府県立図書館や国立国会図書館などの大規模図書館では，「バックヤードツ
アー」と呼ばれるイベントが行われている。このツアーでは，一般の利用者が通常
は立ち入れない閉架書庫が見学対象となり，図書館職員の説明を聞きながら，資料
の出納作業や修復作業の様子を目にすることができる。東京都立多摩図書館は，
2019 年 3 月に，バックヤードツアーの一環として「視覚障害者サービスを知るツ
アー」と名付けたイベントを開催した。参加者は，目の不自由な人や活字を読むこ
とが困難な人のために作成する DAISY 図書の紹介とその作成プロセスに関する説
明を受け，図書館職員の作業スペースや閉架書庫を見学するとともに，対面音訳室
において，視覚障害者のための音訳を実体験する機会が得られた。

● ………… **選書ツアー**

　利用者が直接書店に出向き，図書館で受け入れる資料を選ぶ「選書ツアー」は，
上述した図書館見学ツアーに類する性質を持つイベントであるが，図書館職員がさ
まざまな手法を用いる選書を体験してもらうという意味では，図書館サービスの体
験にさらに踏み込んだ取り組みであると言えよう。学校図書館や大学図書館では，
児童，生徒，学生を対象としたイベントとして行われ，参加者から高い評価を得て
いる。大規模書店と大学図書館とが協力して実施し，参加者が豊富な資料の中から
選書を行う経験ができ，また，書店員から POP 作成のコツなどを教えてもらうこ
とで，受け入れた資料を利用者に PR する方法を学んでいる。

　一方，公共図書館では，選書業務に利用者をかかわらせることに対する拒否反応
が強く，それほど行われていないのが現状である。しかし，選書対象とする資料を
選書基準の範囲内に収めるなど，適切な実施体制を整えるこができるならば，効果
的な利用促進活動となる可能性は十分にある。

調査データにみる図書館サービス

　現代の医療は，根拠（エビデンス）に基づいて行われている。これは，EBM（Evidence Based Medicine）と呼ばれる。図書館においても 2000 年代以降に，根拠に基づく図書館情報活動（EBLIP：Evidence Based Library and Information Practice）が提唱され，同タイトルの専門誌（https://journals.library.ualberta.ca/eblip/index.php/EBLIP/index）も刊行されている。図書館サービスにおいて，調査データから導き出された知見は，根拠に基づくものと位置付けられる。調査データと言うと，統計分析の可能な量的データがすぐに浮かぶが，そればかりではない。面接調査や観察調査などで得られる質的データも含まれる。図書館サービスの質を評価する際には，サービスの様態を記述した質的データを分析することが求められる。

　全国公共図書館協議会ならびに国立国会図書館による全国規模の図書館調査は，特定の調査課題を設定して実施される。前者は，全国の公立図書館を対象にしており，おおむね 2 年計画で進められる。調査課題は，読書バリアフリー，蔵書構成・管理，地域資料サービス，これまでの課題解決支援サービス，危機管理（震災対策等），協力貸出・相互貸借携，図書館評価，図書館職員の研修，レファレンスサービス，電子図書館サービス，ボランティア活動といった具合である。調査の分析結果は，調査研究報告書として示されている（https://www.library.metro.tokyo.lg.jp/zenkoutou/report/index.html）。

　後者は，単年度を原則としており，対象とする館種はその都度設定される。調査課題の例を示すと，新型コロナウイルス感染症（COVID-19）への対応，図書館の施設と機能，障害者サービス，超高齢社会と図書館，地域活性化志向の公共図書館の経営，レファレンスサービス，東日本大震災と図書館，電子書籍の流通・利用・保存，子どもの情報行動となり，極めて多面的多角的である。調査の分析結果は，図書館調査研究リポートとしてまとめられている（https://current.ndl.go.jp/report）。

　日本図書館協会は，全国の公共図書館ならびに大学図書館の実態調査を行い，年刊の統計集として，『日本の図書館』（1952 年 - ）を発行している。公共図書館に関しては，設置自治体数，図書館数，職員数，蔵書冊数，年間受入資料数，貸出冊数，前年度決算額，当該年度予算額といった代表的な項目を選び，そのもとに関係する量的データを示している。このデータを経年的にたどれば，図書館の発展や変化を把握することができる。是非とも，手に取ってブラウジングしてほしい。なお，詳細な調査データを入手するには，同書の電子媒体版によるところとなる（https://www.jla.or.jp/publications/publish/tabid/291/Default.aspx）。

　また，『日本の図書館』の調査データをもとに，特定の調査項目に焦点を合わせ

た加工や編集を行い，得られた傾向や状況を解説した連載記事が，『図書館雑誌』（日本図書館協会，月刊）に収録されている。一つは，「数字が語る日本の図書館」で，1997年1月号から1999年12月号までに，32回分が掲載されている。もう一つは，「数字で見る日本の図書館」で，2004年4月号からの連載が続いている。それぞれの記事タイトルの一覧は，日本図書館協会のウェブページ上にある「『図書館雑誌』掲載統計」で確認することができる（https://www.jla.or.jp/committees/chosajigyo/tabid/583/Default.aspx）。

公共図書館に関する調査は，都道府県単位で行われることが少なくない。また，他の館種に関する調査において，関係する実態を示す調査データが含まれていることもある。こうした調査については，国立国会図書館のリサーチナビの「図書館統計」（https://rnavi.ndl.go.jp/jp/guides/theme_honbun_100042.html）のもとで，関連する情報を入手できる。

こうした調査で示される諸データに接したときに，とりわけ解釈や比較をする際には，それぞれのデータの性質や採取方法に留意する必要がある。例えば，公共図書館の利用状況を示す目安の一つに登録率がある。これは，その地方自治体の住民のうち，どのくらいの割合の人々が図書館に登録しているかを示す数値であり，図書館サービスが住民にどの程度浸透しているかを示す指標と考えられている。簡単に言えば，当該図書館の登録者数を設置している地方自治体の人口で除した（百分率にするには100を乗ずる）値である。しかし，この値を取り扱うには，いくつかの課題が潜んでいる。

第一は，登録者数の求め方である。登録率という概念は，地方自治体の人口が母数となることから，登録者数もその地方自治体単位にする必要がある。ところが，地方自治体によっては複数の図書館を独立して運営し，登録を一元化していないところもかつては存在した。そうした場合，複数の図書館に重複して登録している利用者がいるため，登録率は実態より高めになってしまう。

第二に，設置する地方自治体の住民ではない登録者が含まれることである。UNIT 19で説明しているように，その地方自治体内の学校や大学に在学する者や，その地域内に勤務している者の登録を認めることが少なくないからである。特に，大学が多くある地方自治体や都心部で昼間人口が多い地域では，住民以外の登録者が相当数を占める結果となる。また，UNIT 25に記した広域利用制度のしくみに沿って，対象となる近隣の地方自治体の住民が登録者に加わることもある。

第三に，登録の有効期限が一律ではない。ある図書館は1年で区切って更新することが必要であり，ある図書館はいったん登録したら申し出がない限り半永久に有効としているといった場合，単純に比較しても，有効な考察には結び付かない。

参 考 文 献

　公共図書館のサービスの広がりを理解するために有効な，2010年以降2023年10月までに刊行された和文の単行書を挙げる。ただし，基本的な文献に限定し，テキストブックとして刊行されたものは除く。なお，各区分は，目安にとどまる。

●図書館サービスの基礎（理念・思想，制度・マネージメント）

青柳英治『市民とつくる図書館』勉誠出版，2021，274p.

青柳英治，岡本真『ささえあう図書館』勉誠出版，2016，256p.

猪谷千香『つながる図書館』筑摩書房，2014，240p.

池谷のぞみほか『図書館は市民と本・情報をむすぶ』勁草書房，2015，363p.

稲垣行子『公立図書館の無料原則と公貸権制度』日本評論社，2016，421p.

植村八潮，柳与志夫『ポストデジタル時代の公共図書館』勉誠出版，2017，223p.

大串夏身『まちづくりと図書館』青弓社，2021，226p.

片山善博，糸賀雅児『地方自治と図書館』勁草書房，2016，252p.

川崎良孝，吉田右子編著『現代の図書館・図書館思想の形成と展開』京都図書館情報学研究会，2017，245p.

黒澤節男『図書館と著作権』改訂（ケーススタディ著作権，第3集），著作権情報センター，2022，49p.

塩見昇『図書館の自由委員会の成立と「図書館の自由に関する宣言」改訂』日本図書館協会，2022，256p.

竹内悊『生きるための図書館』岩波書店，2019，224p.

竹内悊解説『図書館の歩む道』日本図書館協会，2010，295p.

竹内悊編『「図書館学の五法則」をめぐる188の視点』日本図書館協会，2012，160p.

豊田恭子『闘う図書館』筑摩書房，2022，248p.

日本図書館情報学会研究委員会編『図書館・博物館・文書館の連携』勉誠出版，2010，186p.

日本図書館情報学会研究委員会編『公共図書館運営の新たな動向』勉誠出版，2018，176p.

根本彰『理想の図書館とは何か』ミネルヴァ書房，2011，208p.

根本彰『情報リテラシーのための図書館』みすず書房，2017，232p.

福井佑介『図書館の倫理的価値「知る自由」の歴史的展開』松籟社，2015，254p.

細野公男，長塚隆『デジタル環境と図書館の未来』日外アソシエーツ，2016，253p.

柳与志夫，田村俊作編著『公共図書館の冒険』みすず書房，2018，303p.

ラグナー，アウダンソンほか編著，久野和子監訳『デジタル時代における民主的空間としての図書館，アーカイブズ，博物館』松籟社，2022，354p.

●図書館サービスの標準化（指針，ガイドライン，基準）

アメリカ図書館協会知的自由部編，川崎良孝ほか訳『図書館の原則』改訂5版，日本図書館協会，2022，361p.

岡本正『図書館のための災害復興法学入門』樹村房，2019，109p.

図書館等のためのわかりやすい資料提供ガイドライン作成委員会編『図書館等のためのわかりやすい資料提供ガイドライン』日本障害者リハビリテーション協会，2017，49p.

日本図書館協会図書館政策企画委員会『こんなときどうするの？』改訂版編集チーム編『みんなで考える　こんなときどうするの？』日本図書館協会，2014，244p.

日本図書館協会図書館政策企画委員会望ましい基準検討チーム編『図書館の設置及び運営上の望ましい基準活用の手引き』日本図書館協会，2014，112p.

藤澤和子『公共図書館でできる知的障害者への合理的配慮』樹村房，2019，194p.

『みんなで考える図書館の地震対策』編集チーム編『みんなで考える図書館の地震対策』日本図書館協会，2012，127p.

●図書館サービスの技能（教育，研修，図書館員）

大城善盛『司書職制度の再構築』日本評論社，2019，160p.

加納尚樹『ホテルに学ぶ図書館接遇』青弓社，2018，160p.

杉山きく子『がんばれ！児童図書館員』東京子ども図書館，2016，286p.

高田高史『社史の図書館と司書の物語』柏書房，2017，265p.

高橋樹一郎『子ども文庫の100年』みすず書房，2018，319p.

東京子ども図書館編『児童図書館の先駆者たち』東京子ども図書館，2021，82p.

根本彰監修『図書館情報学教育の戦後史』ミネルヴァ書房，2015，1039p.

ボビンスキー，ジョージ著，田口瑛子，川崎良孝訳『図書館と図書館職』京都大学図書館情報学研究会，2010，212p.

未来の図書館研究所編『図書館員の未来カリキュラム』青弓社，2023，320p.

●図書館のサービス空間

植松貞夫ほか『よい図書館施設をつくる』日本図書館協会，2010，125p.

近江哲史『図書分類からながめる本の世界』日本図書館協会，2010，201p.

大串夏身『触発する図書館』青弓社，2010，144p.

中川卓美『サインはもっと自由につくる』日本図書館協会，2017，177p.

根本彰『場所としての図書館・空間としての図書館』学文社，2015，144p.

野口武悟，植村八潮『図書館のアクセシビリティ』樹村房，2021，223p.

明定義人『〈本の世界〉の見せ方』日本図書館協会，2017，142p.

●図書館サービスの展開（各種サービス，サービス対象）

石井保志『闘病記文庫入門』日本図書館協会，2011，212p.

ウォームズリー，アン著，向井和美訳『プリズン・ブック・クラブ』紀伊國屋書店，2016，445p.

小田垣宏和『図書館パートナーズのつくり方』郵研社，2019，201p.

北村志麻『図書館員のためのイベント実践講座』樹村房，2017，119p.

国際図書館連盟多文化社会図書館サービス分科会編，日本図書館協会多文化サービス委員会訳・解説『多文化コミュニティ』日本図書館協会，2012，71p.

国立国会図書館関西館図書館協力課編『超高齢社会と図書館』国立国会図書館，2017，172p.

斎藤泰則『図書館とレファレンスサービス』樹村房，2017，284p.

酒井邦秀，西澤一『図書館多読への招待』日本図書館協会，2014，186p.

佐藤聖一『1からわかる図書館の障害者サービス』学文社，2015，160p.

デュアー，アンドリュー『子ども司書のすすめ』日本図書館協会，2021，184p.

西澤一ほか編著『図書館多読のすすめかた』日本図書館協会，2019，198p.

日本医学図書館協会医療・健康情報ワーキンググループ編著『やってみよう図書館での医療・健康情報サービス』日本医学図書館協会，2017，191p.

日本図書館協会障害者サービス委員会『図書館利用に障害のある人々へのサービス』補訂版，日本図書館協会，2021，2vols.

日本図書館協会障害者サービス委員会，日本図書館協会著作権委員会編『障害者サービスと著作権法』日本図書館協会，2021，151p.

日本図書館協会著作権委員会編『図書館等公衆送信サービスを始めるために』日本図書館協会，2023，86p.

日本図書館協会図書館利用教育委員会編『情報リテラシー教育の実践』日本図書館協会，2010，180p.

根本彰，斎藤泰則『レファレンスサービスの射程と展開』日本図書館協会，2020，349p.

野口武悟『読書バリアフリーの世界』三和書籍，2023，136p.

蛭田廣一『地域資料サービスの展開』日本図書館協会，2021，240p.

蛭田廣一『地域資料のアーカイブ戦略』日本図書館協会，2021，160p.

蛭田廣一『地域資料サービスの実践』補訂版，日本図書館協会，2023，257p.

堀川照代『「学校図書館ガイドライン」活用ハンドブック』悠光堂，2018，151p.

牧野綾『読みたいのに読めない君へ，届けマルチメディアDAISY』日本図書館協会，2018，83p.

溝上智恵子ほか『高齢社会につなぐ図書館の役割』学文社，2012，168p.

結城俊也『パッと見てピン！動作観察で利用者支援』日本図書館協会，2017，183p.

吉井潤『公立図書館における電子図書館サービスの現状』樹村房，2022，99p.

●図書館サービスの状況（国内・海外事情，その他）

アンニョリ，アントネッラ著，萱野有美訳『拝啓市長さま，こんな図書館をつくりましょう』みすず書房，2016，257p.

アンニョリ，アントネッラ著，萱野有美訳『知の広場』新装版，みすず書房，2017，253p.

猪谷千香『小さなまちの奇跡の図書館』筑摩書房，2023，190p.

井上奈智ほか『図書館とゲーム』日本図書館協会，2018，170p.

岡部晋典『アンフォーレのつくりかた』樹村房，2023，320p.

加藤孔敬『東松島市図書館　3.11からの復興』日本図書館協会，2016，270p.

小林ソーデルマン淳子ほか『読書を支えるスウェーデンの公共図書館』新評論，2012，246p.

嶋田学『図書館・まち育て・デモクラシー』青弓社，2019，285p.

相関図書館学方法論研究会編『マイノリティ，知的自由，図書館』京都図書館情報学研究会，2016，287p.

相関図書館学方法論研究会編『トポスとしての図書館・読書空間を考える』松籟社，2018，269p.

相関図書館学方法論研究会編『図書館と読書をめぐる理念と現実』松籟社，2019，267p.

相関図書館学方法論研究会編『時代のなかの図書館・読書文化』松籟社，2020，269p.

相関図書館学方法論研究会編『図書館の社会的機能と役割』松籟社，2021，207p.

相関図書館学方法論研究会編『公立図書館の思想・実践・歴史』松籟社，2022，255p.

相関図書館学方法論研究会編『社会的媒体としての図書・図書館』松籟社，2023，194p.

中山愛理『図書館を届ける』学芸図書，2011，320p.

マグヌスセン矢部直美ほか『文化を育むノルウェーの図書館』新評論，2013，299p.

吉田右子『デンマークのにぎやかな公共図書館』新評論，2010，264p.

吉田右子『オランダ公共図書館の挑戦』新評論，2018，252p.

吉田右子ほか『フィンランド公共図書館』新評論，2019，258p.

和気尚美『越境を経験する』松籟社，2022，300p.

事 項 索 引

ブックポスト　　110
ブックモービル　　→移動図書館
物的サービス　　20
プライバシー　　64, 233, 104, 234
ブラウジング　　71, 77, 84-85, 88-89, 90, 92, 113
フロアマップ　　79, 95, 148
フロアワーク　　96-97, 98-99, 105, 177, 178
文献複写・送付　　26
文庫活動　　123-124
紛失　　101, 112
文書館　　172, 174
分類記号　　13, 21
閉架式　　87
別置　　94-95, 186, 192, 196
返架　　86, 110, 111-112
返却　　100-101, 105, 110-111
ポータル（サイト）　　17, 160, 210
ボーンデジタル　　152
補修　　20, 22, 112
ボランティア（ボランティア活動）　　16-17, 19,
　　63-64, 179, 193, 204-205

〈マ〉
マイクロ資料　　90, 230
マイページ　　107, 159-160
マイライブラリ　　159-160
マネージメントサイクル　　31
見出し　　79, 80
メイカースペース　　187
メディア変換　　22, 152
メディアリテラシー　　146-147
目標基準　　40
問題利用者　　236-237

〈ヤ〉
ヤングアダルト　　67, 184-185
ヤングアダルトサービス　　23, 164-165, 176,
　　184-185, 225
郵送サービス　　→配送サービス
ユニバーサルデザイン　　80-81, 205
読み聞かせ　　133, 178, 193, 197, 219, 224, 229
予約　　115-116, 152
予約サービス　　→リクエストサービス

〈ラ〉
ラーニングコモンズ　　91
リクエストサービス　　22, 102, 114, 115-117

リスク評価　　236
リスクマネージメント　　32
利用案内　　142, 148, 240-241
利用教育　　→図書館利用教育
利用空間　　66-67
利用指導　　→図書館利用教育
利用者教育　　19
利用者サービス　　20
利用者ニーズ　　165-166
利用促進活動　　240
利用動線　　67, 71
利用登録　　100-101, 103, 232
利用目的対応型サービス　　23, 166
リンク集　　160, 170, 213, 224, 225
レファレンス業務　　136, 138
レファレンスサービス　　19, 22, 23, 101, 135-136,
　　138-140, 143, 150, 161, 164, 166
レファレンス資料・情報源　　89, 95, 135, 136
レファレンス事例データベース　　161, 242
レファレンスデスク　　77
レファレンス図書館　　140
レフェラルサービス　　22, 26, 143, 166, 174, 175
連携　　172, 174-175
連絡協力車　　119
録音サービス　　199
録音図書　　199, 203, 204, 228

【ABC順】

BDS　　86, 238
BM　　→移動図書館
DAISY（マルチメディアデイジー）　　203, 204,
　　208
ICタグ　　105
ICチップ　　104, 105
「IFLA児童図書館サービスのためのガイドライン」
　　83, 185
「IFLA-UNESCO公共図書館宣言2022」　　81, 83,
　　122, 130, 194
ILL　　→図書館間相互貸借
NPO　　63
OPAC　　21, 85
PFI　　63
SNS　　185, 190, 220, 225, 240, 242
VFM　　42
Web OPAC　　21, 85, 120, 133, 158, 159-160
YAサービス　　→ヤングアダルトサービス

執 筆 者 紹 介

（UNIT執筆順）

小田　光宏（おだ　みつひろ）
　　所　　属：青山学院大学
　　関心領域：レファレンスサービス技能の開発，コミュニティ情報資源の蓄積と活用
　　主要著作：『図書館図鑑』（監修，金の星社，2021）
　　　　　　　"The Effectiveness of Reference Service Training Program Customized for the
　　　　　　　Staff of Japanese Public Libraries Operated by a Private Company," *The
　　　　　　　Golden Teak: Humanity and Social Science Journal*, Vol. 25, No. 3, 2019.
　　担当UNIT：0，1〜10，27〜29，44，47，48

庭井　史絵（にわい　ふみえ）
　　所　　属：青山学院大学
　　関心領域：学校図書館，公共図書館による学校教育支援，児童・青少年サービス
　　主要著作：『学習指導と学校図書館』（共著，放送大学教育振興会，2022）
　　　　　　　『ICT活用の理論と実践』（共著，北大路書房，2021）
　　担当UNIT：11〜14，34〜36，45，46

伊東　達也（いとう　たつや）
　　所　　属：山口大学
　　関心領域：図書館史，教育社会史
　　主要著作：『苦学と立身と図書館』（青弓社，2020）
　　　　　　　「読書の重要性と図書館」（大串夏身編著『読書と図書館』青弓社，2008，所収）
　　担当UNIT：15〜26

松林麻実子（まつばやし　まみこ）
　　所　　属：筑波大学
　　関心領域：若年層のソーシャルメディア利用，学術コミュニケーション
　　主要著作：『図書館情報学事典』（編集委員，丸善出版，2023）
　　　　　　　"A Prototype System of Sustainable Community Memory Archive for Public
　　　　　　　Libraries," *LIBRES: Library and Information Science Research Electronic
　　　　　　　Journal*, Vol. 32, No. 1, 2022.
　　担当UNIT：30〜33，49，50

井上　靖代（いのうえ　やすよ）
　　所　　属：獨協大学
　　関心領域：児童・YAサービス，アメリカ図書館活動，国際図書館活動
　　主要著作：『児童サービス論』新訂版（共著，日本図書館協会，2020）
　　　　　　　「米国における少年院図書館」『同志社図書館情報学』No. 30，2020.
　　担当UNIT：37〜43

（所属は，2023年11月現在）

図書館サービス概論

JLA 図書館情報学テキストシリーズⅢ　4

• •

2005 年　3 月 31 日［シリーズ第 1 期］初版第 1 刷発行
2010 年　2 月　4 日［シリーズ第 2 期］初版第 1 刷発行
2023 年 12 月 15 日［シリーズ第 3 期］初版第 1 刷発行
定価：本体 1,900 円（税別）

編著者………………………小田光宏・庭井史絵
シリーズ編集…………………塩見昇・柴田正美・小田光宏・大谷康晴

発行………………………公益社団法人 日本図書館協会
　　　　　　　　　　　　〒 104-0033　東京都中央区新川 1 丁目 11-14
　　　　　　　　　　　　TEL 03-3523-0811（代）
　　　　　　　　　　　　〈販売〉TEL 03-3523-0812　FAX 03-3523-0842
　　　　　　　　　　　　〈編集〉TEL 03-3523-0817　FAX 03-3523-0841
印刷………………………株式会社丸井工文社
ブックデザイン…………笠井亞子

JLA202310
ISBN 978-4-8204-2308-9　　　　　本文用紙は中性紙を使用しています。　　Printed in Japan.

JLA 図書館情報学テキストシリーズ III

●シリーズ編集● 塩見 昇・柴田正美・小田光宏・大谷康晴　　B5判　並製

本シリーズは，2008年の図書館法改正に沿って「図書館に関する科目」が2012年度より適用されることを機に製作・刊行されました。授業回数に合わせて2単位科目を50ユニット，1単位科目を25ユニットで構成し，スタンダードな内容を解説しています。

1～10巻，別巻は50ユニット，約260ページ　11，12巻は25ユニット，約160ページ